中高职衔接、应用技术型大学工学结合现代物流专业系列教材

物流信息技术与应用

主　编　曹光求

電子工業出版社
Publishing House of Electronics Industry
北京·BEIJING

内 容 简 介

本书系统地介绍了物流信息技术的基本知识及其应用，主要包括了基础信息技术、条码（Bar Code）技术、射频识别（RFID）技术、电子数据交换（EDI）技术、全球卫星定位系统（GPS）、地理信息系统（GIS）、物联网（IOT）、物流管理信息系统（LMIS）等。本书采用学习情境导入、学习任务驱动的方式展开。每一个学习情境均以“学习情境描述”、“导入案例”来引入学习，以“学习分享”来总结教学要点，以“操作实训”来巩固知识，以“自我测评”来检验学习效果。

本书适合作为高职高专物流管理等相关专业的教材，也可以作为物流领域相关企业工程技术人员的培训教材和参考工具书。

图书在版编目（CIP）数据

物流信息技术与应用 / 曹光求主编. —北京：电子工业出版社，2016.8
ISBN 978-7-121-29784-7

Ⅰ. ①物… Ⅱ. ①曹… Ⅲ. ①物流－信息技术－高等学校－教材 Ⅳ. ①F253.9

中国版本图书馆 CIP 数据核字（2016）第 205184 号

策划编辑：杨宏利　　投稿微信：nmyhl678
责任编辑：杨宏利　　特约编辑：李淑寒
印　　刷：三河市鑫金马印装有限公司
装　　订：三河市鑫金马印装有限公司
出版发行：电子工业出版社
北京市海淀区万寿路 173 信箱　邮编 100036
开　　本：787×1 092　1/16　印张：15.75　字数：403.2 千字
版　　次：2016 年 8 月第 1 版
印　　次：2016 年 8 月第 1 次印刷
定　　价：32.00 元

凡所购买电子工业出版社图书有缺损问题，请向购买书店调换。若书店售缺，请与本社发行部联系，联系及邮购电话：（010）88254888，88258888。

质量投诉请发邮件至 zlts@phei.com.cn，盗版侵权举报请发邮件至 dbqq@phei.com.cn。

本书咨询联系方式：邮箱 yhl@phei.com.cn，微信号 nmyhl678，微博昵称 利 Hailee。

中高职衔接物流专业系列教材
编写委员会

前　言

《教育部关于推进中等和高等职业教育协调发展的指导意见》指出，中等和高等职业教育协调发展是建设现代职业教育体系的重要任务。

近年来，厦门市教育局紧紧围绕区域经济发展，瞄准支柱产业规划，联手行业协会和企业，构建职业教育校企合作和产教融合服务平台，特别是通过中等和高等职业教育有效衔接和协调发展，力促职业教育服务产业发展能力的提升。为此，2012 年，市教育局牵头成立了包括厦门大学嘉庚学院、厦门市教育科学研究院、在厦各高职院校教师和相关物流企业管理人员的中高职衔接物流专业教材编写委员会，在深入调研的基础上，委托厦门市物流协会（厦门市物流校企合作服务中心），组织编写中、高职衔接物流专业系列教材丛书。

此套丛书以现代物流业发展为依托，在专业教材建设中融入行业发展的最新案例，紧扣行业发展新趋势，力求满足中高职及应用类本科实践教学和物流专业人才培养需求，从而推动职业教育现代物流专业内涵建设整体水平的提高。

《物流信息技术与应用》是高职高专物流管理专业的核心课程，要求紧密结合现代物流信息技术的发展与应用实际，突出基本知识与基本技能的培养。不同于一般的同类教材，本教材按照学习情境导入、学习任务驱动的方式展开，注重教学过程“实践性、开放性和职业性”的要求，结合最新的物流信息技术应用情况编写。学习情境导入贴近学生的实际学习情况，通过思维导图来梳理知识框架。采用了大量案例、知识链接材料，用于加深和拓展学习效果。每一个学习情境都包含教学分享、评价标准和实训环节，从而保证教学的有效性。其中实训环节强调对各种物流信息技术的基本技能的培养。

本教材共有 9 个学习情境，每个学习情境下面有 3～6 个任务。按照物流信息技术的门类和相关性安排学习的进度。首先了解物流信息技术的整体相关内容，使学生对其有一个全面的初步认识。然后按照物流信息基础技术、采集技术、交换技术、地理分析与跟踪技术、物流管理信息系统分别展开学习。九大学习情境内容如下：

学习情境一是认识物流信息技术。

学习情境二是了解物流信息基础技术。

学习情境三是掌握条码技术。

学习情境四是掌握射频识别技术。

学习情境五是掌握电子数据交换技术。

学习情境六是掌握全球定位系统。

学习情境七是掌握地理信息系统。

学习情境八是了解物联网应用技术。

学习情境九是应用物流管理信息系统。

建议安排 42～56 学时，推荐学时分配如下：学习情境一为 6 学时，学习情境二为 6 学时，学习情境三为 10～12 学时，学习情境四为 6～8 学时，学习情境五为 6～8 学时，学习情境六为 2～4 学时，学习情境七为 2～4 学时，学习情境八为 2～4 学时，学习情境九为 2～4 学时。教师可以根据需要灵活安排，重点讲解基础知识和基本技能，安排一定课时完成项目实训。

本书在编写过程中，参考和引用了有关书籍和资料，吸取了企业朋友和高校同行的经验和建议，在此表示衷心的感谢！还要向所有为本书编写、出版提供各种帮助的人士表示衷心的感谢！

由于编者水平有限，加之时间仓促，书中疏漏欠妥之处在所难免，敬请广大读者批评指正。

扫一扫上面的二维码图案，加我微信

编　者

2016 年 3 月

目 录

学习情境一 认识物流信息技术

学习情境描述

骆嘉晖是一名在校的物流管理专业的大三学生，在即将结束美好的大学生活，踏入工作岗位时，他积极投递简历，参与企业实习。通过向老师、学长咨询，搜集网络资料，结合自己的企业面试经历，他了解到：物流行业和很多企业的物流相关职业岗位都有对信息技术的技能和素养要求，如运输调度管理员、仓储信息管理员、采购与销售员、物流信息系统维护员、物流软件程序员、客户信息管理员等。在参与的实习招聘中，面试官也多次问到过关于物流信息技术的问题。嘉晖现在实习的岗位就是位于同安工业园的亚马逊厦门物流中心的仓储信息管理员。记得当时主管面试时就问过他对物流信息技术的了解情况，他熟练地画出了图 1-1 所示的思维导图，赢得了主管的认可。

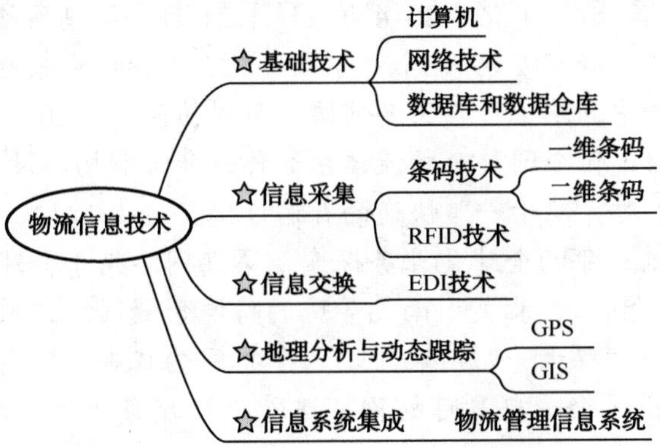

图 1-1 “物流信息技术”思维导图

导入案例

菜鸟网络构建智能物流

2013 年 5 月 28 日，阿里巴巴集团、银泰集团联合复星集团、富春控股、顺丰集团、三通一达（申通、圆通、中通、韵达），以及相关金融机构共同宣布，“中国智能物流骨干网”项目正式启动，合作各方共同组建菜鸟网络科技有限公司。该项目的启动，是希望为中国物流行业打造出一个前所未有的智能物流骨干网络，使之能够支持日均 300 亿元的网络零售额，并让全国任何一个地区做到24小时内送货必达。

银泰百货集团董事长、菜鸟网络CEO沈国军在接受媒体采访时透露，根据菜鸟网络的规划，希望利用5～8年的时间建设一个遍布全国的“开放式、社会化”物流基础设施。这些基础设施主要包括两部分：一是利用物联网、云计算等技术，建立基于这些仓储设施的数据应用平台，并共享给电子商务企业、物流公司、仓储企业、第三方物流服务商以及供应链服务商，即“天网”；二是在全国几百个城市通过“自建+合作”的方式建设物理层面的仓储设施，即“地网”。

2014年“双十一”期间，菜鸟网络用于引导物流合作伙伴优化生产运营的大数据产品“预警雷达”增加了快递企业服务质量和客户挖掘分析等数据分享。通过大数据的精准预测引导商家备仓发货，让合作的快递企业在“双十一”期间提前安排重点线路、分拨中心、网点的揽派情况，调配人力物力等各种资源，甚至可以实现“订单还未生成，包裹先行上路”。

对此，菜鸟网络2014年“双十一”物流项目负责人马俊杰介绍，根据天猫交易平台的浏览量、收藏等用户行为判断是否会发生订单，再加上商家的发货地和消费者的到达地等数据，系统可以智能设计出基本的物流链线路。再结合2013年各商家“双十一”及近期销售订单等海量数据，可以比较精细地计算出每家快递公司每条线路每天的包裹量。在此基础上，商家可以考虑提前对货物进行分仓等处理，让包裹尽可能地靠近消费者。

中通快递运营副总裁倪根炎说，经过和实际产生的数据对比，菜鸟网络提供的预测数据准确度能达到90%左右。他表示，有了预测量，准备起来就非常有针对性。“因为有了靠谱的数据，揽收基本不会有问题，我们就开始有计划地调配运力。”

2014年11月11日零时至24时，当日交易额为571亿元，当天产生的包裹量达到2.78亿个，比2013年的数字高出1.11亿。2014年11月21日，菜鸟网络发布的最新“双十一”物流情况显示，九天时间已经有2.09亿个订单被签收。剩余的包裹也都进入了物流公司处理体系，正在送往消费者手中的路上。在菜鸟网络大数据协同下，2014年“双十一”物流订单比2013年翻了将近一倍，但全国整个物流体系运作却非常顺畅，没有出现爆仓等情况。“物流给力”成了网络上人们对“双十一”快递的普遍评价。

除了更加智能，经过一年的全球化业务探索，菜鸟网络携手全球物流合作伙伴逐步建立了遍布亚洲、欧洲、澳大利亚、北美、南美等地的跨境仓储网络、航空干线资源体系及转运配送资源。在2014年的“双十一”活动中，为了把网购狂欢的实惠和乐趣带给全球各地的消费者，菜鸟网络还推出了全球包裹可视化可追踪，提升海外消费者的购物体验。（根据网上资料整理）

问题：

1．菜鸟网络运用了哪些物流信息技术？

2．菜鸟网络如何使得物流智能化？

“大数据”、“云计算”、“物联网”等概念不断出现，越来越多的行业和企业认识到在经济全球化大环境下，信息发挥着越来越重要的作用。在物流过程中会产生大量信息，其对物流系统化、一体化运作管理至关重要。企业通过应用物流信息技术能够实现准确、及时地收集、存储、处理和传递信息，从而实现对复杂多变的物流系统的科学管理。因此，在现代企业的各个物流、供应链相关职业岗位中，基本职业技能和素养都和物流信息技术密切相关。

任务一　了解物流信息的基础知识

一、数据和信息

1. 数据

数据（Data）是对客观事物的符号表示，是用于表示客观事物的未经加工的原始素材，如图形符号、数字、字母、声音等。例如，载重 20t 的 VOLVO 卡车以 60km 时速行驶，其中“20”、“60”、“VOLVO”、“卡车”就是数据，反映了一个特定的卡车行驶情况。

在计算机科学中，数据是指所有能输入计算机并被计算机程序处理的符号介质的总称。数字、文字、图画、声音和活动图像，这些计算机系统中的数据一般以二进制编码形式出现，数据分为数值型数据和非数值型数据。数值型数据有正负、大小之分，可以进行数学运算。非数值型数据有字符、汉字、图像、声音等，它们在计算机中也表示成二进制形式。

数据的三个基本特征是数据名、类型和长度。数据名是唯一表示某数据的名称；类型表示数据的类型，如字符型、日期型等，每一个数据只能归属一种类型；数据长度以字节为单位，表示需要占用的存储空间，对于非数值型数据还要定义其精度。例如，“卡车”是字符型，其数据长度为 4 字节。

2. 信息

（1）信息的定义

信息（Information）是客观事物属性的反映，是经过加工处理并对人类客观行为产生影响的数据表现形式。信息是指现实世界事物的存在方式或运动状态的反映。信息具有可感知、可存储、可加工、可传递和可再生等自然属性，信息也是社会上各行各业不可缺少的、具有社会属性的资源。

简而言之，信息是对某个事件或者事物的一般属性的描述。信息总是通过数据来表示，加载在数据之上并对数据的具体含义进行解释。因此，信息就是经过加工处理后具有价值的数据。

（2）数据与信息的关系

数据与信息是息息相关的，但是数据不等同于信息。信息技术能将不可利用的数据形式加工成可利用的数据形式，即信息。数据是原材料，信息是加工后的、对决策或行动有价值的数据。

简而言之，数据和信息的关系可以看做原材料和成品之间的关系。数据是信息的符号表示；信息是数据的内涵，是数据的语义解释。数据是信息存在的一种形式，只有通过处理和解释才能成为有用的信息。数据可以用不同的形式表示，而信息却不会随着数据的形式不同而改变。两者的关系如图 1-2 所示。

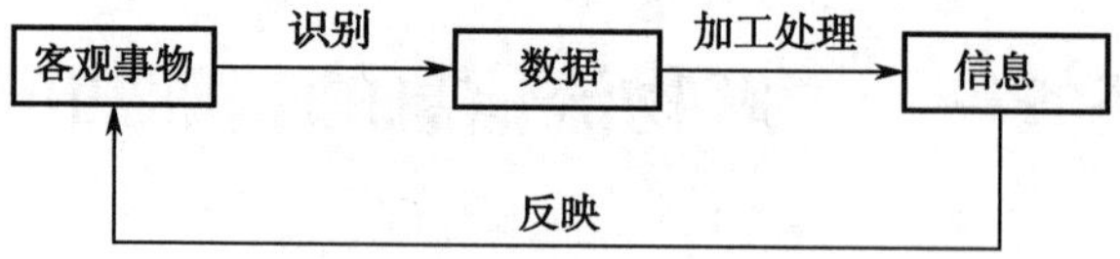

图 1-2　数据与信息的关系

例如，某企业的物料入库单上有发货人、名称、数量、单价、总价、日期、经手人等数据。这些数据以单个形式出现没有意义，但汇总加工后形成了入库单，就能准确反映入库情况，就有了价值。管理者可以依据此信息了解仓库进了什么货，价值多少，应当如何存放与保管。

（3）信息的特征

① 真实性：真实性是信息的基本特性，不符合事实的信息是没有价值的。

② 传递性：高效的信息传递可以产生更大的价值。利用信息技术，信息传输的速度大大加快，且信息传输的成本几乎可以忽略不计。信息可以全向传递，也可以定向传递，信息通过传递实现其扩散的过程。

③ 价值性：信息是一种资源，具有价值性，人们可以通过利用信息获得效益。例如，消费者想要购买一本最新版的专业性较强的图书，实体书店可能还没货。他查阅到当当网上有关的售书信息，就可以在线订购，货到付款。这比去书店订购更加方便、快捷，还可以享受打折优惠。

④ 不对称性：由于各种原因的限制，在市场中交易的双方所掌握的信息是极不相等的，不同企业掌握信息的程度各有不同，这就形成了信息的不对称性。企业掌握的信息越充分，对其决策越有利。

⑤ 时效性：一条及时的信息可能价值连城，一条过时的信息则可能分文不值。所以信息是有生命周期的，在特定的时间跨度内，信息是有效的，超过这一跨度，信息可能丧失原有价值。例如，企业在得到用户的需求信息后，如果不能及时处理和利用，就有可能丢失商机，丧失用户，造成经济损失。信息的生命周期是指信息从产生、搜集、加工、传输、使用到失效的全过程。

⑥ 共享性：信息的共享性是指信息资源可以为许多用户所共同使用的特征。共享性是信息资源区别于物质资源和能源资源的一个主要特性。物质资源和能源资源不能完全共享，其利用表现为占有和消耗。

二、物流信息

1. 物流信息的定义

物流信息（Logistics Information）是指反映物流各种活动内容的知识、资料、图像、数据、文件的总称。它是物流各个环节产生的信息，伴随从生产到消费的物流活动而产生，与物流过程中的运输、保管、装卸、包装等各种职能有机结合在一起，是整个物流活动顺利进行所不可缺少的因素。只有物流信息才能使物流成为一个有机系统，而不是各个孤立的活动。例如，在物流中对各项活动进行计划预测、动态分析时，就需要及时提供物流费用、生产情况、市场动态等有关信息。

知识链接

“四流一体”

商流、物流、资金流和信息流是描述商品流通过程的“四流”。四流相互联系紧密，缺一不可，又相互独立，有各自的特殊性和运行规律。“四流”有机融为一体才能真正降低物流成本、提高物流服务水平。

商流指的是商品所有权的转移，即通过商品交易活动，商品从供给方转让给需求方。

物流是通过装卸、运输、储存、保管等环节，将商品运到购买者手中的全过程。

资金流是指交易资金的流动过程，具体包括付款、转账和结账等过程，它涉及整个交易的安全程度。

信息流贯穿整个交易过程，它提供诸如商品和服务信息、促销信息、市场行情、政策信息等。对商流、物流、资金流信息的加工、传递、储存的状况直接影响着商品流通活动。

“四流”是商品流通的必要组成部分，它们相互依存、相互作用。“四流”的实质是商品流通的不同运动形式，其中，物流体现商品空间、时间位置的变化运动；商流体现商品所有权的转移运动；资金流体现商品与货币的等价交换的转移过程；信息流反映流通中商品价值与使用价值相互适应的状况，引导和控制着物流、商流和资金流有规律地、合理地运动。因此，现代物流是商流、物流、信息流和资金流的统一。

在这“四流”之间，商流是物流、资金流和信息流的起点和前提。例如，A 企业和 B 企业经过商谈，达成了一笔供货协议，确定了商品价格、品种、数量、供货时间、交货地点、运输方式并签订了合同，即启动了商流活动；然后进入物流过程，即货物的包装、搬运、保管、运输等活动；再是资金流的过程，即付款与结算。没有资金流的支付，商流不成立，物流也不会发生。无论是商流，还是物流和资金流，其过程都离不开信息的传递和交换，没有及时的信息流，就没有顺畅的商流、物流和资金流。

2. 物流信息的分类

（1）按物流信息的来源划分

① 物流系统内信息：是指伴随着物流活动而产生的信息，包括交通运输信息、仓储信息、装卸搬运信息、包装信息、流通加工信息和配送信息。例如，交通运输信息就包括铁路、公路、水运、航空、管道等各种运输基础设施的建设进度、网络疏密、利用状况、畅通程度、收费标准、质量等级、营运能力、管理水平，以及火车、轮船、飞机等各种运输工具相互转换的难易度、物流节点的作业效率等。物流强调系统的整合性和协调性。所以，要保证运输、保管、装卸搬运及包装等各个环节的协调运转，除了管理因素外，就是信息传递的及时性和顺畅程度。各个物流环节信息的整合和系统化筛选是十分重要的。每个环节的信息都不能间断，否则物流系统的整体优势就会受到影响，甚至失去物流本身存在的意义。

② 物流系统外信息：是指在物流活动以外发生，但与物流活动有一定相关性的信息，

包括商流信息、资金流信息、生产信息、消费信息与国内外政治、经济、文化等信息。

（2）根据物流的功能划分

① 计划信息：是指尚未实现但已被当做目标确认的一类信息，如物流量计划、仓库吞吐量计划、车皮计划、与物流活动有关的基础设施建设计划等信息。只要尚未进入具体业务操作，便可归入计划信息之中。这类信息具有相对稳定性和更新速度慢的特点。掌握了计划信息，便可以对物流活动本身进行战略思考，这对物流活动有着非常重要的战略意义。

② 控制及作业信息：是指在物流活动过程中发生的信息，如库存种类、库存量、在途量、运输工具状况、物价、运费、投资在建情况、港口发运情况等。这种信息具有动态性强、更新速度快和时效性强的特点。掌握了控制及作业信息，可以控制和调整正在发生的物流活动，指导即将发生的物流活动，以实现对过程的控制和对业务活动的微调。

③ 统计信息：是指物流活动结束后，针对整个物流活动的一种终结性、归纳性的信息，如上一年度或月度发生的物流量、物流种类、运输方式、运输工具使用量、仓储量、装卸量，以及与物流有关的工农业产品产量、内外贸易量等。这种信息具有恒定不变和较强的资料性的特点。掌握了统计信息，可以正确掌握过去的物流活动及规律，以指导物流战略发展和制订计划。

④ 支持信息：指对物流计划、业务、操作有影响的文化、科技、产品、法律、教育等方面的信息，如物流技术革新、物流人才需求等信息。这种信息不仅对物流战略发展有价值，也对控制、操作物流业务起到指导和启发的作用。

（3）按管理层次划分

① 操作管理信息：产生于操作管理层，反映和控制企业的日常生产和运营状况，例如每天的产品质量指标、用户订货合同、供应商原材料信息等。这类信息通常具有信息量大、发生频率高等特点。

② 知识管理信息：是知识管理部门相关人员对企业自身的知识进行收集、分类、存储和查询，并进行知识分析得到的信息，例如专家决策知识、物流企业相关业务知识、工人的技术和经验形成的知识信息等。

③ 战术管理信息：是部门负责人制定局部和中期决策所涉及的信息，例如月销售计划完成情况、单位产品的制造成本、库存费用和市场商情信息等。

④ 战略管理信息：是企业高层管理决策者制定企业的经营目标、企业战略所需要的信息，例如企业全年经营业绩综合报表、消费收入动向和市场动态、国家有关政策法规等。

（4）按物流活动领域分类

物流信息分为运输信息、仓储信息、装卸信息等。进一步细化分成集装箱信息、托盘交换信息、库存量信息、火车运输信息等。按物流不同领域分类的信息是具体指导物流各个领域活动，使物流管理细化所必不可少的信息。

（5）按信息稳定程度分类

物流信息可分为静态信息和动态信息。静态信息通常具备相对稳定的特点，有三种形式。

① 物流生产标准信息：这是以指标定额为主体的信息，如各种物流活动中的劳动定额、物质消耗定额、固定资产折旧等。

② 物流计划信息：物流活动中在计划期内的已定任务所反映的各项指标，如物资年计

划吞吐量、计划运输量等。

③ 物流查询信息：它是在一个较长时期内很少发生变更的信息，如国家和各主要部门颁发的技术标准和物流企业内的人事制度、工资制度、财务制度等。

与静态信息相反，动态信息是物流系统中经常发生变动的信息，这种信息以物流各作业统计信息为基础，如某一时刻物流任务的实际进度、计划完成情况、各项指标的对比关系等。

3. 物流信息的特点

物流信息除具有信息的一般特点外，还具有以下特点。

（1）信息量大，分布广

物流信息伴随物流活动而产生，在运输、仓储、流通加工各个环节都会产生大量的信息。随着物流活动的不断扩展，需要在全球范围内对物流信息进行收集、处理和加工，这决定了物流信息的分布较广。

（2）动态性强

物流活动本身的复杂性以及物流服务所面对客户的多样性，决定了物流信息将随着物流活动不同阶段而动态变化，这就需要具备对动态信息的捕获和揭示能力。例如，超市销售的商品种类和数量在一天甚至一小时内都会有很大的变化。

（3）复杂性高

物流信息种类多，不仅物流系统内部各个环节有不同种类的信息，而且由于物流系统与其他系统（如生产系统、供应系统）密切相关，还必须搜集物流系统外的有关信息。这使物流信息的搜集、分类、筛选、统计、研究等工作的难度增加。

（4）标准化程度高

企业竞争优势的获得需要供应链上各节点企业之间相互协调合作，协调合作的重要方式就是信息的即时交换和共享。企业为了实现不同系统间信息的高速交换与共享，必须按照国际或国家对信息的标准化要求对信息进行管理，如采用统一的条码标准。将物流信息标准化和格式化，利用 EDI 在相关企业之间进行传送，真正实现信息分享。

4. 物流信息的作用

物流信息贯穿于物流活动的整个过程，对物流活动起到支持保障的作用，可以被看做物流活动的“中枢神经”。物流活动中的信息流可以被分为两类：一类信息流的产生先于物流，它控制物流产生的时间、流量的大小和流动方向，对物流起着引发、控制和调整的作用，如各种计划、用户的订单等，这类信息流被称做计划信息流或协调信息流；另一类信息流与物流同步产生，反映物流的状态，如运输信息、库存信息、加工信息等，这类信息流被称为作业信息流。

可见，物流信息除了反映物品流动的各种状态外，更重要的是控制物流的时间、方向、流量大小和发展进程。无论是计划流还是作业流，物流信息的总体目标都是要把涉及物流的各种企业具体活动综合起来，加强整体的综合能力。物流信息的作用可以归纳为以下几个方面。

（1）企业内部各业务活动之间的衔接作用

企业内的采购、运输、库存及销售等各项活动互相作用，形成一个有机的整体系统，物流信息在其中充当桥梁和纽带。各项业务活动之间的衔接通过信息进行，基本资源的调度也通过信息的传递来实现。物流信息保证了整个系统的协调性和各项活动的顺利运转。

（2）物流活动各个环节之间的协调与控制作用

在整个物流活动过程中，每一个环节都会产生大量的物流信息，而物流系统则通过合理应用现代信息技术对这些信息进行挖掘和分析，得到每个环节下一步活动的指示性信息，进而对各个环节的活动进行协调和控制。

（3）提高企业科学管理和决策水平

物流管理需要大量、准确、实时的信息和用以协调物流系统运作的反馈信息，任何信息的遗漏和错误都将直接影响物流系统运转的效率和效果，进而影响企业的经济效益。物流管理通过加强供应链中各活动和实体间的信息交流与协调，使其中的物流和资金流保持畅通，实现供需平衡；并且运用科学的分析工具，对物流活动所产生的各类信息进行科学分析，从而获得更多富有价值的信息。这些信息在系统各节点间共享，有效地缩短了订货提前期，降低了库存水平，提高了搬运和运输效率，减少了递送时间，及时高效地响应顾客的需求，极大地提升顾客满意度和企业形象，加强物流系统的竞争力。

任务二　掌握物流信息技术的基础知识

一、信息技术与信息系统

1. 信息技术

信息技术（Information Technology，IT）是指获取、传递、处理、再生和利用信息的技术，泛指能拓展人们处理信息能力的技术。它替代或辅助人们完成对信息的检测、识别、变换、存储、传递、计算、提取、控制和利用。

信息技术拓展了人类的信息处理能力。人的信息器官及其功能如下：一是感觉器官（视觉、听觉、嗅觉、味觉、触觉等器官）承担获取信息的功能；二是遍布全身的神经系统承担传递信息的功能；三是思维器官（记忆、分析、推理等器官）承担处理信息的功能；四是效应器官（行走器官脚、操作器官手、语言器官口等）承担执行信息的功能。人的这些器官功能通过信息技术得到延伸。

按拓展人的信息器官功能不同进行分类，信息技术可以分为以下四类技术。

（1）传感技术

传感技术拓展了人的感觉器官能力，主要完成对信息的识别与采集。如传统的物资管理过程中，物资入库时，须搬到磅秤上由保管员抄磅秤数，然后将数据输入计算机中，这种方式已经成为历史。现在有了汽车磅，当装载物资的汽车上了汽车磅后，入库数量一次性被采集并被输入计算机，既提高了数据的准确性、及时性，又减轻了工人的劳动强度。

现代传感技术主要包括遥感、遥测及各种高性能的传感器，如红外遥感技术、热敏传感器、光敏传感器及各种智能传感系统等。传感技术的应用极大地增强了人类识别和采集信息的能力。

（2）通信技术

通信技术则拓展了人的神经系统能力，实现信息的快速、准确、安全传递。过去人们传递信息主要依靠口头、书信、电话、电报等方式。目前数据传输速率最大的是光纤通信，其传输速率可达到 1000Gbps。以资金周转为例，在我国使用传统方法进行资金流通结算，国内一般需要一个星期，国际一般需要半个月左右，而通过通信技术，国内与国际的资金流结算均可在 24 小时内完成。

（3）计算机技术

计算机技术以高速的计算能力以及“海量”的存储能力拓展了人的思维器官能力，包括计算、记忆能力，完成信息的加工、存储、检索、分析等。计算机运行速度快，能自动处理大量信息，并具有很高的精确度，使以前难以甚至无法解决的问题得以解决。如在库存信息处理方面，对时常需要更新的大量库存数据、图表，计算机能很快给出结果，使企业在及时补充库存、调整库存商品种类、减少冗余库存、合理安排运输路线和装运量、节约资源等方面都能进行有效的改进。

计算机信息处理技术主要包括对信息的编码、压缩、加密和再生等技术，计算机存储技术主要包括内存储技术和外存储技术。

（4）控制技术

控制技术是信息的使用技术，可拓展人的效应器官能力。控制技术包括调控技术、显示技术等。

在四类基本信息技术中，通信（Communication）技术、计算机（Computer）技术和控制（Control）技术又合称“3C”技术。可见信息技术是一门多学科交叉综合的技术，计算机技术、通信技术和多媒体技术、网络技术相互渗透、相互作用、相互融合，将形成以智能信息服务为特征的大规模信息网。信息技术是现代科学技术的先导，是国家现代化的一个重要标志，也是实现物流信息化、智能化的核心手段。

2. 信息系统

（1）信息系统的概念

信息系统（Information System，IS）是以加工处理信息为主，由硬件和软件、方法、过程以及人员组成的联合体。由于信息系统是为人的各种业务活动服务的，系统的设计、开发和使用与人密不可分，因此，信息系统是一个人机集成的系统。

（2）信息系统的基本组成

信息系统部分或全部由计算机系统支持，并由计算机硬件、软件、数据和用户四大要素组成。计算机硬件包括各类计算机处理及终端设备；软件是支持数据信息采集、存储加工、再现和响应用户问题的计算机程序系统；数据则是系统分析和处理的对象，构成系统的应用基础；用户则是信息系统所服务的对象。另外智能化的信息系统还包括知识。

（3）信息系统的类型

根据系统所执行的任务，信息系统可以分为事务处理系统（Transaction Process System，

TPS）和决策支持系统（Decision Support System，DSS）。事务处理系统强调的是数据的记录和操作，如民航订票系统。决策支持系统则是用以获得辅助决策方案的交互式计算机系统，一般由语言系统、知识系统和问题处理系统共同组成。

3. 信息系统的基本功能

（1）数据采集和输入

当数据记录在一定介质上并经校验后，即可输入系统进行处理。在实际处理过程中，可以通过输入设备将系统所需数据随时进行输入。例如在销售信息系统中，条码扫描系统可以完成数据的收集和录入，通过数据传输，为零售商提供决策支持。

（2）数据加工处理

数据加工处理主要包括代数运算、统计量的计算及各种校验、各种最优算法、模拟预测、排序分类与合并等。信息系统这一部分功能的强弱直接影响到信息系统的优劣，现代信息系统已经能够处理各种类型的数据。

（3）数据存储功能

日常产生大量的各种类型数据，相当一部分需要重复使用，大量经过加工处理而得到的有关信息和数据也要随时存储起来，以备将来使用和更新。信息系统的这种存储数据的功能方便了管理者的日常业务处理，大大提高了工作效率。

（4）数据传输功能

从数据源收集的数据到处理数据、将处理得到的信息传递给使用者、使用数据库中的数据等，这些过程都涉及传输数据的问题。系统的规模越大、数据越多、分布越广，使用的传输技术就越复杂。

（5）信息输出功能

系统输出的信息需要提供给各级管理人员使用，或者将信息从一个子系统传送到另一个子系统。输出信息的形式有报表、数字、文字、图形、图像、语音等，输出的方式有打印、远距离传送等。

二、物流信息技术

1. 物流信息技术的概念

知识链接

物流术语（GB/T 18354—2006）

物流信息技术（Logistics Information Technology）：物流各环节中应用的信息技术，包括计算机、网络、信息分类编码、自动识别、电子数据交换、全球定位系统、地理信息系统等技术。

简而言之，物流信息技术是指运用于物流领域的信息技术。它是建立在计算机、网络通信等现代信息技术基础上的各种应用，包括了软件技术和硬件技术。物流信息技术是实现现代物流信息化、网络化、自动化、智能化、柔性化的必然要求。

国外统计表明，应用物流信息技术，可为传统的运输企业带来以下实效：降低空载率15%～20%；提高对在途车辆的监控能力，有效保障货物安全；网上货运信息发布及网上下单可增加商业机会 20%～30%；具备无时空限制的客户查询功能，有效满足客户对在运货物情况的实时跟踪监控，可提高业务量 40%；对各种资源的合理综合利用，可减少运营成本15%～30%。对传统仓储企业带来的实效表现在：配载能力可提高 20%～30%；库存和发货准确率可超过 99%；数据输入误差减少，库存的短缺损耗减少；可降低劳动力成本 50%，提高生产力 30%～40%；提高仓库空间利用率 20%。

可见物流信息技术在现代企业的经营战略中占有越来越重要的地位，充分利用各种现代信息技术，提供迅速、及时、准确、全面的物流信息是现代企业获得竞争优势的必要条件。物流信息技术通过切入企业的业务流程来实现对各生产要素的合理组合与高效利用，降低经营成本，直接产生明显的经济效益。

2. 物流信息技术的内容

物流信息技术主要包括物流信息基础技术、信息采集技术、信息交换技术、地理分析与动态跟踪技术等。在这些信息技术的支撑下，形成了由移动通信、资源管理、监控调度管理、自动化仓储管理、业务管理、客户服务管理、财务管理等多种业务集成的一体化现代物流信息系统。物流信息技术包含的内容见表 1-1。

表 1-1　物流信息技术包含的内容

名　称	项　目
物流信息基础技术	计算机技术
	网络技术
	数据库、数据仓库
信息采集技术	条码技术
	射频识别（RFID）技术
信息交换技术	电子数据交换（EDI）技术
地理分析与动态跟踪技术	全球定位系统（GPS）
	地理信息系统（GIS）
信息系统集成技术	物流管理信息系统（LMIS）

（1）物流信息基础技术

主要包括计算机技术、网络技术、数据库与数据仓库技术。在物流信息技术中，计算机技术主要是指计算机的操作技术；网络技术通过整合互联网分散的资源，实现资源的全面共享和有机协作，使人们能按需获取信息；数据库与数据仓库技术主要用于物流信息的存储、查询和分析，提供信息支持和辅助决策。

（2）信息采集技术

信息采集技术主要包括条码技术和射频识别技术。

① 条码技术：又称条形码技术，是 20 世纪产生和发展起来的自动识别技术，是集条码理论、光电技术、计算机技术、通信技术、条码印刷技术于一体的综合性技术。其由于具有

制作简单、信息采集速度快、准确率高、信息量大、成本低等优点而成为物流信息管理工作的基础，被广泛应用于物流的数据采集。

② 射频识别技术：射频识别（Radio Frequency Identification，RFID）技术基于电磁理论，通过射频信号自动识别目标对象来获取相关数据，是一种非接触式的自动识别技术，适用于要求非接触性的数据采集和交换的场合。

（3）信息交换技术

物流管理中的信息交换技术主要指电子数据交换（Electronic Data Interchange，EDI）技术，是指通过电子方式，采用标准化的格式，利用计算机网络进行结构化数据的传输和交换。EDI 技术的基础是信息，这些信息可以由人工输入计算机，也可以通过扫描条码获取。物流技术中的条码包含了物流过程所需的多种信息，与 EDI 技术相结合，确保了物流信息的及时可得性。

（4）地理分析与动态跟踪技术

主要包括全球卫星定位系统（Global Positioning System，GPS）和地理信息系统（Geographic Information System，GIS）。

① 全球卫星定位系统：GPS 利用太空中的卫星对地面目标进行精确导航与定位，以达到全天候、高准确度地跟踪地面目标移动轨迹的目的。GPS 在物流领域中主要应用于汽车自定位及跟踪调度、铁路车辆运输管理、船舶跟踪及最佳航线的确定、空中运输管理和军事物流配送等。

② 地理信息系统：GIS 以地理空间数据为基础，采用地理模型分析方法，适时地提供多种空间和动态的地理信息，是一种为地理研究和地理决策服务的计算机技术系统。基本功能是将表格型数据（可来自数据库、电子表格文件或直接在程序中输入）转换为地理图形显示，然后对显示结果进行浏览、操作和分析。通过结合其他的软件，地理信息系统可以建立车辆路线模型、网络物流模型、设施定位模型等，辅助进行物流决策。

（5）信息系统集成技术

20 世纪 70 年代初，美国企业最早使用计算机技术辅助编制物料需求计划（Material Requirement Planning，MRP）。20 世纪 90 年代初，在 MRP 的基础上，美国公司（Gartner Group Inc.）首先提出并实施了企业资源计划（Enterprise Resource Planning，ERP）。此后，ERP 技术得到不断完善和发展，在分销领域延伸发展为分销资源计划（Distribution Resource Planning，DRP），在物流管理领域延伸发展为物流资源计划（Logistics Resource Planning，LRP）。

ERP 是一整套企业管理系统体系标准，集信息技术与先进的管理思想于一身，为企业提供业务集成运行中的资源管理方案。ERP 技术集合企业内部的所有资源，进行有效的计划和控制，以达到最大效益的集成系统。ERP 一般被定义为基于计算机的企业资源信息系统，其包含的功能除制造、供销、财务外，还包括工厂管理、质量管理、设备维修管理、仓库管理、运输管理、过程控制接口、数据采集接口、电子通信（EDI、电子邮件）、法律法规标准、项目管理、人力资源管理等。ERP 还能连接企业的外部资源，包括客户、供应商、分销商等的资源。ERP 以这些资源所产生的价值，组成一条增值的供应链信息系统，将客户的需求、企业的制造活动与供应商的制造资源集成在一起，从而适应全球市场的高速运转需求。

ERP 作为企业的管理信息系统应用在物流管理方面，就是物流管理信息系统，它是企业管理信息系统的一个子系统。实践证明，建立完善高效的物流管理信息系统是中国企业实现物流现代化管理、成功参与国际竞争的必经之路。

任务三 了解物流信息化与标准化

物流信息化是现代物流的灵魂，是现代物流发展的必然要求和基石，没有物流信息化，任何先进的技术设备都不可能应用于物流领域。随着信息技术的不断普及和发展，以及客户需求的不断升级，物流信息化必然成为现代物流企业发展的助推器。

一、物流信息化

1. 物流信息化的概念

物流信息化是指企业以业务流程重组为基础，广泛使用现代物流信息技术，控制和集成企业物流活动的所有信息，实现企业内外信息资源的共享和有效利用，以提高企业的经济效益和核心竞争力。物流信息化表现为物流信息商品化，物流信息收集数据库化和代码化，物流信息处理电子化和计算机化，物流信息传递网络化、标准化和实时化，物流存储数字化。

2. 物流信息化的内容

（1）物流信息网络化

信息的价值在于共享，通过网络技术，各个物流节点、供应商、用户的信息可以实现实时传递，信息共享。所以，网络化提高了信息化层次，即从一个部门的信息化提升到整个企业的信息化，再从一个企业的信息化提升到整个供应链的信息化。

（2）物流过程信息化

建设适应市场变化，可快速、灵敏反应的物流信息系统，形成以物流市场为核心，使物流要素的资源信息化、数字化、自动化，实现物流活动过程的优化和高度集成的信息体系，主要体现在实现物流运输信息化、仓储信息化、装卸搬运信息化、包装信息化、流通加工信息化、配送信息化和信息处理的数字化。

（3）物流管理信息化

物流管理工作包括计划、组织、指挥、协调、控制等职能活动，是一项复杂的系统工程。物流管理信息化可彻底改善物流管理工作费时费力的状况，大大提高物流管理工作效率。管理信息化将覆盖物流管理的各个方面，通过建立人力资源、劳动工资财务管理、成本核算、物耗能耗管理、技术管理等管理信息系统，使人流、财流、物流、技术流更加规范合理，实现以开放、民主、组合分工、横向组织为主的信息化管理运作。

（4）经营网络化

经营网络化是指将网络技术运用到物流企业运行的各个方面，包括企业内部管理上的网络化和对外联系上的网络化。现代化的物流企业都有完善的企业内部网和外部网，货物运行的各种信息及时反馈到内部网的数据库中，管理信息系统对数据进行自动分析和安排调度，自动排定货物的分拣、装卸以及运送车辆、线路的选择等。企业的外部网一般与因特网对接，用户可以下订单，进行网上支付，随时查找跟踪货物。

（5）设施自动化

设施自动化是指货物的接收、分拣、装卸、运送、监控等环节以自动化的过程来完成。设施自动化涉及的技术非常多，如条码技术、射频技术、全球卫星定位技术、地理信息技术等，通过这些自动化的技术设施，可以实现货物的自动识别、自动分拣、自动装卸、自动存取，从而提高物流作业效率。

知识链接

工业和信息化部关于推进物流信息化工作的指导意见

2013 年 1 月 7 日，工业与信息化部印发了《推进物流信息化工作的指导意见》，为充分发挥信息化支撑和引领现代物流发展的重要作用，促进经济发展方式转变和产业结构优化升级，提出要深刻认识推进物流信息化工作的重要性和紧迫性。

意见提出到“十二五”末期，初步建立起与国家现代物流体系相适应和协调发展的物流信息化体系，为信息化带动物流发展奠定基础。推进工作分两个阶段实施：第一阶段主要通过试点示范引导，初步探索建设物流信息化体系的有效途径；第二阶段在总结和推广前期经验的基础上，促进先进信息技术在物流领域广泛应用，使物流信息资源得到较为充分的开发利用，物流运作和管理水平得到明显提高，物流信息服务体系基本形成。具体发展目标如下：

① 电子政务系统中的物流信息资源开发利用水平得到显著提高，铁路、公路、水运、邮政、航空、海关、检验检疫、食品药品、烟草、安全监管、工商、税务、公安、商务等政府部门的物流信息服务和监管能力全面加强。

② 铁路、公路、水运、航空和邮政等重点物流行业的电子单证得到广泛应用，基本实现物流信息协同，促进多种运输方式的联动。

③ 物流企业和企业物流的信息化水平显著提高，供应链管理水平大幅度提升，物流全程可视化服务能力明显提高，社会化服务能力显著增强。

④ 物流设施、设备的自动化、智能化和网络化水平大幅度提高，物品全生命周期管理得到较为普遍的应用。

⑤ 物流信息化标准体系基本形成，关键的基础性标准、重点行业应用标准和服务规范的制定和宣贯成效显著。

⑥ 涌现一批成功运营的物流信息平台，初步形成覆盖全国的物流信息联动网络；专业化物流信息服务业实现规模化发展。

⑦ 物流信息化军民互促共建成效显著，在应急物流等领域形成较为成熟的军民合作模式和典型示范。

⑧ 信息技术在物流活动中的创新应用水平和支撑保障能力明显提高。

⑨ 物流信息化的法律法规体系和安全体系基本健全。

（资料整理来源：http://www.miit.gov.cn/）

二、物流标准化

1. 物流标准化的概念

物流标准化是指以物流为一个大系统，制定系统内部设施、机械装备等的技术标准和包装、装卸、运输、配送等各类作业和管理标准，以及作为现代物流突出特征的物流信息标准，并形成全国及和国际接轨的标准化体系。其主要内容包括：物流系统的各类固定设施、移动设备、专用工具的技术标准；物流过程各个环节内部及相互之间的工作标准；物流系统各类技术标准之间、技术标准与工作标准之间的配合要求，以及物流系统与其他相关系统的配合要求。

2. 物流信息标准体系

物流信息标准体系主要由基础标准、技术标准、管理标准和服务标准组成。如图 1-3 所示，物流信息基础标准主要指物流信息术语标准等；物流信息技术标准包括物流信息分类编码标准、物流信息采集标准、物流信息交换标准、物流信息系统及平台标准；物流信息管理标准以 EPC 系统管理标准为核心，包括 EPC 系统准入制度、EPC 注册登记制度、EPC 数据管理与维护制度、EPC 系统一致性测试和 EPC 系统安全体系等；物流信息服务标准主要包括物流信息企业服务标准和从业人员服务标准。

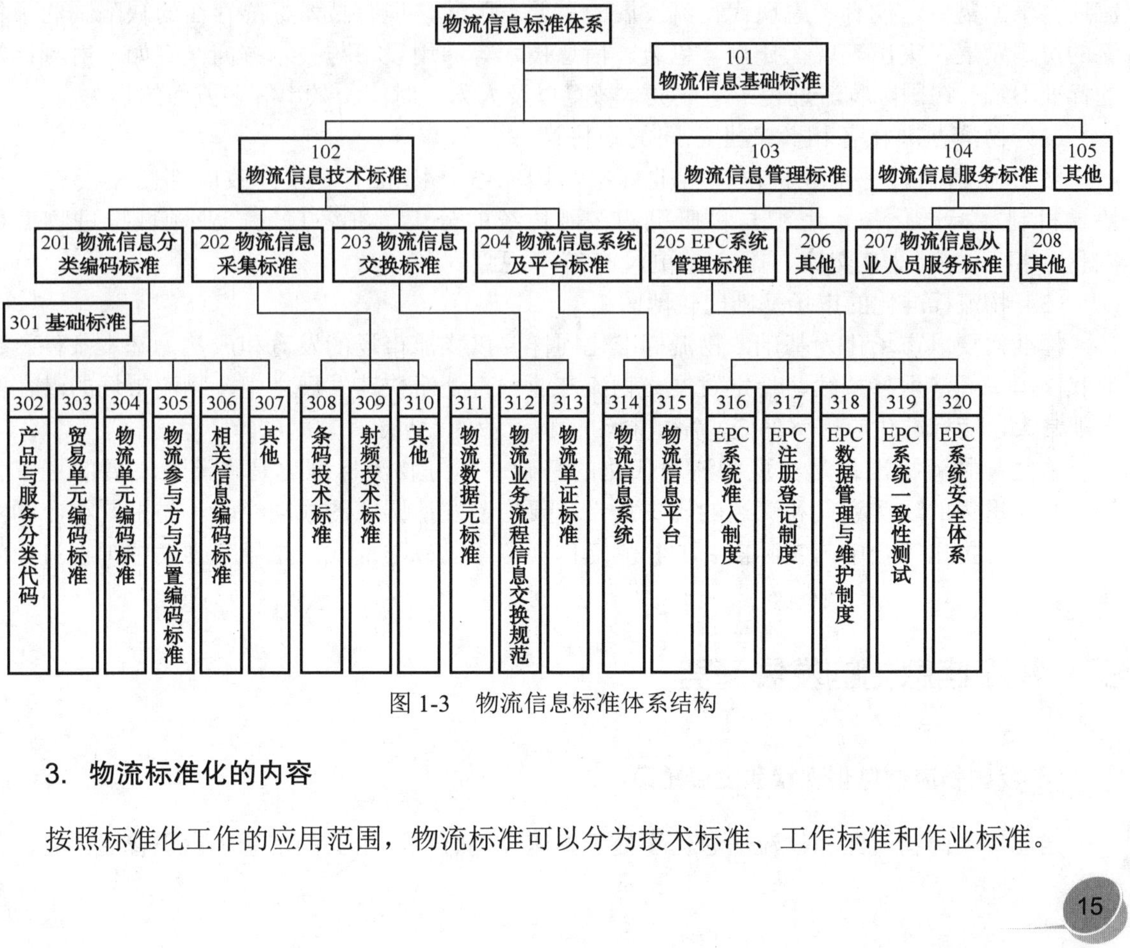

图 1-3　物流信息标准体系结构

3. 物流标准化的内容

按照标准化工作的应用范围，物流标准可以分为技术标准、工作标准和作业标准。

（1）技术标准

技术标准是指对标准化领域中需要协调统一的技术事项所制定的标准。在物流系统中，技术标准主要指物流基础标准和物流活动中采购、运输、装卸、仓储、包装、配送、流通加工等方面的技术标准。

（2）工作标准

工作标准是指对工作的内容、方法、程序和质量要求所制定的标准。物流工作标准是对各项物流工作制定的统一要求和规范化制度，主要包括：各岗位的职责及权限范围；完成各项任务的程序和方法以及与相关岗位的协调、信息传递方式，工作人员的考核与奖罚方法；物流设施、建筑的检查验收规范；吊钩和索具的使用、放置规定；货车和配送车辆运行时刻表、运行速度限制以及异常情况的处理方法等。

（3）作业标准

物流作业标准是指在物流作业过程中，物流设备运行标准、作业程序、作业要求等标准。这是实现作业规范化、效率化以及保证作业质量的基础。

4. 我国物流标准化存在的问题

（1）物流标准化与相关产业现有的标准体系之间的矛盾得不到协调解决

我国各主要行业如铁路、公路、海运、民航、工业部门的物流系统，早已各自有了一套标准化体系，都有自己的或选择不同的物流标准。但这些标准体系在形成时，只考虑到较低流通水平的需要，没有考虑现代物流发展的需要。因此，现有技术标准存在的缺陷制约了物流的协调发展，突出表现在托盘、包装、信息技术等通用设备与技术方面。例如，射频标签的标准不统一在国际物流过程中造成成本核算以及人力、时间、效率等多方面的损失。

（2）物流标准化各相关产业之间的不协调

各行业都制定了行业标准，行业标准与国家统一标准不一致。政府部门还没有建立协调机制，标准化技术组织与科研机构按照传统的分工，在各自的产业领域推进物流标准化，相互之间没有交流、配合，更没有统一规划。

（3）物流标准化的市场基础比较薄弱

标准化要以市场化为基础，物流标准化同样要以物流市场的发育和成熟为基本条件。目前我国国民经济保持持续、稳定发展，物流产业一直处于快速发展之中，物流市场的潜在需求非常大，而标准化应用率偏低，严重制约了物流业的发展。

总之，物流标准化是实现物流现代化的基础。抓好物流标准化是物流业发展的百年大计，具有重大的现实意义和深远的历史意义。要借鉴发达国家的成功经验，与中国物流的实际相结合，提出符合中国实际需要的物流运作规范，以标准形式，指导和推动中国物流业的发展。

三、物流信息化的发展趋势

1. 我国物流信息化现状和发展阶段

当前，我国物流业和物流信息化正处于高速发展时期。企业的信息化意识普通提高，信息化进程不断加快。根据工业和信息化部信息化推进司发布的《物流信息化动态监测分析报告》，大多数物流企业还处于信息化初级阶段，表现在信息化投资率较低，信息技术人员比重偏低，信息技术应用大多停留在基本应用层面，深度应用不足。随着市场竞争的日益激烈，企业物流信息应用越来越普及，物流应用信息化效果越来越显著。监测报告还显示资金和人才问题长期制约企业物流信息水平的提升。

企业的物流信息化进程大致可以分为三个阶段，如图 1-4 所示。

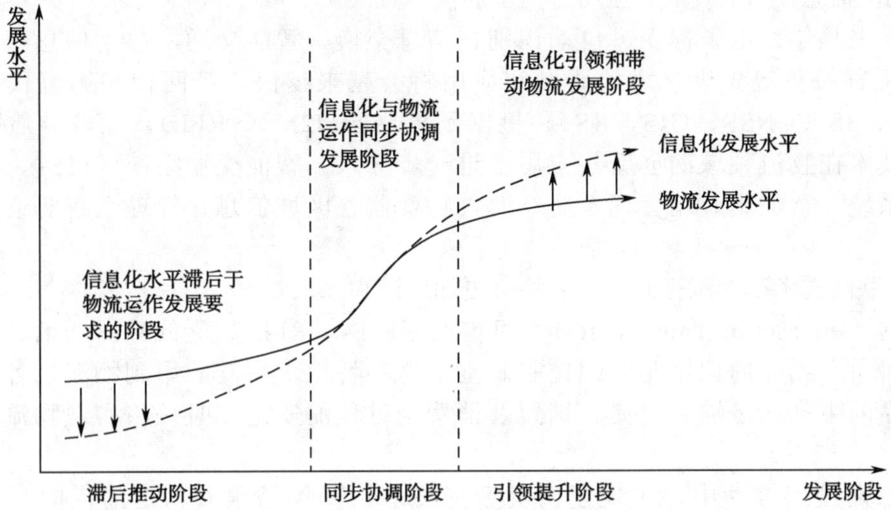

图 1-4 物流信息化的发展阶段

① 滞后推动阶段：这是信息化初级阶段，在这个阶段的物流活动中，物流运作推动信息运作，物流活动存在较大盲目性，反应缓慢；对于这阶段的企业而言，基础信息化是主要需求。在相当长的时间内，企业以规范流程为主，而不是马上涉及比较规范、理想的现代物流理念。在规范化流程基础上，推动部分物流业务的信息化，如库存管理。

② 同步协调阶段：物流运作与信息运作同步，二者相互协调，反应较快。

③ 引领提升阶段：信息运作拉动物流运作，物流服务目标明确，手段有力，反应及时，能够提供按需、按时服务。

当前我国大多数物流企业还处于滞后推动阶段，部分行业领先企业进入了同步协调阶段，一些跨国企业和少数国内标杆企业能够达到引领提升阶段。

2. 我国物流信息化的发展趋势

（1）政府大力支持和推动物流信息化的发展

各级政府都认识到信息技术对我国物流信息化的发展带来的机遇和动力，因此高度重视推动物流信息化的发展。在《国民经济和社会发展十二五规划纲要》中明确提出了对信息化发展的要求。2011 年 4 月，交通运输部出台了《公路水路交通运输信息化“十二五”发展规划》，旨在通过加快交通运输行业的信息化建设，充分发挥信息化在转变交通运输发展方式、提升交通运输管理能力和服务水平、促进现代交通运输业发展的支撑和保障方面的作用，全面提升交通运输智能化和现代化水平。

贯彻落实《国务院办公厅关于促进物流业健康发展政策措施的意见》（国办发〔2011〕38号）、《电子商务“十二五”发展规划》（工信部规〔2011〕556 号）等，充分发挥信息化支撑和引领现代物流发展的重要作用，促进经济发展方式转变和产业结构优化升级。2013 年 1 月，工业和信息化部出台了《工业和信息化部关于推进物流信息化工作的指导意见》，提出了我国物流信息化发展的目标、7 项主要任务和 6 项保障措施，对我国物流信息化的发展起到了极大的推动作用。

（2）物流信息技术的发展和应用进一步加快

预计未来几年，电子标识、自动识别、信息交换、智能交通、移动信息服务、可视化服务和位置服务等先进技术的研发和应用将会越来越快。第四代和第五代移动通信（4G、5G）、3S（GNSS、GIS、RS）、机器到机器（M2M）、RFID、北斗导航等现代信息和通信技术在物流领域的创新与应用会进一步深入。智能交通系统（ITS）、物流基地综合管理系统、智能集装箱管理系统、海关特殊监管区域信息化管理系统等会进一步普及应用。

（3）物联网技术在物流行业的应用将会更加广泛和深入

物联网（Internet of Things，IOT）可借助互联网、RFID、无线数据通信、传感技术等，实现对单个物品的识别与跟踪控制。基于这种特性，将其应用到物流的各个环节，可保证商品的生产、运输、仓储、销售及消费全过程的安全和时效，实现物流系统的高度智能化。

在物联网技术推动中，出现了两类智能终端：一类是跟着物走的，叫车载终端，记录了对货物管理的种种要求；一类叫手持终端，它记录其中涉及人的部分。这两类终端都具有四种基本功能：识别功能、定位功能、传感功能、无线通信功能，这些渐渐成为所有智能终端的底层标配，推动着基础信息标准的建设，也推动物流信息化的快速发展。

（4）云计算服务将会在物流行业广泛应用

根据云计算服务性质的不同，可以将云计算区分为公有云、私有云。公有云部署具备更好的灵活性和可扩展性，而私有云更加安全且便于控制。

就目前来看，为了节约成本，公有云在中小物流企业的应用将会越来越广，而私有云在大中型物流企业的应用会比较多，而更多的时候公有云、私有云会同时存在。随着公有云安全性等核心问题的解决，最终目标是私有云尽可能转移到公有云。物流企业更需要的是对自己的相关业务进行详细的分析，选择符合自身需要的云服务方式。

（5）大数据挖掘技术将会提升物流信息化水平

由互联网数据中心（Internet Data Center，IDC）发布的《中国大数据技术与服务市场2012—2016 年预测与分析》显示，大数据的市场规模将于 2016 年增长到 6.17 亿美元，复合增长率达 51.4%，市场规模增长近 7 倍。大数据时代，数据已经变成比肩人、财、物的战略资源，如何管理及应用这种资源是政府部门和企业都要学习的新技能。

经过多年的发展，物流企业都积累了海量的财务数据和物流业务数据资源，同时还有上下游企业的共享数据。如何整合数据并进行深入的数据挖掘，为领导经营决策提供支持，为经济运行提供分析与预警，与供应链上下游企业共享数据，从而实现相互协同呢？这就需要对杂乱无章的原始数据进行分类整理，运用数据挖掘技术分析出需要的信息，为领导经营决策提供依据，切实提升我国物流信息化发展水平。

（6）物流业将全面走向智慧物流的时代

随着互联网技术、物联网技术、云计算技术以及数据挖掘技术在物流行业的应用越来越深入，越来越普遍，物流业将全面走向智慧物流的时代。智慧物流包含三大关键技术，信息采集技术的突破是实现智慧的前提，移动通信技术是实现智慧的关键，数据加工技术是实现智慧的基础。简而言之，智慧物流让机器越来越聪明，让人的工作越来越科学，让物流越来越有效率，这些都离不开物流信息技术的发展和应用。

学习分享

学习目标：

完成本学习情境的任务后，你应当能

1. 掌握什么是数据、信息和物流信息；
2. 了解物流信息的特征、分类和基本作用；
3. 掌握物流信息技术的概念和基本内容；
4. 了解物流信息化和标准化的概念和内容；
5. 了解我国物流信息化现状和发展趋势。

学习方法：

建议采用启发式和体验式教学方法（包括视频资料学习、参访物流信息化程度高的场所和企业、网络资源学习等）、小组讨论等方式方法。

学习环境要求：

1. 学习场地：① 多媒体教室；
   ② 物流信息化水平较高的场所和企业（如图书馆、厦门烟草工业公司）。
2. 学习资源：① 网络资源——物流沙龙等相关网站；
   ② 视频资源——物流信息化相关视频资料。

评价标准：

重点掌握物流信息的概念和特征，理解物流信息化对于企业的作用，了解现代物流信息技术。

1. 认识和理解信息、信息技术、物流信息技术的概念和内容。（教师评价）
2. 认识和了解物流信息化和标准化的概念和内容。（教师评价）
3. 能根据计划和要求，小组完成对本地区的企业参访，对企业物流信息技术应用情况进行了解。（小组评价、教师评价）
4. 能根据实训的计划和要求，小组完成实训报告，并制作 PPT 文档在课堂进行分组交流。（小组评价、教师评价）
5. 在完成本情境任务过程中的团队合作能力和学习态度。（个人、小组和教师评价）

操作实训

实训一　了解图书馆应用的物流信息技术

【实训目的】

1．通过观察图书馆的物流过程，了解物流信息技术在图书馆的应用情况。

2．培养协作与交流的意识，培养表达与沟通的能力。

【实训参考】

图书馆纸质文献的流通过程主要包括了图书的采购、分编、典藏、流通（借阅）、剔旧等环节，这与企业的采购、分拣、仓储、销售、回收等活动类似。近年来，高校图书馆引进了一些先进的信息技术，使得作业流程大大简化。

【实训要求】

实训以小组为单位，5～6 人组成小组。参观图书馆的工作流程，按照具体要求完成实训。

1．了解如何制定图书采购计划，如何招标、选择供应商。

2．了解图书分类、编目、贴磁条和条码等加工处理过程。

3．了解图书的借还手续，包括预借、消磁、充磁、赔偿和图书出馆跟踪技术等。

4．了解图书条码系统、检索查询系统、网上订阅系统、识别身份的门禁系统和防盗系统。

5．了解图书馆电子数据资源的情况。

【实训考核】

完成并提交小组实训报告，报告内容包括活动进程、活动中遇到的问题和解决办法、活动收获和总结。根据报告内容制作 PPT 文档，进行课堂分组展示和交流。

实训二　检索物流标准文档

【实训目的】

1．提高信息检索能力。

2．掌握物流标准知识。

3．培养团队合作精神和沟通能力。

【实训参考】

1．搜索引擎（Search Engine）是指根据一定的策略、运用特定的计算机程序从互联网上搜集信息，在对信息进行组织和处理后，为用户提供检索服务，将用户检索的相关信息展示给用户的系统。搜索引擎包括全文索引、目录索引、元搜索引擎、垂直搜索引擎、集合式搜索引擎、门户搜索引擎与免费链接列表等。

2．常用的搜索引擎有百度（www.baidu.com）、谷歌（www.google.cn）、搜搜（www.soso.com）等。百度是中国互联网用户最常用的搜索引擎，每天完成上亿次搜索；也是全球最大的中文搜索引擎，可查询数十亿个中文网页。而 Google 是全球最大的搜索引擎，如果搜索国外的信息，那么首选 Google。

3．使用的技巧和步骤。

① 简单查询：在搜索引擎中输入关键词，然后点击“搜索”就行了，系统很快会返回

查询结果，这是最简单的查询方法，使用方便，但是查询的结果却不准确，可能包含着许多无用的信息。

② 使用双引号：给要查询的关键词加上双引号（半角的），可以实现查询结果的精确匹配。

③ 使用加号（+）：在关键词的前面使用加号，表示同时满足两个以上的条件。

④ 使用减号（-）：在关键词的前面使用减号，意味着在查询结果中不能出现该关键词。

⑤ 使用通配符：通配符包括星号（*）和问号（?），前者表示匹配的数量不受限制，后者表示匹配的字符数要受到限制，主要用在英文搜索引擎中。

⑥ 使用文档后缀名来搜索特定格式的电子文档，如“物流信息技术标准.pdf”。

【实训要求】

实训以小组为单位，5～6 人组成小组。

1．通过网络调查法和文献调查法收集各类物流标准，包括基础标准、工作标准、管理标准以及单项标准，每组负责其中一个标准内容的收集和整理。

2．每组将收集的标准内容做成 PPT 文档，课堂小组分享交流。

【实训考核】

表 1-2 实训考核记录表

考核标准	评价标准	分值	分值比例			
			自评（10%）	小组（20%）	教师（70%）	小计（100%）
物流标准的检索	准确和完整程度	30				
PPT 制作	制作的规范清楚	30				
小组汇报和分享	汇报和讲解情况	40				
合 计		100				
评语（主要是建议）						

自我测评

✧ 复习思考题

1．什么是数据？列举几种表现形式。

2．什么是信息？它有哪些特征？

3．数据和信息的区别和联系有哪些？

4．如何理解四流合一？信息流在其中的作用是什么？

5．结合实际举例观察到的物流信息技术有哪些。

6．中小企业进行物流信息化应该注意什么原则？

✧ 案例分析题

华联超市的物流信息技术

华联超市成立于 1992 年 9 月，连锁经营业务，以拓展全国市场为目标，不断提高集约化水平和扩张能力。多年实践证明，运用信息技术来重组和升级超市的供应链管理，是连锁经营的核心战略。近年来华联超市开放建设了庞大的计算机网络系统。公司的计算机中心和各分公司、配送中心通过专线实时联网，与 800 多家门店通过拨号联网，实现联机事务处理。

（1）门店实现了联网，使公司的大量业务指令（如促销活动、调价信息、退调通知等）可以及时传输到门店。

（2）华联与供应商实现了 EDI 自动补货系统，在电脑系统中可以设定最低库存量、提前期等指标，供应商可以自动补货。

（3）配送中心全面采用计算机控制。华联在上海、南京和北京建了 5 座现代配送中心。如上海新建的占地 2.8 万平方米的桃浦配送中心全面采用计算机管理，应用先进的无线网技术，实现了无纸化收货验货、拣货理货、仓储保管盘点等业务，成为上海乃至全国最先进的配送中心。

（4）华联超市在建设现代配送中心的同时，积极推广使用物流条码。在入库管理、库存盘点、商品零售环节广泛使用条码，使整个超市运作一目了然。

（5）科学辅助决策。为了辅助总经理、部门经理和店长进行决策，指导业务人员作业，计算机提供了大量的业务分析功能，如按月、按日、按门店、按供应商统计“销售业绩”，分析配送中心的“出货情况”，根据业务员的需要编制“统计分析报表”等。

迄今，华联超市已经成功利用信息技术重组了自己的业务流程，减少了不必要的环节，加快了总部、配送中心、门店和供应商之间的信息流动。

（资料来源：李贞.物流信息技术与应用[M].北京：航空工业出版社，2011.）

问题思考：

1．华联超市应用了哪些物流信息技术？

2．在案例中物流信息技术的应用给华联超市带来了哪些效益？

学习情境二

了解物流信息基础技术

学习情境描述

一位大一的同学听说骆嘉晖在亚马逊物流中心实习，就向嘉晖学长请教：“在大学期间应该如何培养自己的职业技能？”嘉晖就自己的经历告诉他，作为物流管理专业的学生，IT技能是企业很看重的基本技能，在大学的一开始就应该注意培养自己的基本IT技能。除了课堂上要学习《计算机基础》，还要多操作实践，熟练掌握Word、Excel等常用办公软件，懂得基本的网络技术，了解数据库的知识。要适应现代物流行业的发展，特别是电子商务物流的发展要求，要不断积累物流信息技术相关的各类知识。物流信息基础技术的思维导图如图2-1所示。

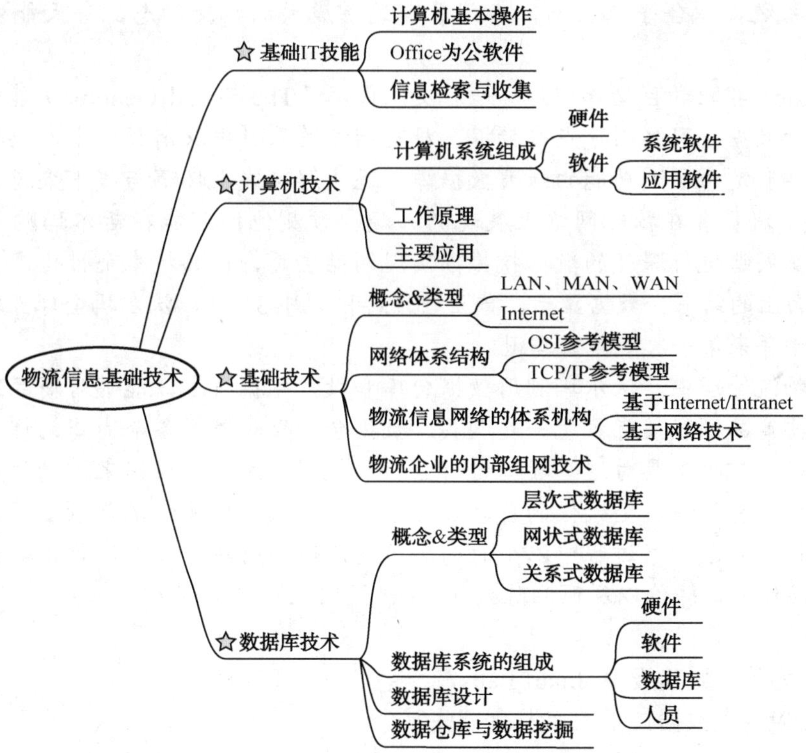

图2-1 物流信息基础技术的思维导图

导入案例

沃尔玛的大数据技术

沃尔玛是最早通过大数据而受益的企业之一，拥有世界上最大的数据仓库系统。通过对消费者的购物行为等数据进行分析，沃尔玛成为最了解顾客购物习惯的零售商，曾创造了“啤酒与尿布”的经典商业案例。早在 2007 年，沃尔玛就建立了它的超级数据中心，其存储能力高达 4PB 以上。《经济学人》在 2010 年的一篇报道中指出，沃尔玛的数据量已经是美国国会图书馆的 167 倍。

在大数据概念引爆流行产业界之前，沃尔玛已经开始了网站数据库整合迁移和 Hadoop 集群扩展工作，收购 Kosmix，在此基础上建立沃尔玛实验室（Walmart Labs），并在近年着手收购专注于数据挖掘或移动社交的初创公司如 OneOps、Inkiru、Tasty Labs、OneRiot，进军互联网。通过自身数据积累整合及并购研发，沃尔玛已然拥有一个涵盖消费者线下交易数据、沃尔玛网络商城电子数据与社交媒体应用数据的实时更新积累的大数据库，为沃尔玛在做出决策前，将执行成本降到最低，并且创造新的消费机会。

收编 Kosmix 团队，沃尔玛看重的是 Kosmix 对社交媒体的语义分析功能，利用 Facebook 和 Twitter 的数据，工程师从每天的热门消息中，推出与社会时事呼应的商品，创造消费需求。同时，针对社交网络快消息流的性质，沃尔玛内部的大数据实验室专门发展出一套追踪系统，结合手机上网，专门管理追踪庞大的社交动态，每天能处理的资讯量超过 10 亿笔。

Walmart Labs 推出的巨型知识库——社交基因库（The Social Genome）能够让沃尔玛将消费者线下购物数据、网络浏览点击数据、社交网络关系数据及消费者个人数据等组合成实时更新扩展且具有定向预测功能的强大数据库，逐步解决线上环节与线下渠道数据匹配上的难点，并借助于消费者在社交网络上展现的兴趣，预测他们可能在活尔玛购买的下一个产品。通过对社交网络进行深度的数据挖掘，实现网站主页、商品搜索个性化，依据消费者的兴趣来排列页面上的结果。数据显示，截至 2013 年 1 月 31 日，沃尔玛全球互联网销售额增长 30%，增幅十年来第一次超越亚马逊。

在线下的物流管理中，沃尔玛利用数据仓库和数据挖掘技术，能够对商品进行市场分组分析，分析哪些商品顾客最有希望一起购买。数据仓库里收集了各个商店的详细原始交易数据，利用自动数据挖掘工具对这些数据进行分析和挖掘，用实时数据来调动供应链补货。通过全球、全方位、全过程、全天候的自动数据采集，取代了传统的依靠预测计划来确定订货的方式，在数据的不断积累过程中以小时为单位动态地运行决策模型，导出数亿个品种的最佳订货量与商品组合、降价以及商品陈列等。（根据网上资料整理）

问题：

1. 沃尔玛为什么要建设 Walmart Labs？
2. 沃尔玛应用大数据技术的启发有哪些？

任务一 了解计算机技术基础

一、计算机的概念和特点

1. 计算机的概念

计算机是能迅速而高效地自动完成信息处理的电子设备，它能按照程序对信息进行加工、处理、存储。信息时代的人们对于计算机非常熟悉，小到能装进口袋的平板电脑，大到我国超级计算机“天河二号”，甚至人们普遍使用的智能手机也是带有通信功能的微型计算机，所以在生活和工作中处处可见计算机的应用。在信息技术中，计算机技术对应拓展人的思维器官能力，所以人们一般形象地称之为电脑。

2. 计算机的特点

（1）运算速度快

高性能计算机每秒能进行几百亿次以上的运算。如果一个人在 1 秒钟内能做 1 次运算，那么一般的电子计算机 1 小时的工作量需要 1 个人做 100 多年。

（2）计算精度高

计算机采用二进制数字进行运算，表示二进制数值的位数越多，计算精度就越高。电子计算机的计算精度在理论上不受限制，通过一定的技术手段，可以实现任何精度要求。历史上有位著名数学家，曾经为计算圆周率整整花了 15 年时间，才算到第 707 位。而计算机可以在几个小时内就计算到第 10 万位。

（3）存储功能强

计算机存储器的容量可以做得很大。目前，个人电脑的内存容量一般都可以达到 2G 以上，硬盘容量可以达到 500G 以上。计算机存储的数据量越大，可以容纳的信息量也就越大。

（4）具有逻辑判断能力

计算机可以通过编码技术对各类信息（如语言、文字、图形、声音等）进行逻辑运算，甚至进行推理和证明。

（5）具有自动运行能力

计算机的内部操作是根据人们事先编好的程序自动运行的。用户根据需要，事先设计好运行步骤与程序，计算机会严格按照程序规定的步骤进行操作，不需要人工干预。

二、计算机系统与工作原理

1. 计算机系统的组成

完整的计算机系统包含两大部分，即硬件系统和软件系统，如图 2-2 所示。通常没有安装任何软件的电脑称为裸机，不能发挥作用。

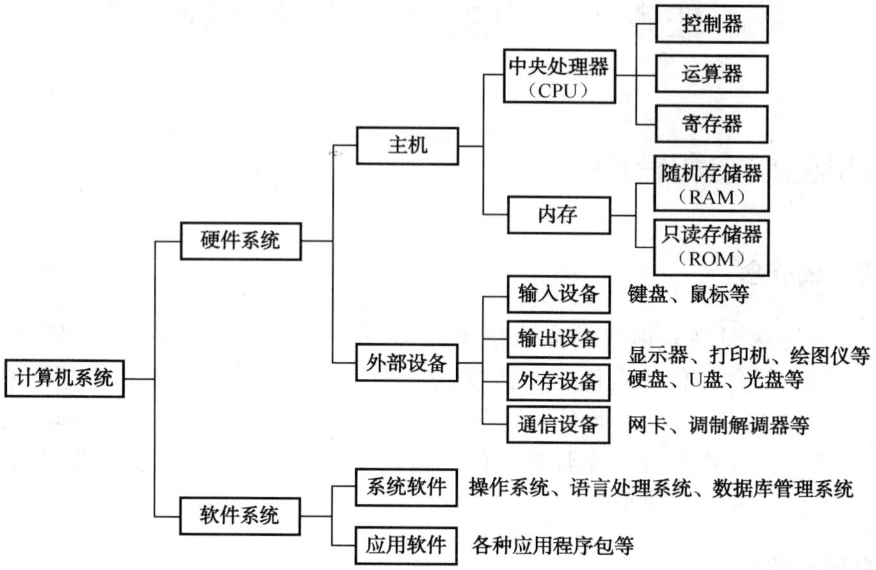

图 2-2　计算机系统的组成

（1）计算机硬件系统

尽管计算机的外观千差万别，但其硬件都由主机、显示器、键盘和鼠标等设备组成。其中主机是计算机硬件的核心，它外部是机箱，内部包含各种硬件：CPU、主板、散热器、显卡、内存、硬盘、电源以及各种连接线，如图 2-3 所示。

图 2-3　机箱内部硬件

（2）计算机软件系统

软件是指系统中的程序以及开发、使用和维护程序所需要的所有文件集合。软件系统一般分为系统软件和应用软件两种。

① 系统软件。

系统软件是指控制和管理计算机及外部设备，支持应用软件开发和运行的系统，无须用户干预的各种程序的集合。主要包括操作系统、语言处理程序和数据库管理系统等。

操作系统如 Windows、UNIX、智能手机普遍使用的 Android 系统等，是用来控制其他程序运行，管理系统的全部硬件和软件资源，并为用户提供操作界面的系统软件集合。

语言处理程序如 C++、Java 等，是为用户设计的编程服务软件，其作用是将高级语言源程序翻译成能被计算机识别的目标程序。

数据库管理系统（DBMS）如 SQL Sever、Oracle、Foxpro 等，能够用来对数据库进行集中、统一管理，帮助用户创建、维护和使用数据库。

② 应用软件。

应用软件是指为某一特定应用而开发的软件，如 Office 办公软件、财务软件、过程控制软件，包括智能手机用到的各类 APP。

2. 计算机的工作原理

美籍匈牙利数学家冯·诺依曼于 1946 年提出存储程序原理，把程序本身当做数据来对待，程序和该程序处理的数据用同样的方式存储。冯·诺依曼和同事们设计出了一个完整的现代计算机雏形，并确定了存储程序计算机的五大组成部分和基本工作方法。冯·诺依曼的这一设计思想被誉为计算机发展史上的里程碑，标志着计算机时代的真正开始。虽然计算机技术发展很快，但“存储程序原理”至今仍然是计算机的基本工作原理。

计算机的工作原理如图 2-4 所示，首先将程序和原始数据通过输入设备转换成计算机能识别的二进制代码，并将其送入存储器中保存；然后按照用户程序指令顺序由控制器发出相应的控制命令，将已存入存储器中的数据取出并送至运算器中进行运算；计算的中间结果或最后结果由计算器送回存储器保存。如需要输出结果，则由控制器发出控制命令，从存储器取出结果，经输出设备将计算机内部的二进制数据转化成人们习惯的十进制数字、文字、图形、图像、音频和视频等信息。

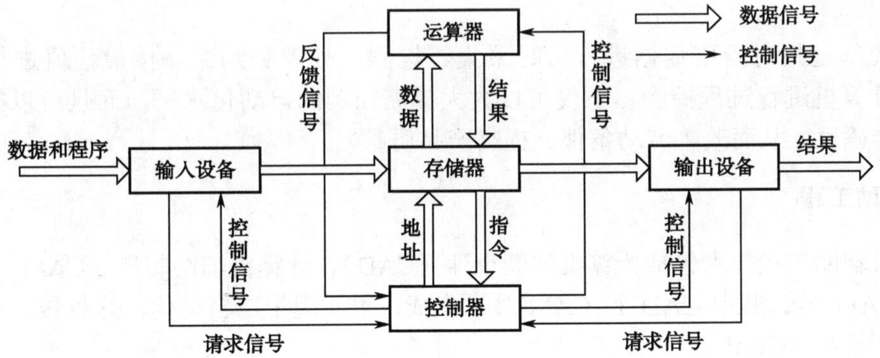

图 2-4 计算机的工作原理

三、计算机技术的主要应用

计算机技术是信息时代的基础，在经济、政治、军事及社会生活的各个领域都有广泛的应用。归纳起来，计算机的主要应用有以下几个方面。

1. 科学计算

科学计算是计算机的传统应用领域，是指利用计算机解决科学研究和工程技术中涉及的数学问题。利用计算机高速运算、大存储容量和连续运算的特点，可以解决人工无法解决的各类科学计算问题。

2. 信息处理

信息处理主要是指非数值形式的数据处理，包括对数据资料的收集、存储、加工、分类、排序、检索和发布等工作。信息处理包括了办公自动化（OA）、企业管理、情报检索等，其特点是要处理的原始数据量大，而运算较简单，结果要求以表格或文件的形式存储和输出。信息时代，信息处理已经成为计算机的主要任务，是现代企业管理的基础。据统计，全世界计算机用于信息处理的工作量占全部计算机应用的 80%以上，大大提高了工作效率和管理水平。

知识链接

办公自动化

办公自动化（Office Automation，OA）是将现代化办公与计算机网络功能结合起来的办公方式，包括网络化的大规模信息处理系统。一般认为，凡是在传统的办公室内采用各种新技术、新机器、新设备从事办公业务，都属于办公自动化的范畴。

例如，采用 Word 制作和存储各种文档，使用复印机、传真机等复制、传递文档，或者采用计算机网络技术传递文档，都是办公自动化的基本特征。

3. 过程控制

过程控制是指对操作数据进行实时采集、检测、处理和判断，按最佳值进行调整的过程。利用计算机进行过程控制，不仅可以大大提高控制的自动化水平，而且可以提高控制的及时性和准确性，从而改善劳动条件、提高产品质量。

4. 辅助工程

计算机辅助工程技术包括计算机辅助设计（CAD）、计算机辅助制造（CAM）、计算机辅助教学（CAI）等。其中 CAD 和 CAM 技术集成，可实现生产自动化，这种技术被称为计算机集成制造系统（CIMS）。

5. 人工智能

人工智能是指利用计算机模拟人类的智能活动，如感知、判断、理解、问题求解和图像识别等。人工智能的主要任务是建立智能信息处理理论，进而设计出可以展现某些近似人类的智能行为的计算机系统。一些领域的人工智能已经走向实用阶段，例如具有一定思维能力的智能机器人、智能自动驾驶汽车等。

6. 多媒体技术的应用

随着计算机技术和通信技术的发展，人们把文本、图形、图像、音频、视频等多种媒体综合起来，构成多媒体，广泛应用在教育、医疗、商业、军事、工业等领域。

任务二　了解计算机网络技术

一、计算机网络的概念和分类

1. 计算机网络的概念

计算机网络是指用传输介质和通信设备将地理位置不同、功能独立的多台计算机相互连接起来，按照网络通信协议和网络操作系统进行数据通信，实现网络上的资源共享和信息交换的系统。计算机网络由硬件系统和软件系统两大部分组成：硬件系统主要包括网络服务器、网络工作站、网卡和连接线；软件系统主要包括网络操作系统、网络协议和应用服务软件。

2. 计算机网络的分类

计算机网络类型有多种划分标准，最常见是按照地理覆盖范围划分。按照这种标准，计算机网络可以分为局域网（Local Area Network，LAN）、城域网（Metropolitan Area Network，MAN）、广域网（Wide Area Network，WAN）和因特网（Internet）。

① 局域网（LAN）是最常见、应用最广的一种网络。随着计算机网络技术的发展，局域网得到了充分的应用和普及，几乎每个单位都有自己的局域网，甚至每个家庭都有自己的小型局域网。局域网的地理覆盖范围一般在数米至 10 千米，其基本特征是结构简单、布线容易，由某一个组织单位建立与管理。

② 城域网（MAN）地理覆盖范围介于局域网与广域网之间，一般是一个城市或者跨越几个街区，跨越地理范围为数千米至数十千米，连接的计算机数量比局域网更多，但它采用的是局域网的技术，是局域网的延伸。一个城域网通常连接着多个局域网，如连接政府机构的局域网、医院的局域网、电信部门的局域网、企业的局域网等。

③ 广域网（WAN）的地理覆盖范围很大，一般是将不同城市之间的局域网或城域网进行互连，地理范围可从数百千米到数千千米。

④ 从地理范围来说，因特网可以是全球计算机的互连，这种网络的最大特点就是不定性，整个网络的计算机随着网络用户的不断接入每时每刻都在变化。因特网的其他特点还有开放性、全球性、虚拟性和身份不确定性。

除此之外，还有几种常用的计算机网络分类标准。例如，根据网络的用途，可以分为公用网和专用网；根据计算机网络的交换方式，可以分为电路交换网、报文交换网和分组交换网；根据网络的传输介质，可以分为有线网、无线网和光纤网；根据网络的通信方式，可分为广播式传输网络和点到点传输网络；按照网络的拓扑结构，可以分为总线型结构、星形结构、环形结构、树形结构和网状结构。

二、计算机网络体系结构

1. 计算机网络体系结构的概念

为了完成计算机之间的通信合作，把每台计算机互连应该实现的功能划分成有明确定义的层次，并规定同一层次的进程通信的协议和相邻层次之间的接口及服务，通常把计算机网络层次模型和各层协议的集合定义为计算机网络体系结构（Network Architecture）。

为了减少网络设计的复杂性，计算机网络结构采用了结构化分层设计的思想。所谓分层设计，就是按照信息的流动过程将网络的整体功能分解为不同的功能层，不同机器上的同等功能层之间采用相同的协议，同一机器上的相邻功能层之间通过接口进行信息传递，下一层为上一层提供网络服务。这种分层参考模型有如下优点：

① 各层之间相互独立，即上层不需要知道下层的具体结构即可通过层间接口使用下层所提供的服务；

② 灵活性好，即只要层间接口不变就不会因为某一层的变化而引起其他层的变化，各层可以采用最合适的技术实现本层功能而不影响其他层；

③ 有利于促进网络互连标准化，因为每层的功能和提供的服务都已经有了精确的说明。

2. 计算机网络协议与参考模型

如同人与人之间的交流需要依赖语言、表情动作等各种交流方式和手段，计算机之间要实现通信必须依靠网络通信协议。网络协议（Network Protocol）是为了屏蔽网络中计算机硬件和软件存在的各种差异，保证相互通信及双方能够正确地接收信息而事先建立的规则标准和约定。

网络协议有 3 个要素：语法、语义和同步。语法用来规定传输信息的格式；语义用来确定通信双方通信的内容是什么；同步则是详细说明通信过程中各事件的先后顺序。在连接网络时，必须选用正确的网络协议，以保证不同连接方式和操作系统的计算机之间可以进行数据传输。常用的网络协议有 TCP/IP、NetBEUI 协议、NWLinkIPX/SPX/NetBIOS 兼容传输协议、DLC 协议和 AppleTalk 协议等。为了实现不同计算机系统之间以及异构网络之间的数据通信，就必须遵循相同的网络体系结构模型。常用的有 OSI 参考模型和 TCP/IP 参考模型两种。

（1）OSI 参考模型

国际标准化组织（ISO）在 1985 年推出了开放系统互连（Open System Interconnection）参考模型，即 OSI/RM。OSI 参考模型定义了开放系统的层次结构、层次之间的相互关系及各层所包含的服务。它作为一个框架来协调和组织各层协议的制定，也是对网络内部结构最精练的概括与描述。根据分而治之的原则，OSI 将整个通信功能划分为 7 个层次，由上而下分别是应用层、表示层、会话层、传输层、网络层、数据链路层及物理层。

根据网络中各层完成的功能不同，可以将计算机网络分为通信子网和资源子网。网络层、数据链路层和物理层可做传输控制层，负责有关通信子网的工作，解决网络中硬件设备的通信问题；应用层、表示层和会话层为应用控制层，负责有关资源子网的工作，解决应用进程的通信问题；传输层为通信子网和资源子网的接口，负责将上层数据分段并提供端到端的传输。OSI/RM 的最高层为应用层，面向用户提供所需的应用服务；最低层为物理层，连接通信媒体实现数据传输。层与层之间的通信是通过各层之间的接口来进行的，而上层通过接口向下层发送服务请求，而下层通过接口向上层提供服务。

需要注意的是，OSI 参考模型并没有提供一个可以实现的方法，只是描述了一些概念，用来协调进程间通信标准的制定。在 OSI 范围内，只有在各种协议可以被实现并且各种网络互连设备和 OSI 的协议相一致时才能互连。简而言之，OSI 参考模型并不是一个实际的标准，而只是一个在制定标准时所使用的概念性的框架。

（2）TCP/IP 参考模型

TCP/IP（Transfer Control Protocol/Internet Protocol）即传输控制/网际协议，又叫网络通信协议，它是 Internet 的基础。TCP/IP 包含上百个各种功能的协议，如远程登录、文件传输和电子邮件等，其中 TCP 和 IP 是保证数据完整传输的两个重要协议，因此被称为 TCP/IP 协议簇。

TCP/IP 参考模型分为 4 层：应用层、传输层、网络层和网络接口层。TCP/IP 参考模型是为 TCP/IP 量身定制的。TCP/IP 参考模型的应用层与 OSI 参考模型上 3 层功能相似，它向用户提供一组常用的应用程序；传输层提供应用程序间的通信；网络层负责相邻计算机之间的互连通信；网络接口层是 TCP/IP 参考模型的最低层，负责接收 IP 数据包并通过网络进行发送，或者从网络接口层上接收物理帧，去掉帧头和帧尾，剥离出 IP 数据包再交给网络层。OSI 参考模型与 TCP/IP 参考模型的层次对应关系见表 2-1。

表 2-1　OSI 参考模型和 TCP/IP 参考模型的层次对应关系

OSI 参考模型	TCP/IP 参考模型及协议	
应用层	应用层	Telnet、FTP、SMTP、DNS、HTTP 及其他应用协议
表示层		
会话层		
传输层	传输层	TCP、UDP
网络层	网络层	IP、ARP、RARP、ICMP
数据链路层	网络接口层	各种通信网络接口
物理层		

3. 计算机网络的组建模式

组建计算机网络通常采用 3 种模式：对等网模式、客户–服务器（Client/Server，C/S）模式、浏览器/服务器（Browser/Server，B/S）模式。

（1）对等网模式

对等网模式通常是由几台计算机组成的工作组，它采用分散管理的方式，网络中的计算机既可作为客户机又可作为服务器来工作，每个用户分别管理自己机器上的资源。随着网络技术的发展和改进，对等网模式使用越来越少，而 C/S 模式和 B/S 模式得到广泛应用。

（2）C/S 模式

C/S 模式可以被理解为一个物理上分布的逻辑整体，它由客户机、服务器和连接支持部分组成，如图 2-5 所示。其中客户机是体系结构中的核心部分，是面向最终用户的接口设备或应用程序。客户机可向网络中的其他设备或应用程序提出请求，然后向用户返回所需信息。服务器是服务的提供者，它包含并管理数据库和通信设备，为客户的请求提供服务。两者是通过通信媒介、网络协议、应用接口等连接在一起的。C/S 模式组建的网络具有以下特点：可实现资源共享，可实现管理科学化和专业化，可快速进行信息处理，能够更好地保护原有资源，具有极好的可扩充性。

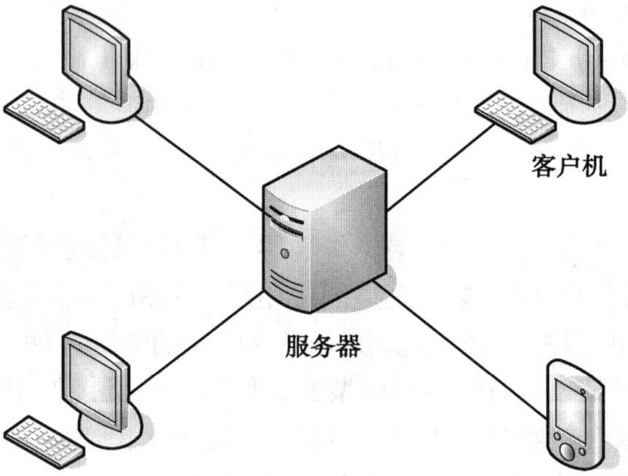

图 2-5　C/S 模式

（3）B/S 模式

B/S 模式是随着 Internet 技术的兴起，对 C/S 模式进行改进而形成的结构，如图 2-6 所示。在这种结构下，用户可以通过 Web 浏览器实现不同的人员、从不同的地点、以不同的接入方式访问和操作共享的数据库。这种模式能有效地保护数据平台和管理访问权限，服务器数据库也比较安全。B/S 模式最大的优点是可以在任何能够上网的地方进行操作而不用安装任何专门的软件。此外，B/S 模式还具有维护和升级方式简单、组网成本低等特点。

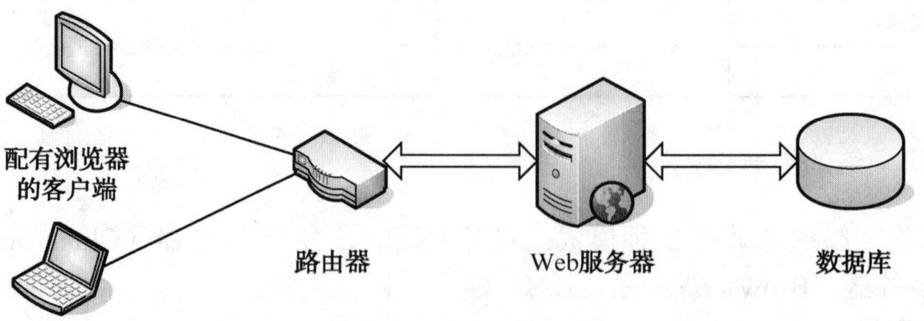

图 2-6　B/S 模式

三、物流信息网络的体系结构

物流信息网络是指在物流领域综合应用现代计算机技术和通信技术，将分布在现代物流网络中各个物流子系统的物流信息系统进行互连，形成一个功能完善的大型信息网络系统，最终达到物流信息资源的充分开发和普遍共享，以实现降低物流成本、提高物流效率的目标。

构建高效的物流信息网络体系结构是构建物流信息网络、实现物流信息化的重要环节。常用的物流信息网络体系结构包括基于 Internet/Intranet 和基于网格技术的物流信息网络体系结构。通过这两种技术可以将物流企业的物流信息系统和其他相关部门（如工商企业、政府部门）的信息系统相连接，以实现整个物流系统的资源共享和网络体系的高效管理。

1. 基于 Internet/Intranet 的物流信息网络体系结构

Internet 是基于 TCP/IP 的全球性计算机网络，是当今世界覆盖范围最广、应用最广泛的全球化、开放的信息资源网。Internet 将分布在世界各地的计算机通过路由器等网络互连设备进行互连，从而实现数据通信和资源共享的目的。

Intranet 是指利用 Internet 技术在单位或部门内部建立起来的属于单位所有的计算机网络。Intranet 将一个企业内部的信息资源连接起来，企业用户利用 Intranet 可以共享和利用整个企业系统以及 Internet 上的资源。

基于 Internet/Intranet 的物流信息网络体系结构已经成为物流信息网络的主流体系构架，被越来越多的物流企业网络所采用。如图 2-7 所示，从网络结构上看，这种网络体系结构由物流企业内部局域网（Intranet）和连接各个物流企业的外部 Internet 两部分组成。Internet 和 Intranet 之间由路由器和防火墙等设备进行连接，其中路由器的功能是路径寻址和数据转发，防火墙的功能是进行包过滤以阻止非法入侵。

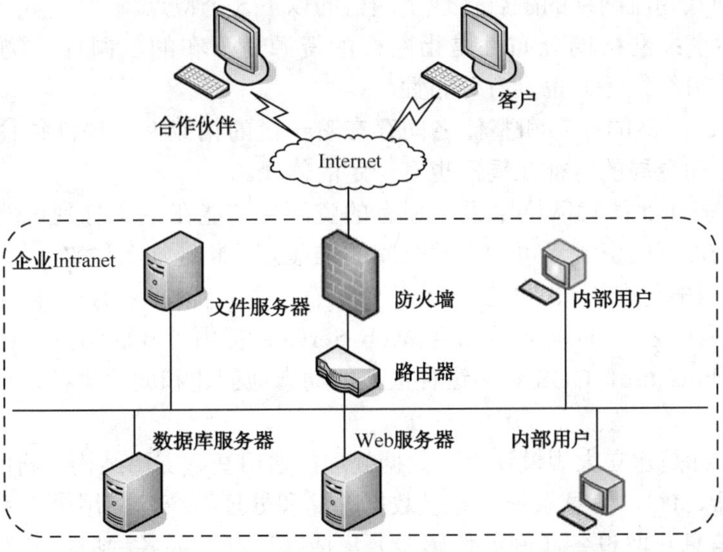

图 2-7　基于 Internet/Intranet 的物流信息网络体系结构

企业内部的 Intranet 一般采用 C/S 模式组网，其中企业的运输、仓储、包装、装卸等部门通常将本部门的数据和信息存放在本地客户机中。服务器通常放置在企业的信息中心或网络中心等部门，包括文件服务器、Web 服务器、数据库服务器等，可以提供 WWW（World Wide Web，万维网）服务、FTP 文件传输服务、DNS 域名服务、SMTP 利 POP3 邮件传输服务等。各部门的用户通过 Intranet 可访问网络中的应用程序及数据资源。物流企业和其他合作伙伴及客户相连时一般采用 B/S 模式，利用 Internet 的万维网技术建立标准的信息平台，同时采用防火墙技术将 Intranet 和 Internet 分开。用户可以从联网的任何电脑上访问公共物流信息平台，访问业务处理系统、决策支持系统和办公自动化系统等，完成信息的发布与查询以及各种业务处理功能。

基于 Internet/Intranet 的物流信息网络实现了物流企业内部与物流网络中各合作伙伴和客户之间的信息交互与资源整合，通过统一的网络通信协议与访问标准，将分布在不同地点的物流信息系统进行集成，在网络环境下对企业的计划、库存、业务管理等方面的数据信息进行集中管理，保证了网络中的各种物流信息流的畅通无阻和高效运转，为合理配置整个物流系统的硬件和软件资源以及提高转个物流网络的运作效率提供了坚实保障。

2. 基于网格技术的物流信息网络体系结构

随着科技的快速发展，网格技术成为近年来在全球引起广泛关注的一种重要信息技术。美国 Argonne 国家实验室的 Ian Foster 教授认为：“网格是构筑在互联网上的一种新兴技术，它将高速互联网、高性能计算机、大型数据库、传感器、远程设备等融为一体，实现计算资源、存储资源、通信资源、软件资源、信息资源及知识资源等的全面共享和协同工作。”为解决不问领域复杂科学计算与海量数据服务问题，人们以网络互连为基础构造不同的网格，有代表性的如计算网格、拾遗网格、数据网格等，它们在体系结构和需要解决的问题类型等方面不尽相同，但都需要共同的关键技术，主要有如下 3 种：高性能调度技术、资源管理技术和网格安全技术。

网格技术与现代物流网络的融合体现了网格的以下 5 个特点。

① 分布与共享：网格的分布性是指网格的资源是分布的。同样，物流服务（物流设施、物流信息、物流组织等）也具有分布性。

② 自相似性：网格的局部和整体之间存在着一定的相似性，局部往往在许多地方具有全局的某些特征，而全局的特征在局部也有一定的体现。

③ 动态性与多样性：对网格来说，原有的资源或功能在下一时刻可能就会出现故障或者不可用；而原来没有的资源，可能随着时间的推移会不断地加入进来。

④ 自治性：网格允许资源拥有者对他的资源有自主的管理能力，即网格的自治性。

⑤ 开放性：网格之父 Foster 等结合 Web Service 提出了开放网格服务结构体系（Open Grid Services Architecture，OGSA）。这种框架能动态地创建和删除服务，使网格提供的服务更加广泛。

网格研究的目标是建立大规模计算和数据处理的通用基础支撑结构，将网络上的各种高性能计算机、服务器、PC、信息系统、海量数据存储和处理系统、应用模拟系统、虚拟现实系统、仪器设备和信息获取设备（例如传感器）集成在一起，为各种应用开发提供底层技术支撑，最终实现资源共享和分布协同工作。网格的这种概念可以清晰地指导行业和企业中各个部门的资源进行行业或企业整体上的统一规划、部署、整合和共享，而不仅仅是行业或企业中的各个部门自己规划、占有和使用资源，这种理念和建设物流信息网络的初衷不谋而合。

网格体系结构用来划分系统的基本组件，指定系统组件的目的和功能，说明组件之间如何相互作用，规定了网格各部分的相互关系与集成的方法。主流的网格体系结构主要有3种：第一种是Ian Foster等人在早期提出的五层沙漏结构（Five-Level Sandglass Architecture）；第二种是在以IBM为代表的工业界影响下，Ian Foster等人结合五层沙漏结构和Web Service技术提出的OGSA；第三种是由Globus联盟、IBM和HP于2004年初共同提出的Web服务资源框架（Web Service Resource Framework，WSRF）。

作为典型的网格体系结构，五层沙漏结构是一种抽象的层次结构，以“协议”为中心，强调协议在网格的资源共享和相互操作中的地位。通过协议使虚拟组织的用户与资源之间可以进行资源使用的协商、建立共享关系，并且可以进一步管理和开放新的共享关系。这种网络体系结构将网络中的共享资源进行使用和管理的功能分散在5个层次中，由上而下分别是应用层、汇聚层、资源层、连接层和构造层。以经典的五层沙漏结构为基础构建的物流信息网络体系结构，如图2-8所示。

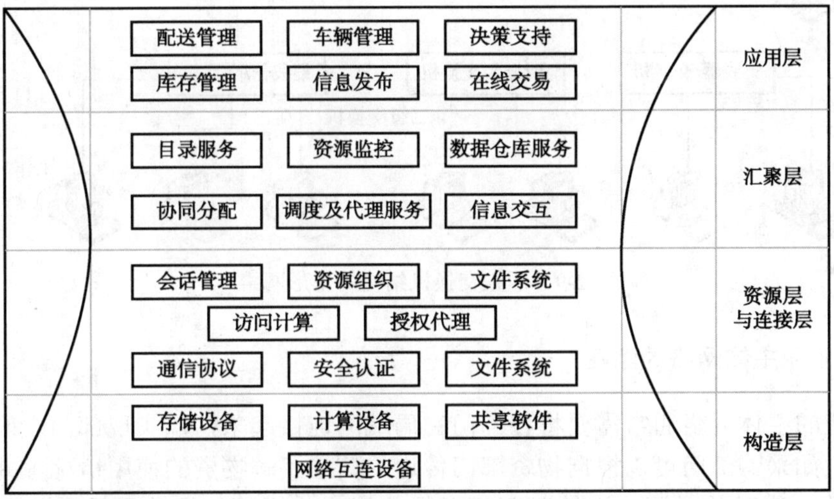

图2-8 以五层沙漏结构为基础的物流信息网络体系结构

因为五层结构各部分的协议数量分布不均匀，形如沙漏，所以称之为五层沙漏结构。考虑到核心技术移植升级的方便性，核心部分的协议数量相对较少（例如Internet上的TCP和HTTP）。五层沙漏结构最核心的部分既要实现上层协议（沙漏的顶层）向核心协议的映射，同时又要实现核心协议向下层协议（沙漏的底层）的映射。在五层结构中，资源层与连接层共同组成这一核心的瓶颈部分，因此协议数量不宜太多。

四、组建物流企业的内部网络

1. 物流企业部门内部的组网方案

为了便于物流企业部门（如仓储、运输、调度、财务等）内部进行信息化管理及信息的共享，需要将各部门内部的计算机进行互连。部门中的计算机等网络设备通常分散在较小的地理范围内，因此可采用较简单的星形拓扑结构来组建各自的局域网。中央节点一般采用集线器或交换机，部门中的计算机或打印机等网络设备可以采用双绞线作为传输介质集中连接在集线器或交换机上。

集线器或交换机有 16、32、48 个甚至更多的端口，比较适合在部门内部的各办公室之间进行联网，如仓储部门可以将各仓库的计算机等网络设备采用这种形式进行互连，以动态及时地管理和调度物资设备。另外，可在此基础上通过多台集线器或交换机以级联的形式组建较复杂的星形网络，以满足更多的用户连接和不同端口带宽需求，其中两层交换机通常为不同型号和档次的，以满足不同级别的需求，如图 2-9 所示。

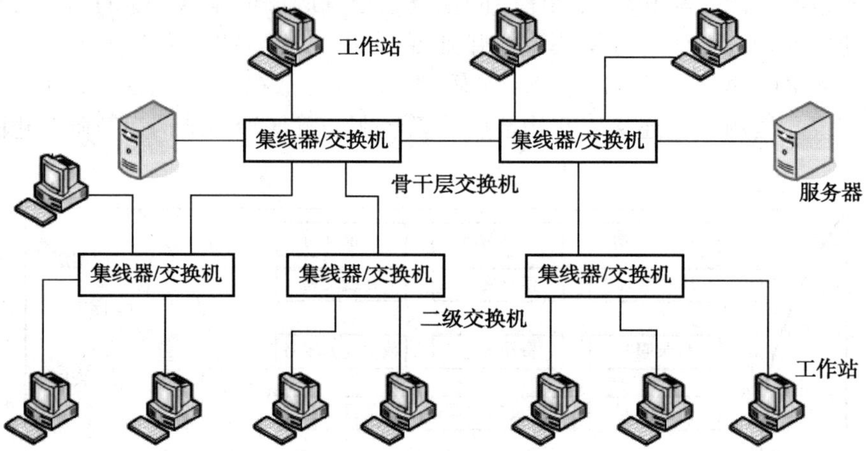

图 2-9　两级交换机结构的星形网络

2. 物流企业主体网络的组建

物流企业的主体网络通常需要将各部门的局域网连接起来，以实现部门之间的数据通信和资源共享。如采购部门可以根据物资部门传递的信息了解物资的使用情况，并对未来的采购量进行准确、实时的预测；运输部门可以根据用户物资的使用情况及采购部门的采购计划，制订运输计划、规划运输方案等。这些物流信息的共享必须通过各部门局域网的互连来实现。而各部门的局域网有可能采用不同类型的局域网拓扑结构，因此可以采用混合型网络拓扑结构来组建物流企业主体网络。

当物流企业的不同部门分布在地理位置相隔较远的不同建筑物内，或者分布在同一建筑的不同楼层时，可采用图 2-10 所示的混合型网络结构。采用一根总线将多个部门中的星形结构网络进行互连，结合了两种拓扑结构的优势。同一楼层（部门）内部可采用性能较强的核心交换机将普通交换机或集线器相连，构成两级交换机星形拓扑结构。不同楼层之间互连可采用同轴电缆作为传输总线。如果各个部门分布于不同的建筑物中，则楼与楼之间可采用传输速率较高、误码率较低的光缆作为传输总线。另外，当地理位置或办公环境不适宜铺设有线网络时，可通过无线路由器与企业的主干网络进行互连，如图 2-10 中的仓储部门。

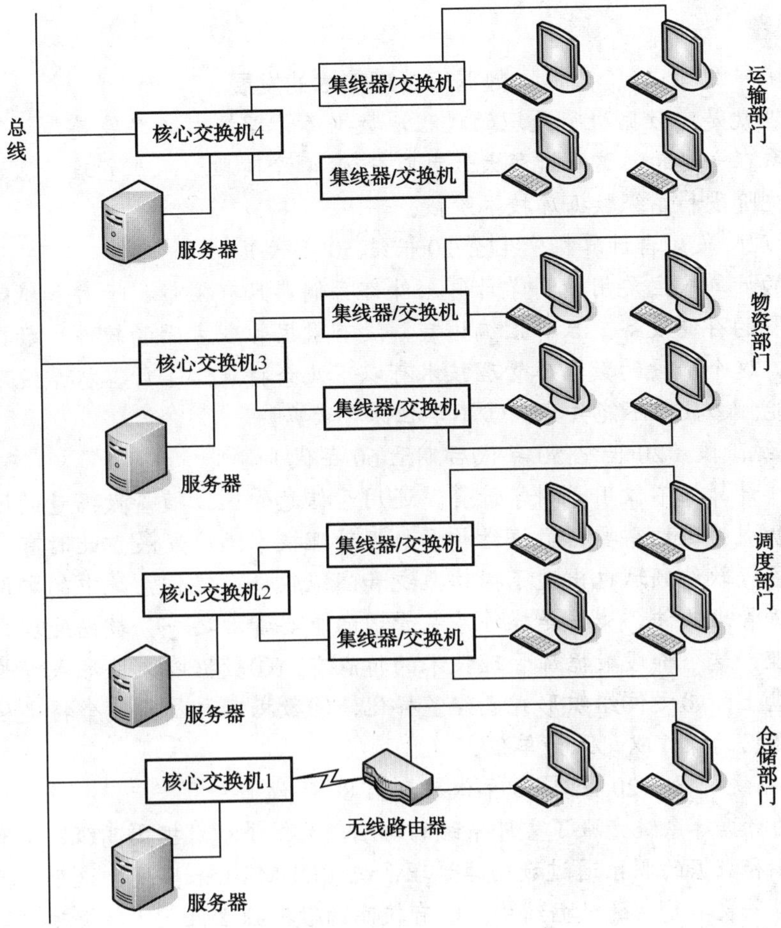

图 2-10　多楼层的混合型网络结构

任务三　了解数据库技术基础

一、数据库的概念和类型

1. 数据库的概念

数据库（Database，DB）是指长期存储在计算机的存储设备上，并按照某种逻辑模型组织起来，可以被各种用户共享的数据集合。该集合中的数据可以为公司或组织的各级经过授权的人员或应用程序以不同的权限所共享。

由于物流管理过程中需要处理大量的客户、供应商、商品、库存、物料等各种类型的数据，因此数据库是物流活动中不可缺少的工具，是企业信息系统的核心。没有数据库技术的支持，现代物流无法顺利进行。

知识链接

数据库管理技术的发展

数据库管理就是对数据进行处理的过程。数据库管理技术的发展是与计算机技术及其应用的发展联系在一起的，这一过程大致可以分为 4 个阶段：人工管理阶段、文件系统阶段、数据库系统阶段和高级数据库技术阶段。

1. 人工管理阶段（自计算机产生至 20 世纪 50 年代）

这一阶段的计算机主要用于科学计算，外部存储器只有磁带、卡片和纸带等，还没有磁盘等直接存取的存储设备。只有汇编语言，没有数据管理方面的软件。数据处理方式基本上是批处理。这个阶段的数据库管理技术有以下几个特点：①计算机系统不提供对用户数据的管理功能；②数据不能共享；③不单独保存数据。

2. 文件系统阶段（20 世纪 50 年代后期至 60 年代）

这一阶段，计算机不仅用于科学计算，还用于信息管理。随着数据量的增加，数据存储、检索和维护成为迫切需要，数据结构和数据管理技术迅速发展。此时有了磁盘等直接存取的存储设备。软件领域也出现了操作系统和高级软件。操作系统中的文件系统是专门管理外存的数据管理软件，文件是操作系统管理的重要资源之一。数据处理方式有批处理和联机实时处理。这个阶段数据库管理技术的特点有：①数据以文件形式可长期保存在外部存储器的磁盘上；②文件组织形式已经多样化；③数据不再属于某个特定程序，可以重复使用；④对数据的操作以记录为单位。

3. 数据库系统阶段（20 世纪 60 年代后期至 80 年代）

这一阶段的数据库系统克服了文件系统的缺陷，提供了对数据更高级、更有效的管理。这个阶段的程序和数据的联系通过数据库管理系统（DBMS）来实现。这个阶段的特点有：①采用数据模型来表示复杂的数据结构；②有较高的数据独立性；③数据库系统提供了方便的用户接口；④数据库系统提供了数据控制功能；⑤增加了系统的灵活性。

4. 高级数据库技术阶段（20 世纪 80 年代后期至今）

这一阶段数据库快速发展，产生了许多新型数据库，从而实现了远程数据在逻辑上的整体化。高级数据库技术的发展为物流和电子商务的区域化、全球化提供了信息技术平台。

2. 数据库的类型

按照数据所使用的数据结构不同，数据库可以分为层次式数据库、网状式数据库和关系式数据库。

（1）层次式数据库

层次式数据库主要用树形结构来描述实体之间的联系。现实世界中，许多实体之间的联系都表现出很自然的层次关系，如家族关系、行政机构等。其整体结构像一颗倒置的树，树的节点是实体，树的枝干是联系，如图 2-11 所示。层次式数据库具有以下特点：①有且仅有一个根节点，子节点有且仅有一个父节点；②层次式数据库的基本关系是一对一和一对多的关系。

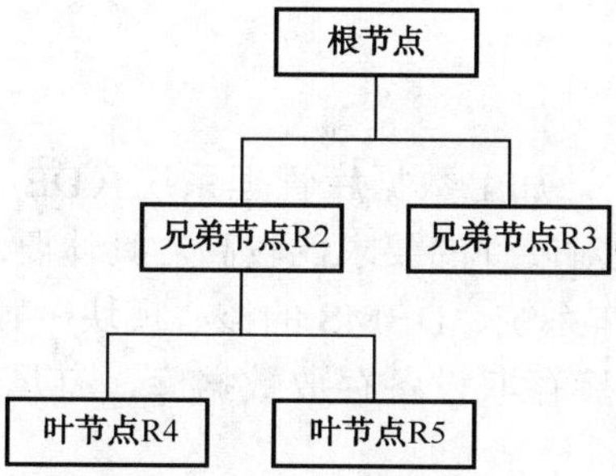

图 2-11　层次式数据库

（2）网状式数据库

网状式数据库主要用网络结构来表示实体间的多个从属关系，如图 2-12 所示。网状式数据库具有以下特点：①可以有一个或一个以上的根节点；②至少一个子节点有两个或两个以上的父节点；③可以反映多对多的关系。

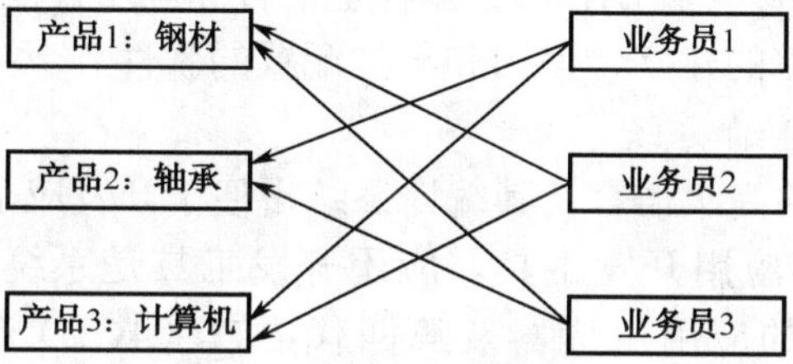

图 2-12　网状式数据库

（3）关系式数据库

关系式数据库是目前应用最广泛的一种数据库，它将数据按逻辑归纳为满足一定条件的二维数据表的形式。关系表中的每一列称为字段（或属性），字段名相当于标题栏中的标题名；关系表中的每一行称为记录。关系式数据库不同于层次式数据库和网状式数据库，它是建立在严格的数学逻辑上的。表 2-2 所示的职工档案表就是一个关系式数据库。

表 2-2　职工档案表

职 工 编 号	姓　名	性　别	工 作 部 门	基本工资/元
001	何以琛	男	法律部	8000
002	赵默笙	女	广告部	7000
003	应　晖	男	业务部	9000

关系式数据库必须满足以下基本条件：①表中的每一列必须是最基本的数据项，不能再分解；②表中的每一列必须是相同的数据类型；③表中每一列的字段不能重复；④表中每一条记录的内容不能完全相同；⑤表中行与列的顺序不影响表中的数据。

二、数据库系统的组成

数据库系统一般由硬件、软件、数据库和人员构成。

1. 硬件

由于数据库系统数据量很大，加上数据库管理系统（DBMS）丰富的功能使得自身的规模也很大，因此整个数据库系统对硬件的要求比较高，具体要求如下。

① 有足够大的内存存放操作系统、DBMS 的核心模块、数据缓冲区和应用程序。

② 有足够容量的磁盘等直接存取设备存放数据库，有足够容量的外部存储设备做数据备份。

③ 要求系统有较高的通道能力，以提高数据传送率。

通常在数据库系统中由基于计算机的服务器、工作站、中小型机甚至大型机来充当数据库服务器。

2. 软件

数据库系统中的软件主要包括 DBMS、多种主语言和应用开发支持软件等。

① DBMS 是为了数据库的建立、使用和维护配置的软件。

② 支持 DBMS 运行的操作系统。

③ 具有与数据库接口的高级语言及其编译系统，便于开发应用软件。

④ 以 DBMS 为核心的应用开发工具。应用开发工具是系统为应用开发人员和最终用户提供的高效率、多功能的应用生成器及第四代语言（4GL）等各种软件工具，包括报表生成器、表格系统、图形系统、具有数据库访问和表格 I/O 功能的软件、数据字典系统等。

3. 人员

数据库系统中的人员主要包括数据库管理员（DBA）、系统分析员和数据库设计人员、应用程序员和用户。不同的人员涉及不同的数据抽象级别，具有不同的数据视图，如图 2-13 所示。

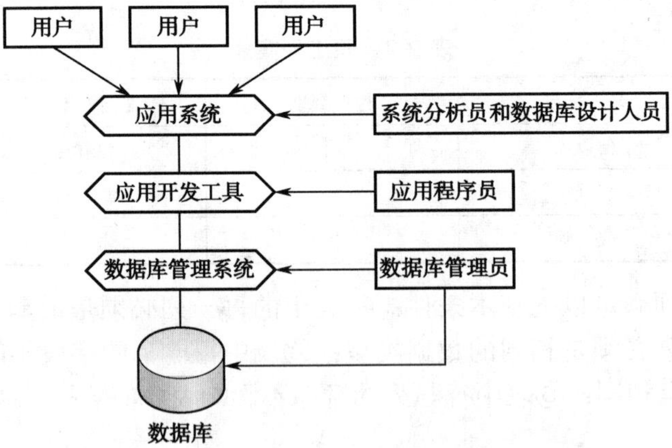

图 2-13　数据库系统组成示意图

（1）数据库管理员

数据库系统环境下，有两类共享资源。一类是数据库，另一类是 DBMS 软件。因此需要有专业的管理机构来进行监督和管理数据库系统。DBA 就是这个机构的组员，要全面负责数据库系统的管理、维护和正常使用。

（2）系统分析员和数据库设计人员

系统分析员负责应用系统的需求分析和规范说明，要和用户及 DBA 相结合，确定系统的软硬件配置，并参与数据库系统的概要设计。

数据库设计人员负责数据库中数据的确定、数据库各级模式的设计。数据库设计人员必须参与用户需求调查和系统分析，然后进行数据库设计。在很多情况下，DBA 也担任数据库设计人员的角色。

（3）应用程序员

应用程序员负责设计和编写应用系统的程序模块，并进行调试和安装。

（4）用户

最终用户主要是使用数据库的各级管理人员、技术人员、科研人员等。用户通过应用系统的用户接口使用数据库。常用的接口方式有浏览器、菜单驱动、表格操作、图形显示、报表书写等，为用户提供简明直观的数据表示。

三、数据库设计

数据库设计（Database Design）是指根据用户的需求，在具体的 DBMS 上，设计数据库的结构和建立数据库的过程。数据库设计大致可以分为 5 个阶段进行。

1. 需求分析阶段

需求分析是数据库设计的基础，主要任务是对数据库应用系统所要处理的对象进行全面的了解，收集用户的业务需求，并建立需求工程档案。

2. 概念设计阶段

概念设计是指在需求分析的基础上建立数据库的概念模型，即产生和反映企业组织信息需求的数据库概念模型。概念模型是对现实世界的抽象模型，要反映企业各部门的信息结构、信息流动情况、信息间的相互制约关系，以及各个部门对信息存储、查询和加工的要求等。

3. 逻辑设计阶段

逻辑设计阶段的主要工作是将企业的概念模型设计成数据库的一种逻辑模式，即适应于某种特定的 DBMS 的逻辑数据模型。同时，企业可能还需要为各种数据处理应用领域设计相应的逻辑子模式，这一阶段设计的结果就是所谓的“逻辑数据库”。

4. 物理设计阶段

物理设计阶段主要是根据特定 DBMS 所提供的多种存储结构和存取方法，为具体的应用任务选择最合适的物理存储结构（包括文件类型、索引结构和数据库的存放次序和逻辑等）、存取方法和存取路径等。因为物理结构依赖特定的 DBMS 和硬件系统，所以设计人员必须充分了解所用 DBMS 的内部特征，特别是存储结构和存取方法，结合应用环境，特别是处理频率和响应时间要求，以及外存设备的特性。这一阶段设计的结果就是所谓的“物理数据库”。

5. 验证设计阶段

在完成物理设计的基础上，企业要收集数据并建立一个数据库，运行一些典型的应用任务来验证数据库设计的正确性和合理性。一般来说，一个大型数据库的设计过程往往需要多次的循环反复。设计过程中发现问题时，可能需要返回到以前各阶段进行修改。因此，企业在进行数据库设计时，应考虑今后修改设计的可能性和方便性。

知识链接

常用 DBMS 简介

1. Oracle

Oracle 由全球最大的信息管理软件及服务供应商 Oracle 公司开发，是以高级结构化查询语言（Structured Query Language，SQL）为基础的大型关系式数据库，通俗地讲它是用方便逻辑管理的语言操纵大量有规律数据的集合，是目前最流行的 C/S 体系结构的数据库之一，适合大型复杂数据库的建设。

2. SQL Server

SQL Server 是一个关系式数据库管理系统。最初是由 Microsoft、Sybase 和 Ashton-Tate 这 3 家公司共同开发的，1988 年推出了第一个 OS/2 版本。SQL Server 的事务处理量大，响应速度快，并能为数百或更多用户维持这种高性能。

3. Access

Access 是由 Microsoft 发布的小型关系式数据库管理系统，是 Office 系列软件之一。Access 在很多地方得到了广泛应用，如小型企业和大公司的部门，也常被用来开发简单的 Web 应用程序。

4. IBM DB2

IBM DB2 是 IBM 公司研制的一种关系式数据库系统。DB2 主要应用于大型应用系统，具有较好的可伸缩性，可支持从大型机到单用户环境，可应用于 OS/2、Windows 等平台。提供了高层次的数据利用性、完整性、安全性、可恢复性以及小规模到大规模应用程序的执行能力，具有与平台无关的基本功能和 SQL 命令。

5. MySQL

MySQL 是一个小型关系式数据库管理系统，开发者为瑞典 MySQL AB 公司。目前 MySQL 被广泛地应用在 Internet 上的中小型网站中。由于其体积小、速度快、总体拥有成本低，尤其是开放源码这一特点，许多中小型网站为了降低总成本而选择了 MySQL 作为网站数据库。目前 Internet 上流行的网站构架方式是 LAMP（Linux+Apache+MySQL+PHP），即使用 Linux 作为操作系统，Apache 作为 Web 服务器，MySQL 作为数据库，PHP 作为服务器端脚本解释器。由于这 4 个软件都是遵循 GPL 的开放源码软件，因此使用这种方式可以建立起一个稳定、免费的网站系统。

四、数据仓库与数据挖掘

1. 数据仓库

数据仓库（Data Warehouse）的概念最初是由 Bill Inmon 提出的。由于在数据仓库方面的建树，Bill Inmon 被尊称为“数据仓库之父”。他在其《Building Data Warehouse》一书中将数据仓库定义为“面向主题的、集成的、不可更新的、随时间变化的数据集合，用以支持企业或组织的决策分所过程”。

根据 Bill Inmon 的定义，数据仓库具有如下特点。

（1）数据仓库是面向主题的

数据仓库中的数据是按照一定的主题区域进行组织的。主题是一个抽象的概念，它是在较高的层次上将企业或组织信息系统中的数据综合、归并再进行综合分析和利用；从逻辑意义上讲，主题对应了企业或组织某一宏观分析领域所涉及的分析对象。

（2）数据仓库是集成的

数据仓库中的数据来自分散的操作型数据，企业将所需要的数据从原来的数据中抽取出来，对其进行加工和集成、统一与综合之后才能录入数据仓库。

（3）数据仓库是不可更新的

利用数据仓库的主要目的是进行决策分析，对数据仓库的操作主要是数据查询。因此，各种数据源的数据一经集成进入数据仓库之后，数据仓库的用户是不可以进行数据更新操作的。但这不意味数据仓库的内容是不变的，实际上，数据仓库的数据随时间不断变化。

（4）数据仓库是随时间变化的

许多决策分析需要对发展趋势进行预测，如预测某产品的销售趋势。而预测需要访问历史数据。因此在数据仓库中主要存储的就是历史数据，随着时间的推移，应不断增加新的数据到数据仓库中。

知识链接

数据库与数据仓库的主要区别

① 数据库是面向事物设计的，而数据仓库是面向主题设计的。

② 数据库一般存储在线交易数据，而数据仓库存储的一般是历史数据。

③ 数据库设计时尽量避免冗余，一般采用符合范式的规则来设计；而数据仓库在设计时有意引入冗余，采用反范式的方式来设计。

④ 数据库是为了捕获数据而设计的，而数据仓库是为了分析数据而设计的。

2. 数据挖掘

数据挖掘（Data Mining，DM）是指从大量的、不完全的、模糊的、随机的数据中，提取隐含在其中的、人们事先不知道的但又是潜在有用信息和知识的过程。这和从矿山中挖取矿石的过程比较类似，需要对巨大数量的数据源（数据库、数据仓库等）进行筛选、智能探查其价值所在。

简而言之，数据挖掘就是从大量数据中提取或者“挖掘”知识，如导入案例中的沃尔玛的做法。数据挖掘技术可以用来增强信息检索系统的能力，但并非所有的信息检索都被视为数据挖掘。例如，使用数据库管理系统查找个别记录，或通过因特网的搜索引擎查找特定的 Web 页面，这些只能算是信息检索（Information Retrieval）领域的任务。虽然这些任务是重要的，可能涉及复杂的算法和数据结构，但是它们主要依赖传统的计算机科学技术和数据的明显特征来创建索引结构，从而有效地组织和检索信息。

3. 数据仓库与数据挖掘的关系

（1）数据仓库中的数据可以作为数据挖掘的数据源

数据仓库已经按照主题对数据进行了集成和转换，因此数据仓库可以满足数据挖掘技术对数据环境的要求，直接作为数据挖掘的数据源。如果把数据仓库和数据挖掘技术紧密联系起来，可以获得很好的应用效果。

（2）数据挖掘的数据源不一定来自数据仓库

数据挖掘的数据源可以是任何形式的数据文件，但必须事先进行数据预处理，即将数据处理成适合数据挖掘的数据。

4. 数据挖掘的一般流程

① 定义问题：清晰地定义出业务问题，确定数据挖掘的目的。

② 数据准备：包括选择数据和数据预处理。选择数据是指在大型数据库和数据仓库目标中提取数据挖掘的目标数据集；数据预处理，就是进行数据再加工，包括检查数据的完整性及数据的一致性、去噪声、填补丢失的域、删除无效数据等。

③ 数据挖掘：根据数据功能的类型和数据的特点选择相应的算法，在净化和转换过的数据集上进行数据挖掘。

④ 结果分析：对数据挖掘的结果进行解释和评价，转换成能够最终被用户理解的知识。

⑤ 知识的运用：将分析所得到的知识集成到业务信息系统的组织结构中去。

随着物流信息系统中的数据量剧增，如何将海量数据挖掘利用起来，对于企业分析和诊断物流业务运行中存在的问题和状况都很有价值。应用数据挖掘技术来实现信息系统的优化，在解决物流需求预测、网点选址、仓储和配送等问题方面发挥巨大的作用。

学习分享

学习目标：

完成本学习情境的任务后，你应当能

1. 了解计算机的概念、特点以及计算机系统的组成；
2. 了解计算机网络的相关概念和分类；
3. 了解计算机网络体系结构；
4. 理解物流企业内部网络组建方案；

5. 了解数据库的概念和基本类型；
6. 了解数据库系统组成和数据库设计步骤；
7. 了解数据仓库与数据挖掘的概念。

学习方法：

建议采用启发式、案例教学、小组讨论等方式方法。

学习环境要求：

学习场地：① 多媒体教室；
　　　　　② 联网的计算机实验室。

评价标准：

重点掌握计算机、计算机网络的概念和特征；理解数据库的概念和类型；了解数据库的设计过程、数据仓库与数据挖掘的含义，以及它们对物流企业的作用。

1. 认识和理解计算机、计算机网络、数据库、数据仓库和数据挖掘的概念和内容。（教师评价）

2. 认识和了解计算机系统应用、计算机网络体系结构、数据库系统组成和设计。（教师评价）

3. 能根据计划和要求，小组完成对本地区的企业参访，对企业的网络架构、数据库类型进行了解。（小组评价、教师评价）

4. 能根据实训的计划和要求，完成实训报告。（个人、教师评价）

5. 在完成本情境任务过程中的学习态度。（个人、小组和教师评价）

操作实训

使用中国知网（CNKI）期刊数据库

【实训目的】

1．通过对检索过程的操作，进一步加深对网络技术和数据库技术的认识，达到巩固所学知识的目的。

2．培养专业文献检索的基本能力。

【实训参考】

1．中国知网（www.cnki.net）是我国国家知识基础设施建设服务的专业网络。CNKI 工程集团经过多年努力，采用自主开发并具有国际领先水平的数字图书馆技术，建成了世界全文信息量规模最大的“CNKI 数字图书馆”，并正式启动建设“中国知识资源总库”以及 CNKI 网络资源共享平台。通过与期刊界、出版界及各内容提供商达成合作，中国知网已经成为集期刊杂志、博士论文、硕士论文、会议论文、报纸、工具书、年鉴、专利、标准、国学、海外文献资源为一体的，具备国际领先水平的网络出版平台。基于海量的内容资源和增值服务平台，任何人、任何机构都可以在中国知网上建立自己的个人数字图书馆，定制自己需要的内容。

2．在浏览器地址栏输入 http://www.cnki.net 进入 CNKI 首页，再单击“中国学术期刊网络出版总库”的超链接，进入期刊总库检索页面。大多数高校图书馆的网站都有相应的链接，如厦门大学图书馆知识资源港，可以直接单击超链接进入总库。

3．在总库检索页面中，可以在检索条件下选择多种检索内容，如图 2-14 所示，可以选择“主题”、“关键词”、“作者”、“单位”、“刊名”等。单击“+”和“-”可以增加和删除多个检索条件。

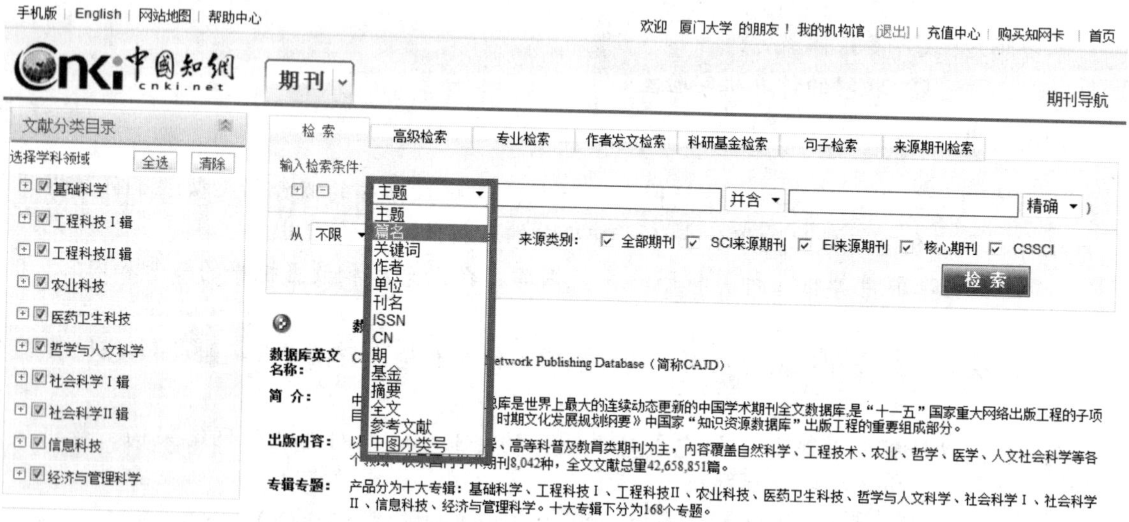

图 2-14 “中国学术期刊网络出版总库”检索条件的内容选项

检索关系选项下，包含三种逻辑关系：“并含”、“或含”和“不含”，同时还可以选择期刊的起止年限和期刊来源，如图 2-15 所示。

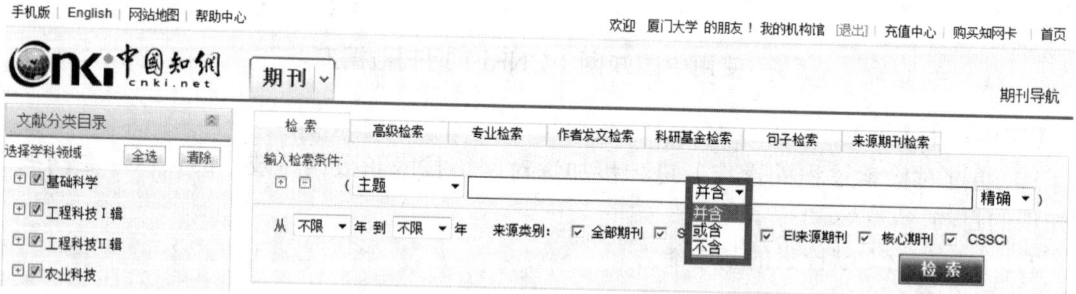

图 2-15 检索条件的关系选项

例如，按照关键词 RFID 或含智能物流，选择 2014 年内的 CSSCI 来源期刊，单击“检索”按钮，结果如图 2-16 所示，一共出现了 23 条记录。可以选择按主题、发表时间、被引、下载等数据排序。

得到检索结果后，可单击某篇论文的篇名，查看该论文的详细情况，如图 2-17 所示。如果要阅读或下载保存该论文，可单击“CAJ 下载”或“PDF 下载”按钮，将文献下载到本机。上述两种类型文件的扩展名分别为“.caj”和“.pdf”，可以分别用 CAJViewer 和 Adobe

Reader 阅读器打开。更多具体的文献检索方法，可以浏览 CNKI 网站的“操作指南”页面。

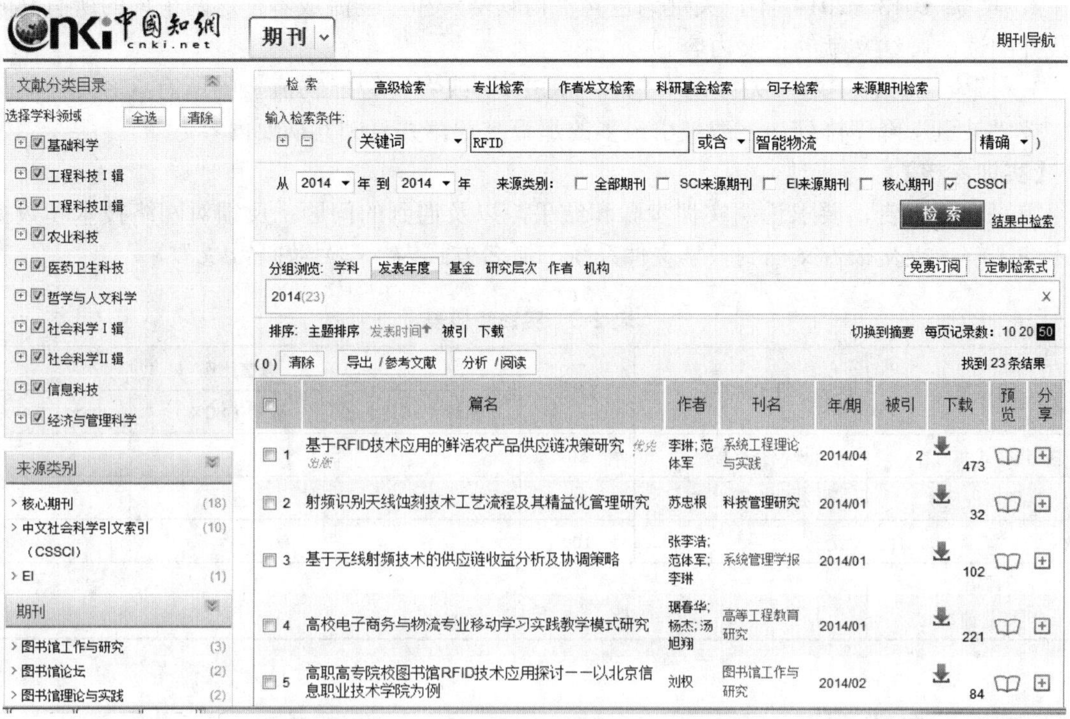

图 2-16 检索结果

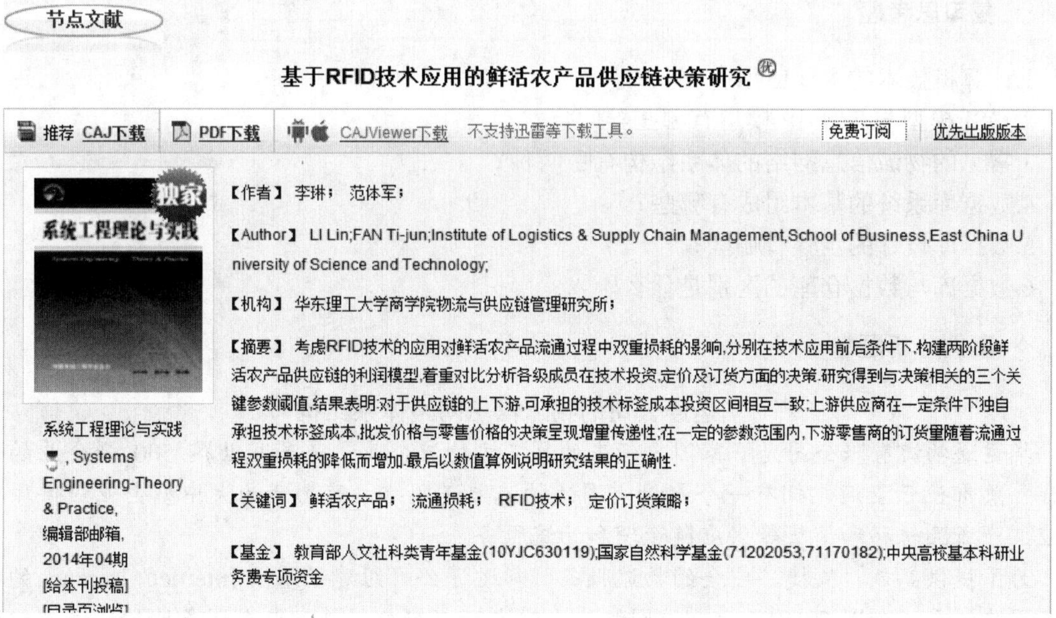

图 2-17 文献的详细情况页面

【实训要求】

1．在中国知网（CNKI）的中国学术期刊网络出版总库中检索 2014 年内发表的篇名中包含“物流信息技术”，但不包含“发展”二字的期刊文章。下载文献，并记录结果。

2．搜索 2013—2014 年，关键词包含“物联网”和“物流成本”这两个词的所有文献，下载并阅读，归纳文献的主要内容。

3．搜索 2014 年内，关键词中包含“RFID”或者“智能物流”的所有 CSSCI 期刊文献，按“被引”降序排列，下载被引最多的那篇文章，并复制其摘要内容。

【实训考核】

撰写实训报告，要求说明实训步骤和结果，以及遇到的问题；反馈对网络技术和数据库技术的理解。提交报告文档到教学文件系统，命名方式为“学号-姓名.doc”。

表 2-3　实训考核表

考核项	评价标准	分值	分值比例		
			自评（20%）	教师（80%）	小计（100%）
报告格式和内容	规范完整程度	50			
实训过程反馈	独立实践完成	50			
合　计		100			
评语 （主要是建议）					

自我测评

✧ 复习思考题

1.计算机技术的主要应用有哪些？
2. OSI 模型与 TCP/IP 模型有哪些异同点？
3.常见的物流信息网络的体系结构有哪两种？
4.数据库系统的基本组成有哪些？
5.数据库设计的步骤有哪些？
6.数据库与数据仓库的区别是什么？

✧ 案例分析题

华运通公司的物流信息网络体系结构

华运通物流有限公司是一家国内领先的第三方物流企业，是多家世界 500 强企业的合作伙伴。总部位于上海，拥有一个覆盖全国的物流配送网络，致力于为大中型企业提供原材料供应、产成品转移和销售等供应链管理和物流服务。

为了提供高效、快捷、安全的物流服务，华运通公司组建了基于 Internet/ Intranet 的物流信息网络体系，如图 2-18 所示。该网络体系对内可以将公司总部与全国各地的配送中心连接成一个内部通信网，从而实现公司对车辆、库房、人员等资源的合理调配；对外能够与上游厂商和下游的最终收货人通过 EDI 进行连接，实现信息的高效传递。客户端通过 Web 浏览器，可以随时了解货物的动态情况（包括在途运输情况、各地库存状况等），以及生成统计报表和了解承运货物的各项运作指标。

（资料来源：李贞.物流信息技术与应用[M].北京：航空工业出版社，2011.）

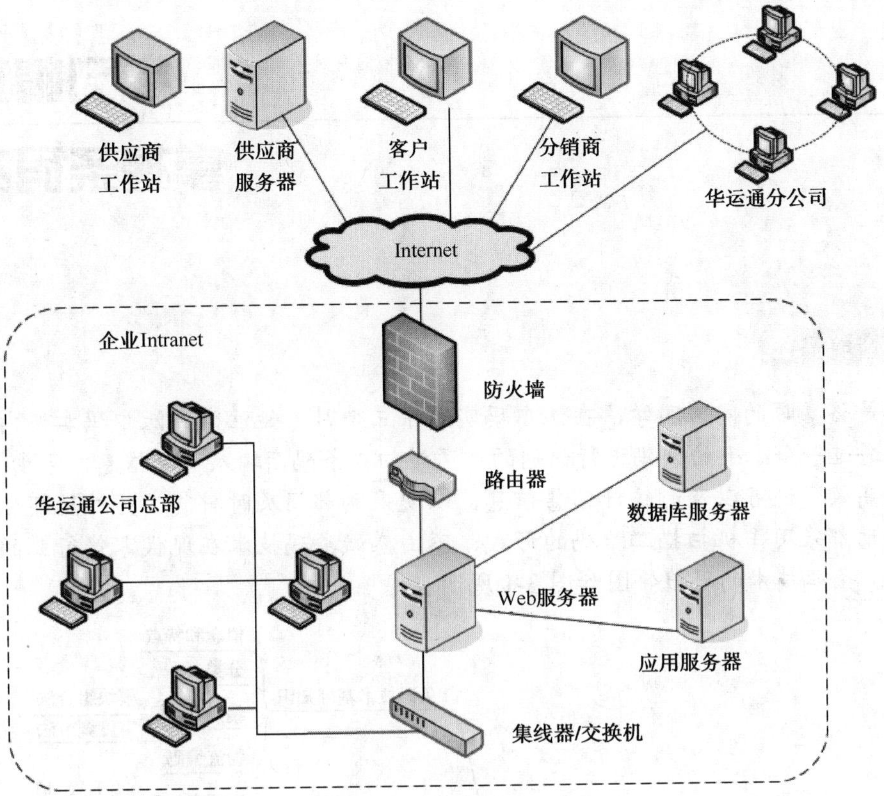

图 2-18　华运通公司的物流信息网络体系结构

问题：

1．华运通公司的物流网络体系实现了怎样的效益？

2．华运通公司的物流网络体系对其他物流公司有哪些借鉴作用？

学习情境三

掌握条码技术

学习情境描述

张晓玲是骆嘉晖的同班同学，在沃尔玛实习了三个月，她注意到沃尔玛卖场内成千上万的商品都是通过一个小小的条码进行识别的，通过扫描条码，输入商品信息，再由 POS 系统结账，准确高效，还可以及时统计销售信息，以便采购部门及时补货。另外她还注意到商场很多促销活动都采用手机扫描二维码的形式，不由感慨条码技术在现代零售行业的应用如此深入和广泛。条码技术的思维导图如图 3-1 所示。

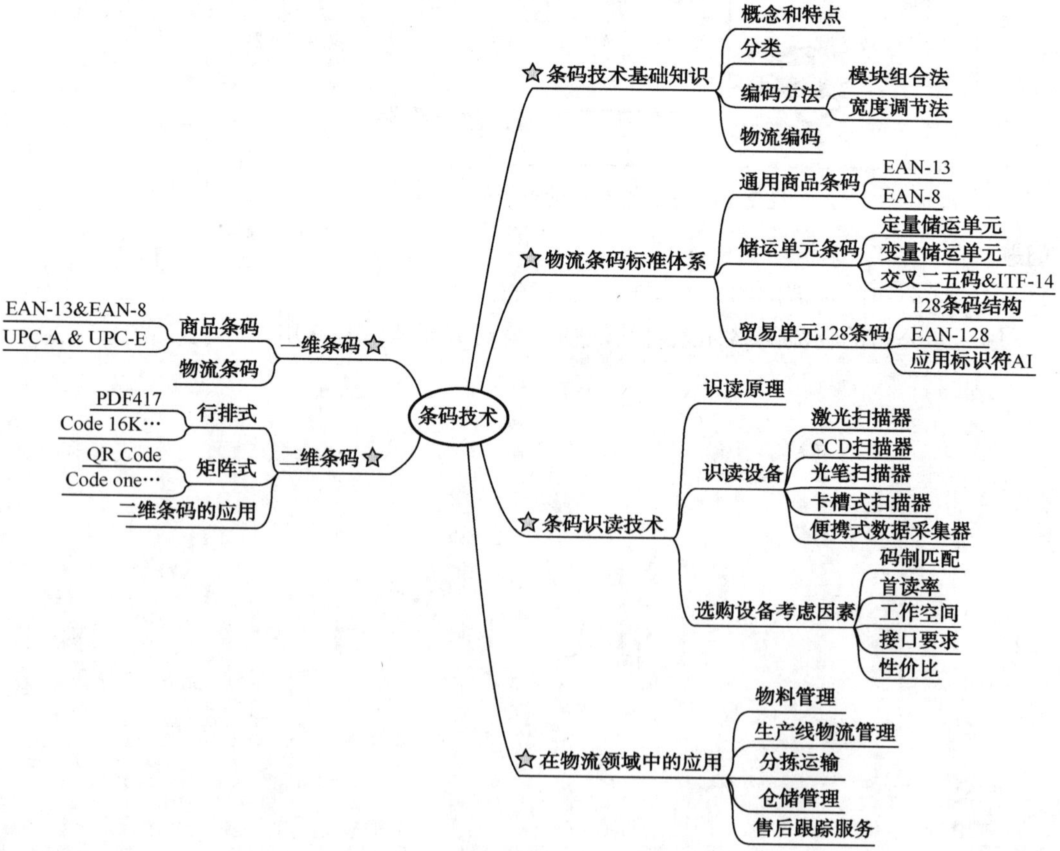

图 3-1　条码技术的思维导图

导入案例

杭州大学生设计出条码物流服务系统

当你收到快递后，你会如何处置快递单呢？撕了，嫌麻烦；扔掉，可上面又印有自己的姓名、电话等信息，害怕个人信息被泄露。近日，第六届中国大学生计算机设计大赛软件与服务外包竞赛上，杭州师范大学学生开发设计的二维码快递单，就把这个问题解决了。

金雨雷是杭州师范大学软件工程专业的学生，作品“基于二维码的物流服务系统”由他和 4 位同学一起开发设计。他们设计的快递单很简单，上面有一维码、二维码和三个商品运输标识，没有寄件人和收件人的名字、电话、地址等信息，如图 3-2 所示。

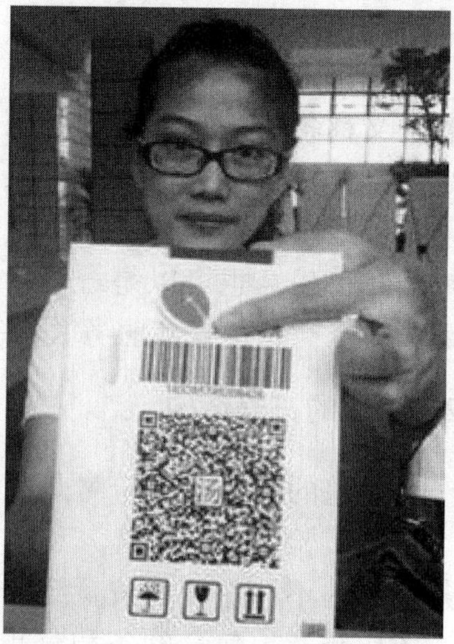

图 3-2　二维码快递单

既然没有任何信息，那么快递员怎么送件呢？

“这是一套网络操作系统，寄件人只要登录服务网站，将个人信息填好，然后把含有二维码的快递单打印出来贴在要寄的物品上，交给快递员即可。”金雨雷说，这些信息统统包含在二维码里，这样快递员就看不到用户的个人信息，那么个人信息也就不会被泄露。

既然地址没有显示在单子上，那么快递员又如何准确无误地将快件送到呢？

金雨雷说，送件的快递员只要用二维码扫描仪一扫就能获知地址，在二维码中还会出现收件人的姓氏，这样能准确无误地将物品与收件人对上号。

“这个系统还有一个优点就是，它还会记录下送货地址，在快递员送货途中设计出一条最合理的送货路线，避免漏送、重复送货等不便。”金雨雷说，多数手机 APP 软件都能读取二维码信息，他们设计的快递单上二维码是经过加密的，别人是扫不出来的。

为了证明这项新技术，金雨雷拿起手机就对着快递单一扫，“瞧，这读出来的就是乱码。还有，只要收件人确定收件后，那个二维码就作废了，快递员也就无法用扫描仪阅读到寄件人和收件人的信息。”

这套设计除了保护个人信息外，还可以通过手机实时追踪快递的运行位置。经过两天的激烈角逐，通过作品现场展示与答辩、决赛复审等环节，这项作品“基于二维码的物流服务系统”获得了中国大学生计算机设计大赛软件与服务外包竞赛一等奖。（根据网上资料整理）

问题：

1．二维条码如何实现对快递单的信息保护？

2．一维条码和二维条码在快递单应用中的功能有何差异？

任务一　认识条码

一、条码的概念和特点

1. 条码的定义

条码又称条形码，在我国国家标准 GB/T 18354—2006《物流术语》中定义如下：条码（Bar Code）是由一组规则排列的条、空及其对应字符组成的，用以表示一定信息的标识。

条码通常用来对物品进行标识，这个物品可以是用来进行交易的一个贸易项目，如一瓶啤酒或一箱可乐，也可以是一个物流单元，如一个托盘。条码不仅可以用来标识物品，还可以用来标识资产、位置和服务关系等。

2. 条码的符号结构

一个完整的一维条码符号是由两侧空白区、起始字符、数据符、中间分隔符（主要用于 EAN 码）、校验字符（可选）和终止字符以及供人识读字符组成的，如图 3-3 所示。条码信息靠条和空的不同宽度和位置组合来传递，信息量的大小是由条码的宽度和印刷的精度来决定的，条码越宽，包含的条和空越多，信息量越大；条码印刷的精度越高，单位长度内可以容纳的条和空越多，传递的信息量也就越大。

图 3-3　条码符号的结构

① 条（Bar）：条码中反射率较低的部分，一般印刷的颜色较深。

② 空（Space）：条码中反射率较高的部分，一般印刷的颜色较浅。

③ 空白区（Clear Area）：条码左右两端外侧与空的反射率相同的限定区域。

④ 起始字符（Start Character）：条码符号的第一位字符，标志一个条码符号的开始，阅读器确认此字符后开始处理扫描脉冲。

⑤ 终止字符（Stop Character）：条码符号的最后一位字符，标志一个条码符号的结束，阅读器确认此字符后停止处理。

⑥ 中间分隔符（Central Seperating Character）：位于条码中间位置的若干条与空。

⑦ 条码数据符（Bar Code Data Character）：表示特定信息的条码符号。位于起始字符后

面的字符，标志一个条码的值，其结构不同于起始字符。

⑧ 校验字符（Check Character）：校验字符代表一种算术运算的结果。阅读器在对条码进行解码时，对读入的各字符进行规定的运算，如运算结果与校验字符相同，则判定此次阅读有效，否则不予读入。

⑨ 供人识读字符（Human Readable Character）：位于条码符的下方，与相应的条码相对应的、用于供人识别的字符。

⑩ 模块（Module）：组成条和空的最基本单元，是条码识读设备可以识别的最小单元。

⑪ 连续型和离散型（Continuous and Discrete）：在某种条码符号中，如果相邻的两个字符之间存在间隔，则称之为离散型（或非连续型）条码；反之为连续型条码。

⑫ 符号密度（Symbol Density）：指在单位长度中所能表示的字符个数，一般用 CPI 表示，即每英寸内能表示的条码字符个数。条码密度越高，所需扫描设备分辨率越高。

⑬ 固定长度和可变长度（Fixed-length and Variable-length）：在某种条码符号中，所包含的字符个数是固定的，则称之为固定长度的条码；反之为可变长度的条码。

⑭ 双向可读条码（Two-way Readable Bar Code）：条码符号两端均可以作为扫描起点的条码。

⑮ 对比度（PCS）：条码符号中条的反射率 R_L 与空的反射率 R_D 比值的关系，可用公式表示如下。

$$\text{PCS} = \frac{R_L - R_D}{R_L}$$

3. 条码的特点

条码作为一种数据输入技术，相对于传统的键盘输入来说具有以下几个优点。

（1）输入速度快

条码输入的速度是键盘输入的 5～7 倍，并且能实现“即时数据输入”。

（2）采集信息量大

利用传统的一维条码一次可采集几十位字符的信息，二维条码更可以携带数千个字符的信息，并有一定的自动纠错能力。

（3）成本低

条码标签易于制作，对设备和材料没有特殊要求，识别设备操作简单，不需要特殊培训，且设备也相对便宜，能极大地降低应用成本。

（4）可靠性高

键盘输入数据误码率为三百分之一，利用光学字符识别技术误码率为万分之一，而采用条码技术误码率低于百万分之一。

知识链接

误码率

误码率即误码出现的频率，是衡量规定时间内数据传输精准性的指标，其计算公式如下：

误码率=错误识别的次数/识别的总次数

（5）灵活实用

条码标识既可以作为一种识别手段单独使用，也可以和有关识别设备组成一个系统实现自动化识别，还可以和其他控制设备连接起来实现自动化管理。另外，在没有自动识读设备时，也可使用手工键盘输入的方式将条码数据输入信息系统中。

二、条码的分类

条码有很多种分类方法，最常见的主要有两种分类方法，即按维数分类和按码制分类。

1. 按维数分类

按照维数的不同，条码可以分为一维条码和二维条码两种。

（1）一维条码

一维条码只在水平方向上表达信息，而在垂直方向上不表达任何信息。它具有一定的高度以便于阅读器扫描。一维条码按照应用范围可以分为商品条码和物流条码。

商品条码主要用于标记商店自动销售管理系统中的相关信息或表示商品分类编码。物流条码是用于标识物流领域中具体实物的一种特殊代码。它贯穿于整个物流过程，并通过相关数据的采集和反馈，提高整个物流系统的经济效益。两者的区别见表 3-1。

表 3-1　商品条码与物流条码的区别

一维条码	应用对象	包装形式	应用领域
商品条码	向消费者销售的商品	单个商品包装	POS 系统、补充、订货管理
物流条码	物流过程中的商品	集体包装	运输、仓储、分拣等

（2）二维条码

二维条码可以在水平和垂直两个维度上存储和表达信息。二维条码不仅能在很小的面积内表达大量的信息，使条码脱离数据库成为独立的信息载体，而且能够表达汉字和存储图像，拓展了条码的应用领域。

2. 按照码制分类

条码的码制是指条码符号的类型，每种类型的条码符号都是由符合特定编码规则的条和空组合而成的。常用一维条码的码制包括：EAN 码、UPC 码、39 码、交叉 25 码、128 码、93 码及 Codabar（库德巴）码等。其中 EAN 码和 UPC 码作为商品条码使用，128 码、ITF 码、39 码、Codabar 码等作为物流条码使用。常见二维条码的码制有 PDF417 条码、QR Code 条码、Code 49 条码、Code 16K 条码等。

三、条码的编码方法

条码的编码方法是指通过设计条码中条与空的排列组合来表示不同的二进制数据。一般来说，条码的编码方法有两种：模块组合法和宽度调节法。

1. 模块组合法

模块组合法是指条码符号中，条与空是由标准宽度的模块组合而成的。一个标准模块的条表示二进制的“1”，而一个标准模块的空表示二进制的“0”。

商品条码采用模块组合法进行编码。商品条码模块的标准宽度是 0.33mm，它的每一个字符由 2 个条和 2 个空构成，每一个条或空由 1～4 个标准宽度的模块组成，每一个条码字符的总模块数为 7。模块组合法条码字符的构成如图 3-4 所示。

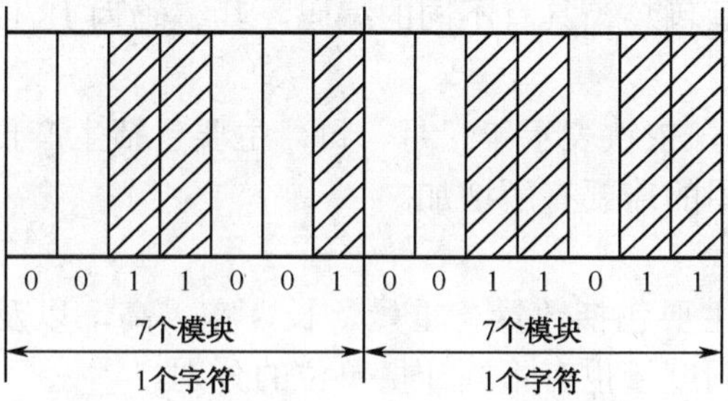

图 3-4 模块组合法条码字符的构成

2. 宽度调节法

宽度调节法是指条码中条与空的宽窄设置不同，窄单元表示二进制的“0”，宽单元表示二进制的“1”。宽单元通常是窄单元的 2～3 倍。39 码、库德巴码和常用的 25 码、交叉 25 码等都属于宽度调节型条码。

以 25 码为例，简单介绍宽度调节法进行编码的方法。如图 3-5 所示，25 码是一种只有条表示信息的非连续型条码。条码字符由规则排列的 5 个条构成，其中有 2 个宽单元、3 个窄单元，宽单元的宽度一般是窄单元的 3 倍。

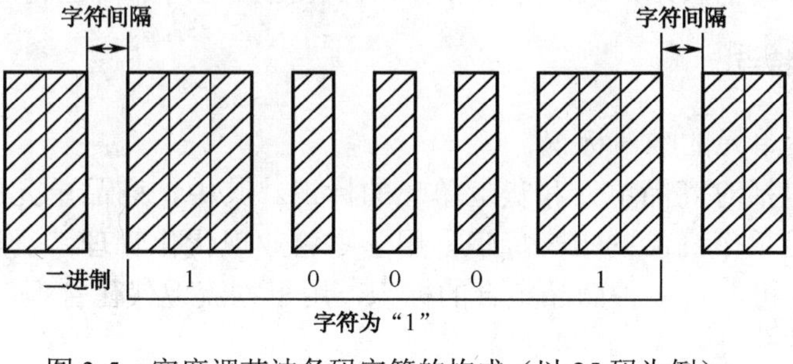

图 3-5 宽度调节法条码字符的构成（以 25 码为例）

四、物流编码技术

1. 物流编码的内容

物流编码的内容包括项目标识、动态项目标识、日期、度量、参考项目、位置码、特殊应用及内部使用等。

（1）项目标识

项目标识即对商品项目和货运单元项目的标识，由于相同项目的编码是相同的，所以其内容是无含义的，但其对项目的标识是唯一的。项目标识的主要编码方式有 13 位和 14 位两种，其中 13 位编码由 3 段组成，分别为厂商识别代码、商品项目代码和校验码；14 位编码通常是在 13 位编码的前面加 1 位数字组成的。

（2）动态项目标识

动态项目标识是对商品项目中每一个具体单元的标识，即对系列货运包装箱的标识，其本身为系列号。每一个货运包装箱具有不同的编码，其编码为 18 位。

（3）日期

日期标识为 6 位编码，依次表示年、月、日，主要包括生产日期、包装日期、保质期、有效期等，有时会根据应用的需要有所增加。

（4）度量

度量的内容比较多，主要包括数量、重量、长、宽、高，以及面积、体积等内容。不同度量的编码位数不同，相同度量也有不同计量单位的分别。

（5）参考项目

参考项目的内容包括客户订单代码，收货方邮政编码，卷状产品的长、宽、内径、方向、叠压层数等各种信息，其编码位数也各不相同。

（6）位置码

位置码是对法律实体、功能实体和物理实体进行标识的代码。其中，法律实体是指合法存在的机构；功能实体是指法律实体内部的具体部门；物理实体是指具体的地址，如建筑物的某个房间、仓库的某个门等。

（7）特殊应用及内部使用

特殊应用是指在特殊行业（如医疗产品行业）的应用；内部使用是指在公司内部使用，由于其编码不与外界发生联系，编码方式和标识内容由公司内部自己制定。

2. 物流编码的特点

（1）商品和货运单元的唯一标识

物流编码通常包括对商品单元和货运单元的标识。其中，商品单元的编码是消费单元的唯一标识，它通常是单个商品的唯一标识，用于零售业现代化管理；货运单元的编码通常是多个商品的集合，也可能是多种商品集合的标识，用于物流现代化管理。

（2）用于供应链全过程

供应链全过程包括从生产厂家生产出产品、包装、运输、仓储、分拣、配送，一直到零售业的各个环节。在这些环节中，随时随地都要用到物流的标识，在零售业中通常需要对商品单元进行标识，而在其他环节中则需要对货运单元进行标识。因此，物流编码可用于生产业、运输业、仓储业、配送和零售业等领域，是多种行业共享的通用数据。

（3）信息多

物流编码所表示的信息较多，可以表示多种含义、多种信息的编码。它既可以表示无含义的商品和货运单元，也可以表示货物的体积、重量、生产日期、批号等信息。

（4）可变性

供应链中每个商品的标识是国际化、通用化、标准化的唯一标识，是零售业共同语言。但随着国际贸易的不断发展和贸易伙伴对各种信息的需求不断增加，物流标识的应用在不断扩大，标识内容也在不断丰富，物流编码的新增和删除随时会发生。

（5）维护性

由于物流编码具有可变性的特点，物流编码的标准也是需要经常维护的。因此，企业要及时了解用户需求，并及时传达标准化机构的编码变更内容，以保证物流编码的正确性。

任务二　了解物流条码的标准体系

每一种条码都是按照预先规定的编码规则和条码有关标准，由条和空组合而成的。每种条码的码制是由它的起始位和终止位的不同编码方式所决定的，条码扫描仪要识读条码符号，首先需要判断此符号码制，然后才能够正确译码。

物流条码涉及面广，为了便于物品跨国家和地区流通，适应物品现代化管理的需要，以及增强条码自动识别系统的相容性，各个国家、地区和行业都必须制定统一的条码标准。中国物品编码中心于 1991 年加入国际物品编码中心（GS1），对接国际通用的条码标准体系，起草制定了我国条码标准，部分条码标准见表 3-2。

表 3-2　中国条码标准

标 准 名 称	标 准 编 号	标 准 名 称	标 准 编 号
商品条码　零售商品编码与条码表示	GB 12904—2008	中国标准刊号（ISSN 部分）条码	GB/T 16827—1997
EAN•UCC 系统 128 条码	GB/T 15425—2002	条码术语	GB/T 12905—2000
交插二五条码	GB/T 16829—1997	商品条码　应用标识符	GB/T 16986—2009
库德巴条码	GB/T 12907—2008	商品条码　储运包装商品编码与条码表示	GB/T 16830—2008
三九条码	GB/T 12908—2002	商品条码　条码符号印制质量的检验	GB/T 18348—2008
四一七条码	GB/T 17172—1997	商品条码　条码符号放置指南	GB/T 14257—2009
中国标准书号条码	GB/T 12906—2008	商品条码　物流单元编码与条码表示	GB/T 18127—2009

尽管条码的标准很多，但国际上公认的用于物流领域的条码标准主要有 3 种：通用商品条码、储运单元条码和贸易单元 128 条码，这 3 种条码基本上可以满足物流领域的条码应用要求。一般而言，通用商品条码用于单个商品的包装上；储运单元条码用于储运单元的包装箱；贸易单元 128 条码用于标识贸易单元的信息，如产品批号、数量、规格、生产日期、有效期、交货地等。

一、通用商品条码

1. 通用商品条码概述

通用商品条码是用于标识国际通用的商品代码的一种模块组合型条码，是由国际物品编码协会（EAN）和统一代码委员会（UCC）制定的，分为标准版商品条码（EAN-13 码）和压缩版商品条码（EAN-8 码）两种。

条码标识商品起源于美国，并形成了一个独立的编码系统——UPC 系统，通用于北美地区，可以从美国进口的商品上看到。UPC 作为最早大规模应用的商品条码，其特性是一种长度固定、连续型的条码，由于其应用范围广泛，故又称万用条码。UPC 码用来表示数字 0～9，共有 A、B、C、D、E 五种版本，见表 3-3，常用的商品条码版本是 UPC-A 和 UPC-E，相当于 EAN-13 和 EAN-8，前者是标准版，后者是压缩版。

表 3-3　UPC 的各种版本

版　本	应用对象	格　式
UPC-A	通用商品	SXXXXX XXXXXC
UPC-B	医药卫生	SXXXXX XXXXXC
UPC-C	产业部门	XSXXXXX XXXXXCX
UPC-D	仓库批发	SXXXXX XXXXXCXX
UPC-E	商品短码	XXXXXX

注：S 为系统码；X 为数据码；C 为校验码。

UPC-A 供人识读的数字代码只有 12 位，它的代码结构由厂商识别代码（6 位，包括系统字符 1 位）、商品项目代码（5 位）和校验码（1 位）共 3 部分组成。UPC-A 的代码结构中没有前缀码，它的系统字符为一位数字，用以标识商品类别。UPC-E 是 UPC-A 系统字符为 0 时，通过一定规则销 0 压缩得到的，如图 3-6 所示。

0 01234 56789 5　　0 402931 1

UPC-A　　UPC-E

图 3-6　UPC-A 和 UPC-E 商品条码

由于国际物品编码协会推出的国际通用编码系统——EAN 系统，在世界范围内得到迅速推广应用，UPC 系统的影响逐渐减弱。美国早期的商店扫描系统只能识读 UPC 条码，为适应 EAN 条码的蓬勃发展，北美地区大部分商店的扫描系统更新改造为能同时识读 UPC 条码和 EAN 条码的自动化系统。为适应市场需要，EAN 系统和 UPC 系统目前已经合并为一个全球统一的标识系统——EAN · UCC 系统。

商品条码是 EAN · UCC 系统的核心组成都分，是 EAN · UCC 系统发展的基础，也是商业最早应用的条码符号。商品条码主要应用于商店内的 POS（Point of Sale）系统。POS 系统又称销售点情报管理系统，它利用现金收款机作为终端与主计算机相连，并借助光电识读设备采集商品的销售信息。当带有条码符号的商品通过结算台扫描时，计算机自动查询到该商品的名称、价格等，并进行自动结算，提高了结算速度和结算的准确性。同时，该商品的销售信息立刻传入商店的计算机管理系统，该管理系统可以根据这些信息，实现订货、货架自动补充、结算、自动盘点等自动化管理。

2. 商品条码的符号特征

商品条码具有以下共同的符号特征。

① 条码符号的整体形状为矩形，由互相平行的条和空组成，四周留有空白区。

② 采用模块组合法编码，条和空分别由 1～4 个深或浅颜色的模块组成。深色模块表示“1”，浅色模块表示“0”。

③ 在条码符号中，表示数字的每个条码字符仅由两个条和两个空组成，共 7 个模块。

④ 除了表示数字的条码字符外，还有一些辅助条码字符，用做表示起始、终止的分界符和平分条码符号的中间分隔符。

⑤ 条码符号可设计成既可供固定式扫描器全向扫描，又可用手持扫描设备识读的形式。

⑥ 商品条码的大小可在放大系数 0.8～2.0 所决定的尺寸之间变化，以适应各种印刷工艺印制合格条码符号及用户对印刷面积的要求。

3. EAN-13 码

EAN-13 码是一种定长、无含义的条码，没有自校验功能。EAN-13 码由 13 位数字组成，使用的字符仅为 0～9 这 10 个数字。

（1）EAN-13 码的符号结构

EAN-13 码是表示 EAN/UCC-13 商品标识代码的条码符号，由左侧空白区、起始符、左侧数据符、中间分隔符、右侧数据符、校验符、终止符、右侧空白区及供人识读字符组成，如图 3-7 所示。EAN-13 商品条码各组成部分的模块数如图 3-8 所示。

图 3-7　EAN-13 商品条码的符号结构

113个模块

95个模块

左侧空白区	起始符	左侧数据符（6位数字）	中间分隔符	右侧数据符（5位数字）	校验符（1位数字）	终止符	右侧空白区

图 3-8　EAN-13 商品条码各组成部分的模块数

① 左侧空白区：位于条码符号最左侧的与空的反射率相同的区域，其最小宽度为 11 个模块宽。

② 起始符：位于条码符号左侧空白区的右侧，表示信息开始的特殊符号，由 3 个模块组成。

③ 左侧数据符：位于起始符右侧，表示6位数字信息的一组条码字符，由42个模块组成。

④ 中间分隔符：位于左侧数据符的右侧，是平分条码字符的特殊符号，由 5 个模块组成。

⑤ 右侧数据符：位于中间分隔符右侧，表示 5 位数字信息的一组条码字符，由 35 个模块组成。

⑥ 校验符：位于右侧数据符的右侧，表示校验码的条码字符，由 7 个模块组成。

⑦ 终止符：位于条码符号校验符的右侧，表示信息结束的特殊符号，由 3 个模块组成。

⑧ 右侧空白区：位于条码符号最右侧的与空的反射率相同的区域，其最小宽度为 7 个模块宽。为保证右侧空白区的宽度，可在条码符号右下角加“>”符号。“>”符号的位置如图 3-9 所示。

图 3-9 EAN-13 码右侧空白区“>”的位置

⑨ 供人识读字符：位于条码符号下方，与条码字符相对应的供人识读的 13 位数字。最左边一位数称之为前置码。供人识读的字符优先选用 OCR-B 字符集，字符顶部和条码底部的最小距离为 0.5 个模块宽。标准版商品条码中的前置码印制在条码起始符的左侧，不用条码符号表示。

（2）EAN-13 码的代码结构

EAN-13 码的 13 位数字分别代表不同的意义，其代码结构见表 3-4。

表 3-4 EAN-13 码的代码结构

结构种类	厂商识别代码	商品项目代码	校验码
结构一	$X_{13}\ X_{12}\ X_{11}\ X_{10}\ X_9\ X_8\ X_7$	$X_6\ X_5\ X_4\ X_3\ X_2$	X_1
结构二	$X_{13}\ X_{12}\ X_{11}\ X_{10}\ X_9\ X_8\ X_7\ X_6$	$X_5\ X_4\ X_3\ X_2$	X_1
结构三	$X_{13}\ X_{12}\ X_{11}\ X_{10}\ X_9\ X_8\ X_7\ X_6\ X_5$	$X_4\ X_3\ X_2$	X_1

注：商品条码的数字位数从右向左排序，X_i（i=1～13）表示从右至左的第 i 位数字代码。

① 厂商识别代码：由前缀码和制造厂商代码共 7～9 位数字组成。其中前缀码是用来标识不同国家和地区的代码，由国际物品编码协会（EAN，2005 年改名为 GS1）统一管理和分配，部分会员组织的前缀码见表 3-5，其中我国大陆地区目前应用的前缀码由 690～695 三位数字组成。制造厂商代码由 4～6 位数字组成，用来标识商品的制造厂商，由中国物品编码中心统一分配。目前我国使用表 3-4 中的前两种代码结构，当前缀码是 690 和 691 时，其代码结构为结构一；当前缀码是 692～695 时，其代码结构为结构二。

表 3-5　EAN（GS1）部分会员组织的前缀码

前　缀　码	编码组织所在国家或地区/应用领域	前　缀　码	编码组织所在国家或地区/应用领域
000～019 030～039 060～139	美国	020～029 040～049 200～299	店内码
050～059	优惠券	300～379	法国
400～440	德国	450～459 490～499	日本
460～469	俄罗斯	471	中国台湾
480	菲律宾	489	中国香港
500～509	英国	540～549	比利时和卢森堡
570～579	丹麦	600～601	南非
640～649	芬兰	690～695	中国大陆
700～709	挪威	730～739	瑞典
754～755	加拿大	760～769	瑞士
789～790	巴西	800～839	意大利
840～849	西班牙	870～879	荷兰
900～919	奥地利	930～939	澳大利亚
940～949	新西兰	958	中国澳门
977	连续出版物	978、979	图书
980	应收票据	981/982	普通流通券

② 商品项目代码：由 3～5 位数字组成，用来标识商品项目，由制造厂商自行编码。制造厂商在编码时必须遵守商品编码的 3 项基本原则：唯一性、稳定性、无含义性。

唯一性原则是指同一商品项目应分配相同的商品代码，不同商品项目必须分配不同的商品代码。基本特征相同的商品视为同一商品项目。商品的基本特征是划分商品所属类别的关键因素，一般包括商品名称、商标、种类、规格、数量、包装类型等。

稳定性原则是指商品代码一旦分配，只要商品的基本特征没有发生变化，就应该保持不变。同一商品项目，不论是长期连续生产，还是间断式生产，都必须采用相同的商品代码。若该商品项目停止生产，其商品代码应至少在 4 年内不能用于其他商品项目上。

无含义性原则是指商品代码中的每一位数字不表示任何与商品有关的特定信息。有含义的编码，通常会导致编码容量的缺失。厂商在编制商品项目代码时，最好使用无含义的流水号。

③ 校验码：由 1 位数字组成，是在前面 12 位数字的基础上，按照一定的运算规则计算得到的，用以校验前面代码的正误。

案例链接

驻马店制药厂的药品编码

驻马店制药厂的不同产品和不同规格包装的商品条码各不相同，例如“乙酰螺旋霉素片”的中包装盒的条码为 6901398876854，小包装盒的条码为 6901398876847。其中，前 3 位数字“690”是前缀码，代表中国大陆 EAN 编号；“1398”代表驻马店制药厂；“87685”代表中包装规格的乙酰螺旋霉素片；“87684”代表小包装规格的乙酰螺旋霉素片；最后一位的“4”和“7”分别是两种包装条码的校验码。

4. EAN-8 码

EAN-8 码是表示 EAN/UCC-8 商品标识代码的条码符号。它是 EAN-13 码的压缩版，由 8 位数字组成。与 EAN-13 码一样，EAN-8 码是由左侧空白区、起始符、左侧数据符、中间分隔符、右侧数据符、校验符、终止符、右侧空白区及供人识读字符组成的，如图 3-10 所示。

图 3-10　EAN-8 商品条码的符号结构

EAN-8 码各组成部分的模块数如图 3-11 所示。其中起始符、中间分隔符、校验符、终止符的结构和 EAN-13 码相同。

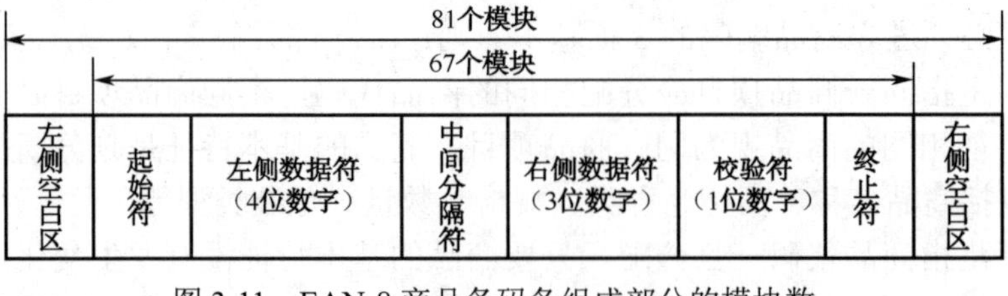

图 3-11　EAN-8 商品条码各组成部分的模块数

EAN-8 商品条码的左侧空白区与右侧空白区的最小宽度均为 7 个模块宽。供人识读的 8 位数字的位置基本与 EAN-13 码相同，但没有前置码，即最左边的一位数字有对应的条码符号表示。为了保证左右侧空白区的宽度，一般在条码符号左右下角分别加上“<”和“>”符号，位置如图 3-12 所示。EAN-8 码的代码结构相比 EAN-13 码，没有制造厂商代码，仅有前缀码、商品项目代码和校验码。

图 3-12　EAN-8 商品条码空白区“<”和“>”的位置

5. 商品条码校验码的计算

商品条码是商品标识代码的载体，由于条码设计、印刷的缺陷，以及识读时光电转换环节存在一定程度的误差，为了保证条码识读设备在读取商品条码时的可靠性，在商品标识代码和商品条码中设置了校验码。

校验码为 1 位数字，用来校验编码 X_{13}～X_2 的正确性。校验码是根据 X_{13}～X_2 的数值按一定的数学算法计算而得的。

校验码的计算步骤如下。

步骤 1：包括校验码在内，自右向左编制代码位置序号（校验码的代码位置序号为 1），即

$X_{13}\ X_{12}\ X_{11}\ X_{10}\ X_9\ X_8\ X_7\ X_6\ X_5\ X_4\ X_3\ X_2\ X_1$

步骤 2：从代码位置序号 2 开始，所有偶数位的数字代码求和为 C_0，即

$C_0=X_{12}+X_{10}+X_8+X_6+X_4+X_2$

步骤 3：将步骤 2 的和乘以 3 为 C_1，即

$C_1= 3\times C_0$

步骤 4：从代码位置序号 3 开始，所有奇数位的数字代码求和为 C_2，即

$C_2=X_{13}+X_{11}+X_9+X_7+X_5+X_3$

步骤 5：将步骤 3 与步骤 4 的结果相加为 C_3，即

$C_3= C_1+ C_2$

步骤 6：取步骤 5 结果的个位数字 D，即

D= C_3 的个位数

步骤 7：用 10 减去 D 所得数的个位数即为校验码 X_1，即

X_1=（10−D）的个位数

厂商在对商品项目编码时，不必计算校验码的值，该值由制作和打印条码符号的设备自动生成。

例如，计算代码“690123456789 X_1”EAN 校验码。

步骤 1：

X_{13}	X_{12}	X_{11}	X_{10}	X_9	X_8	X_7	X_6	X_5	X_4	X_3	X_2	X_1
6	9	0	1	2	3	4	5	6	7	8	9	

步骤 2：$C_0=X_{12}+X_{10}+X_8+X_6+X_4+X_2$

$=9+1+3+5+7+9$

$=34$

步骤 3：$C_1= 3\times C_0 =3\times 34 =102$

步骤 4：$C_2=X_{13}+X_{11}+X_9+X_7+X_5+X_3$

$=6+0+2+4+6+8$

$=26$

步骤 5：$C_3= C_1+ C_2=102+26=128$

步骤 6：$D=C_3$ 的个位数=8

步骤 7：$X_1=10-8=2$

对于 EAN-8 码的校验码计算，只需要在 EAN-8 码前添加 5 个“0”，然后按照 EAN-13 码的校验码算法计算。对于 UPC-A 码的校验码计算，需要在最左边加 0 即视为 13 位代码，再按 EAN-13 码的校验码算法计算。UPC-E 码的校验码计算，需要先将 UPC-E 码还原成 UPC-A 码后再计算。

二、储运单元条码

储运单元条码是指专门用来表示储运单元编码的条码。储运单元是指为了便于搬运、仓储、订货、运输等，由消费单元（即通过零售渠道直接销售给最终用户的商品）组成的商品包装单元。储运单元可分为定量储运单元和变量储运单元两种。

1. 定量储运单元

定量储运单元是指内含预先确定的指定数量商品的储运单元，如成箱的牙膏、瓶装酒、药品、香烟等。定量储运单元一般采用 13 位或 14 位数字编码，具体可以分为以下 3 种情形。

① 当定量储运单元同时又是定量消费单元（如彩电、冰箱等）时，其代码与通用商品编码相同，用 EAN-13 条码标识。

② 当定量储运单元内含不同种类的定量消费单元时，其代码为区别于消费单元的 13 位数字代码，条码标识可用 EAN-13 码表示，也可以用 ITF-14 码表示。

③ 当定量储运单元由相同种类的定量消费单元组成时，可用 14 位数字代码进行编码标识，其编码的代码结构见表 3-6。

表 3-6　内含同类消费单元的定量储运单元的代码结构

定量储运单元包装指示符	定量消费单元代码（不含校验符）	校　验　符
V	$X_1\ X_2\ X_3\ X_4\ X_5\ X_6\ X_7\ X_8\ X_9\ X_{10}\ X_{11}X_{12}$	C

注：V 用来指示定量储运单元的不同包装，取值范围 V=1, 2,…, 8。

对于不同包装等级的商品，就可以采用多种编码方案。如图 3-13 所示，某商品 A 的 13 位商品代码是 6901234000047，其中厂商识别代码是 6901234，商品项目代码是 00004，最后一位是校验码。当该商品的定量储运单元和定量消费单元同为一体时，用 EAN-13 条码标识。当用 6 件 A 商品组成一箱单元时，可以用 14 位数字代码，即在原代码（去掉校验码）前加上指示符“1”，表示一级包装。也可以用 13 位数字代码，但需要用新的商品项目代码 00005。当用 24 箱 A 产品组成一个托盘储运单元时，同样可以用 14 位代码，即在原代码（去掉校验码）前加上指示符“2”，表示二级包装。也可以用 13 位数字代码，但需要用新的商品项目代码 00006。

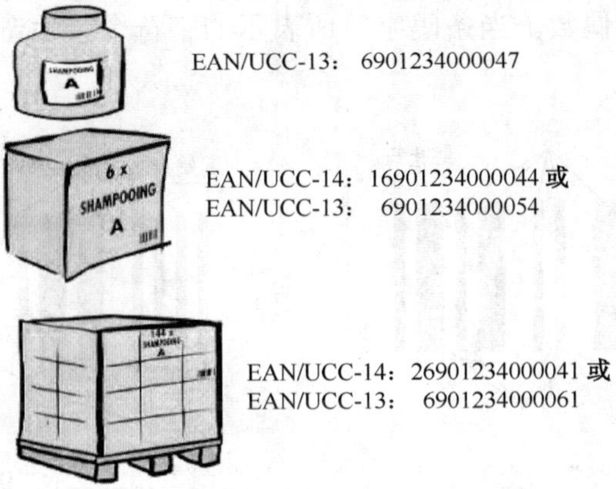

图 3-13　不同包装等级商品的编码方案

2. 变量储运单元

变量储运单元是指内含基本计量单位计价的商品的储运单元。变量储运单元编码由 14 位数字的主代码和 6 位数字的附加代码组成，主代码用 ITF-14 条码，附加代码用 ITF-6 条码，代码结构见表 3-7。指示符 9 表示主代码后面有附加代码；厂商识别代码与商品项目代码的编码规则同消费单元，只是商品项目代码只能表示储运单元的产品种类；商品数量代码表示基本计量单位（如 m、kg 等）的数量；校验码的计算方法同商品条码 EAN-13 校验码计算方法。

表 3-7　变量储运单元的代码结构

主 代 码			附 加 代 码	
变量储运单元包装指示符	厂商识别代码与商品项目代码	校验码	商品数量	校验码
LI	$X_1\ X_2\ X_3\ X_4\ X_5\ X_6\ X_7\ X_8\ X_9\ X_{10}\ X_{11}X_{12}$	C_1	$Q_1\ Q_2\ Q_3\ Q_4\ Q_5$	C_2

注：LI 用于指示在主代码后面有附加代码，取值为 9；附加代码（Q1～Q5）是指包含在变量储运单元内的商品数量。

3. 交叉 25 码

（1）交叉 25 码的符号结构

交叉 25 码（Interleaved 2 of 5 Bar Code）是在 25 码的基础上发展起来的，由美国的 Intermec 公司于 1972 年发明。它弥补了 25 码的许多不足之处，不仅增大了信息容量，而且由于自身具有校验功能，还提高了可靠性。交叉 25 码起初广泛应用于仓储及重工业领域，

1987 年开始用于运输包装领域。1987 年日本引入了交叉 25 码，用于储运单元的识别与管理。1997 年我国也研究制定了交叉 25 码标准（GB/T 16829—1997），主要应用于运输、仓储、工业生产线、图书情报等领域的自动识别管理。

交叉 25 码是一种条和空均表示信息的连续型、非定长、具有自校验功能的双向条码。如图 3-14 所示是表示“3185”的交叉 25 码。可以看出，交叉 25 码由左侧空白区、起始符、数据符、终止符及右侧空白区构成。它的每一个条码数据符都由 5 个单元组成，其中 2 个是宽单元（表示二进制的“1”），3 个是窄单元（表示二进制的“0”）。条码符号从左到右，表示奇数位数字符的条码数据符由条组成，表示偶数位数字符的条码数据符由空组成。组成条码符号的条码字符个数为偶数。当条码字符所表示的字符个数为奇数时，应在字符串左端添加“0”，如图 3-15 所示。

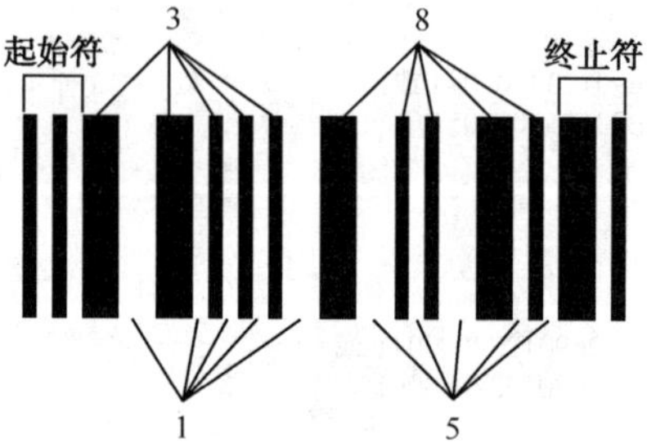

图 3-14 表示“3185”的交叉 25 码

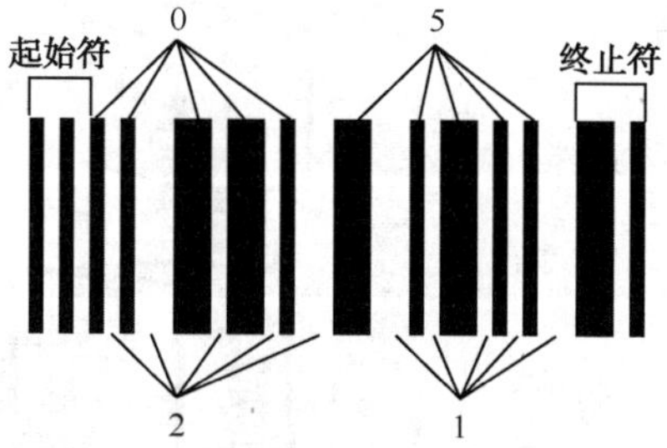

图 3-15 表示“0251”的交叉 25 码

起始符包括两个窄条和两个窄空，终止符包括两个条（一个宽条和一个窄条）和一个窄空，如图 3-16 所示。交叉 25 码的字符集为数字字符 0～9，用二进制表示，见表 3-8。

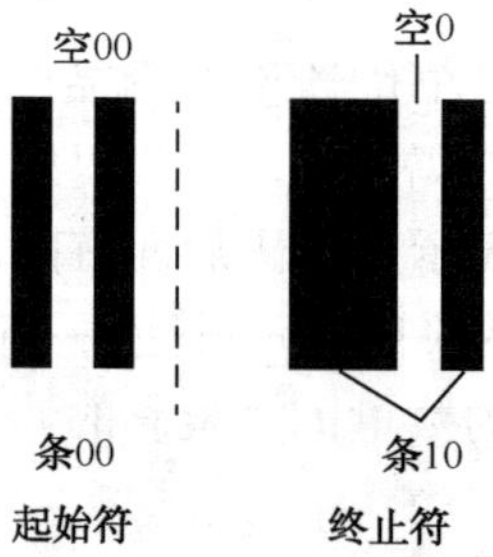

图 3-16 交叉 25 码的起始符和终止符

表 3-8 交叉 25 码的字符集

字符	对应的二进制表示及条码字符		字符	对应的二进制表示及条码字符	
	二进制表示	条码字符		二进制表示	条码字符
0	00110		5	10100	
1	10001		6	01100	
2	01001		7	00011	

续表

字符	对应的二进制表示及条码字符		字符	对应的二进制表示及条码字符	
	二进制表示	条码字符		二进制表示	条码字符
3	11000		8	10010	
4	00101		9	01010	

（2）交叉 25 码的校验符

为了提高交叉 25 码的识读可靠性，在需要的时候可以在数据符的后面加上一个校验符，校验符的计算方法如下。

步骤 1：包括校验码在内，自右向左编制代码位置序号（校验码的代码位置序号为 1），即

$$\cdots X_6\ X_5\ X_4\ X_3\ X_2\ X_1$$

步骤 2：从代码位置序号 2 开始，所有偶数位的数字代码求和为 C_0，即

$$C_0= X_2+ X_4+X_6+\cdots$$

步骤 3：将步骤 2 的和乘以 3 为 C_1，即

$$C_1= 3\times C_0$$

步骤 4：从代码位置序号 3 开始，所有奇数位的数字代码求和为 C_2，即

$$C_2= X_3+X_5 +X_7 +\cdots$$

步骤 5：将步骤 3 与步骤 4 的结果相加为 C_3，即

$$C_3= C_1+ C_2$$

步骤 6：取步骤 5 结果的个位数字 D，即

D= C_3 的个位数

步骤 7：用 10 减去 D 所得数的个位数即为检验码 X_1，即

X_1=（10−D）的个位数

例如，某交叉 25 码的数据字符为 21237，求其校验符的值。

步骤 1：

X_6	X_5	X_4	X_3	X_2	X_1
2	1	2	3	7	

步骤 2：$C_0= X_2+ X_4+X_6$

$=7+2+2$

$=11$

步骤 3：$C_1= 3\times C_0 =3\times 11 =33$

步骤 4：$C_2= X_3+X_5$

$=3+1$

$=4$

步骤 5：$C_3= C_1+ C_2=33+4=37$

步骤 6：D= C_3 的个位数=7

步骤 7：X_1=10−7=3 即为检验符的值

4. ITF-14 条码和 ITF-6 条码

ITF-14 条码和 ITF-6 条码是连续型，定长，具有自校验功能，且条和空都表示信息的双向条码。它们的条码字符集、条码字符的组成与交插 25 码相同。

ITF-14 条码只用于标识非零售的商品。ITF-14 条码对印刷精度要求不高，比较适合直接印刷（热转换或喷墨）在表面不够光滑、受力后易变形的包装材料上，如瓦楞纸或纤维板。

ITF-14 条码由矩形保护框、左侧空白区、条码字符、右侧空白区组成，如图 3-17 所示。它的结构为加上矩形保护框的交叉 25 码，供人识读的字符置于保护框的下面。

图 3-17　ITF-14 条码符号

ITF-14 条码和 ITF-16 条码的起始符为“0000”，终止符为“100”。在物流系统中常常用 ITF-14 条码和 ITF-16 条码来标识商品装卸、仓储、运输等储运单元，通常印在外包装箱上，用来识别商品的种类和数量，所以俗称箱码。

图 3-18　128 条码表示的物流条码

三、贸易单元 128 条码

通用商品条码与储运条码都属于不携带信息的标识条码，在货物流动过程中，如果需要传递包装序号、重量、体积、生产日期、有效日期、送出地址、送达地址等重要信息，就需要应用贸易单元 128 条码（简称 128 条码）。

128 条码是物流条码中的常用条码之一，其样式如图 3-18 所示。

1. 128 条码的结构

128 条码是一种长度可变的连续型条码。与其他的一维条码相比，128 条码的结构较为复杂，具有 A、B、C 三种不同的编码字符集，可表示 ASCII 0～127 共 128 个字符，故称 128 条码。

128 条码由起始符、数据符、校验符、终止符和两侧空白区组成，如图 3-19 所示。每个条码字符由 3 个条、3 个空共 11 个模块组成，每个条、空由 1～4 个模块组成。起始符标识 128 条码符号的开始，由 2 个条码字符组成；数据符标识一定的数据信息，每一个数据符由 11 个模块组成；校验符用以校验 128 条码的正误；终止符标识 128 条码的结束，由 4 个条、3 个空共 13 个模块组成；左右侧空白区都由 10 个模块组成。

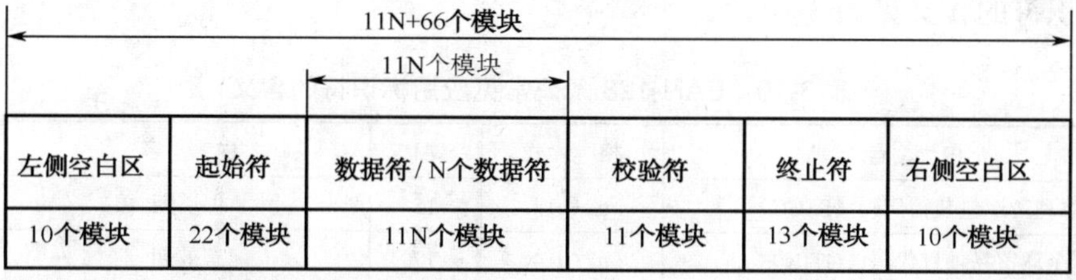

注：N表示包括辅助字符的数据符的个数。

图 3-19　128 条码的结构

2. EAN-128 条码

目前，EAN-128 条码是 128 条码中应用最广泛的，其结构如图 3-20 所示。EAN-128 条码根据 UCC/EAN-128 标准（后更名为 GS1-128），采用 128 条码逻辑进行编码，具有完整性、紧密性、连续性和高可靠性的特征。

(00) 3 5412345 123456789 2 (420) 10000

A B C D E F G

图 3-20　EAN-128 条码的结构

因为 EAN-128 条码可以携带大量的信息，所以其应用范围非常广泛，主要用于制造业的生产流程控制、物流业的仓储管理、车辆调配、货物追踪、医院血液样本的管理、政府对管制药品的控制追踪等方面。图 3-20 中 EAN-128 条码的内容见表 3-9。

表 3-9　EAN-128 条码的内容

代　号	码　别	长　度	说　明
A	应用标识符	2	代表其后的资料内容为运输包装序号
B	包装性能指示码	1	代表无定义的包装指示码
C	前置码与公司码	7	代表 EAN-128 条码的前置码和公司码
D	自行编定的序号	9	由公司指定的序号
E	检查码	1	校验码
F	应用标识符	3	代表其后的资料为配送邮政码
G	配送邮政码	5	代表配送邮政码

EAN-128 条码通过应用标识符（Application Identifier，AI）来组合生成条码，在供人识读字符中一般用圆括号加以区别。应用标识符是标识编码应用含义和格式的字符，其作用是指明跟随在应用标识符后面的数字所表示的含义。应用标识符由 2～4 位数字组成，EAN-128 条码可编码的信息范围广泛，包括项目标识、计量、数量、日期、交易参考信息、位置等。常见应用标识符的含义见表 3-10。

表 3-10　EAN-128 条码常见应用标识符的含义

AI	内　容	格　式	AI	内　容	格　式
00	系列货运包装箱代码（SSCC）	n2+n18	15	保质期	n2+n6
01	全球贸易项目代码（GTIN）	n2+n14	17	有效期	n2+n6
02	物流单元中的全球贸易项目标识代码	n2+n14	21	系列号	n2+an…20
10	批号或组号	n2+an…20	30	数量	n4+an…8
11	生产日期	n2+n6	401	托运代码	n3+an…30
13	包装日期	n2+n6	420	收货方邮政编码	n3+an…30

注：n2+n18 表示 AI 代码为 2 位，后面的数据字符必须为 18 位；an…20 表示后面的数据字符不能超过 20 位。

例如，图 3-21 表示一个商品标识代码为 16900509121002，生产日期为 2015 年 2 月 14 日，批号为 Q520，数量为 13 的条码符号。

图 3-21　应用标识符（AI）使用示例

任务三　掌握二维条码的基本知识

条码技术自问世以来，发展十分迅速，已广泛应用于商业流通、仓储、医疗卫生、图书情报、邮政、铁路、交通运输、生产自动化管理等领域。条码技术的应用极大地提高了数据采集和信息处理的速度，改善了人们的工作和生活环境，提高了工作效率，并为管理的科学化和现代化做出了重要贡献。

二维条码技术是在一维条码无法满足实际应用需求的前提下产生的。受信息容量的限制，一维条码通常是对物品的标识，而不是对物品的描述。所谓对物品的标识，就是给某物品分配一个代码，代码以条码的形式标记在物品上，用来标识该物品以便自动扫描设备识读，代码或一维条码本身不表示该产品的描述性信息。

因此，在通用商品条码的应用系统中，对商品信息，如生产日期、价格等的描述必须依赖数据库的支持。在没有预先建立商品数据库或不便连网的地方，一维条码表示汉字和图像的信息几乎是不可能的，即使可以表示，也十分有限。

20 世纪 80 年代末期，出现了具有大容量信息的条码——二维条码，从简单地由一维条码堆积而成的二维条码（如 PDF417）到矩形的二维条码（如 QR），信息容量从原来的几十字节到接近 2000 字节，通过压缩技术能将凡是可以数字化的信息，包括汉字、图像、指纹、签名、声音等进行编码，在远离数据库和不便联网的地方实现信息的携带、传递和防伪。

案例链接

火车票上的二维条码

1977 年，全国铁路系统开始实行计算机联网售票，启用第二代火车票，就是粉红色软纸票。第二代火车票使用一维条码，由于其容量较小，所以只能起到标识作用，而不具备防伪功能。

为了有力打击假票泛滥的现象，铁道部决定于 2009 年 12 月 10 日在全国范围内对火车票进行升级改版，启用第三代火车票。此次升级最大的变化就是将车票下方的一维条码变成了二维防伪图案。该二维防伪图案呈正方形，黑白相间，形似以前的“三位立体画”。

如图 3-22 所示，火车票条码为 23693001011112 A013415，其中 2369300101 表示售票的车站和窗口，0101 表示售票日期，A013415 表示车票号，与车票左上角的号码相对应。

第三代火车票采用的是二维条码 QR Code 码，呈正方形，只有黑白两色，在三个角上引用较小的“回”字形的正方形图案，它是帮助解码软件定位的图案。

图 3-22　第三代火车票

近年来，二维条码成为国际上流行的携带和传递数据的高科技手段，具有存储量大、保密性高、追踪性强、抗毁性强等特点。采用二维条码防伪客票系统后，售票人员可以根据乘客的购票类型，将相应信息（如车次、价格、售出地等）利用软件加密后生成二维条码，将其打印在客票的票面上。

乘客在进站口检票时，检票人员通过二维条码识别设备对客票上的条码进行识别，系统自动辨别车票真伪，并将信息存入系统中。此外，检票人员还可以利用掌上二维条码识别设备在车上检票，掌上识别设备自动将读到的信息与自有数据库中的数据进行对比，辨别客票的真伪。利用二维码识别设备检票，提高了效率，也避免了人为的错误。

问题

1．二维条码与一维条码相比有哪些优点？

2．火车票采用二维条码防伪客票系统，可带来哪些好处？

一、二维条码的概念和分类

1. 二维条码的概念

二维条码（Dimensional Bar Code），简称二维码，是用按一定规律在水平和垂直方向的二维空间上分布的黑白相间的图形来存储信息的条码。二维条码使用若干个与二进制相对应的几何形体来表示文字数值信息，并通过光电扫描设备或图像输入设备自动识读以实现信息的自动化处理。

二维条码具有条码技术的一些共性，如每个字符占有一定的宽度，每种码制有特定的字符集，并具有一定的校验功能等。相比一维条码，二维条码还具有信息容量大、安全性高、读取率高、纠错能力强等特征。此外，二维条码在印制时比一维条码更加灵活，可以进行彩色印刷，印刷机器和印刷对象都不受限制，在传真和影印后依然可以使用，而一维条码经过传真和影印后机器就无法识读。两者的主要区别见表 3-11。

表 3-11　二维条码与一维条码的主要区别

项　目	一 维 条 码	二 维 条 码
信息密度与容量	密度低，容量小	密度高，容量大
错误校验及纠错能力	校验码可以进行错误校验，但没有错误纠正能力	有错误校验及错误纠正能力，并能根据实际设置不同的安全等级
垂直方向是否携带信息	不携带信息，垂直方向的高度是为了识读方便，并能弥补印刷缺陷或局部损坏	携带信息，对印刷缺陷或局部损坏等可以进行错误纠正，恢复原信息
主要用途	主要用于对物品的标识	用于对物品的描述
对网络与数据库的依赖性	多数场合须依赖信息网络与数据库	可不依赖信息网络与数据库的存在而单独应用

2. 二维条码的分类

根据二维条码的编码原理和结构形状的差异，可以分为行排式二维条码（2D stacked bar code）和矩阵式二维条码（2D matrix bar code）两种。

（1）行排式二维条码

行排式二维条码也称线性堆叠式二维条码，其编码原理建立在一维条码的基础上，通过层排高度截短后的一维条码，按需要堆积成两行或多行来实现信息的表示。因此，行排式二维条码在编码、识别等方面继承了一维条码的特点，只是由于增加了行数，在识别方面的设备和算法与一维条码有所区别。如图 3-23 所示，典型的行排式二维条码有 PDF417、Code 49、Code 16K 等。

（2）矩阵式二维条码

矩阵式二维条码也称棋盘式二维条码。矩阵式二维条码建立在计算机图像处理技术等基础上，在一个矩形空间内通过黑白像素在矩阵中的不同分布进行编码。在该矩阵空间中，用点或其他形状的出现与否来表示二进制的“1”或“0”。因为是采用统一的黑白像素组合，而不是不同宽度的条与空的组合，所以矩阵式二维条码能够提供更高的信息密度，存储更多的信息，与此同时，比行排式二维条码具有更高的自动纠错能力，更适用于条码容易受到损坏的场合。矩阵式条码符号中没有标识起始和终止的模块，但有一些特殊的定位符，定位符中包含了符号的大小和方位等信息。如图 3-23 所示，典型的矩阵式二维条码有 QR Code、Data Matrix、Maxicode 等。

PDF417　　Code 49　　Code 16K

QR Code　　Data Matrix　　Maxicode

图 3-23　几种常见的二维条码

二、常用的二维条码

1. PDF417 条码

PDF417 条码是由美国 SYMBOL 公司发明的一种多层、非定长、具有高容量和纠错能力的行排式二维条码。PDF 为英文“Portable Data File”的缩写，意为便携数据文件。如图 3-24 所示，由于组成条码的每个符号的字符均由 4 个条和 4 个空共 17 个模块组成，故称之为 PDF417 条码。

图 3-24　PDF417 条码

PDF417 条码可以表示字母、数字、二进制数据，也可以表示汉字。PDF417 条码在编码时有三种格式：扩展的字母数字压缩格式，可容纳 1850 个字符；二进制/ASCII 格式，可容纳 1108 字节；数字压缩格式，可容纳 2710 个数字。

二维条码的纠错功能是通过将部分信息重复表示（冗余）来实现的。在 PDF417 条码中，某一行除了包含本行的信息外，还有一些反映其他位置上的字符（错误纠正码）的信息。这样，即使条码的某部分遭到损坏，也可以通过存在于其他位置的错误纠正码将其信息还原出来。PDF417 条码的纠错能力根据错误纠正码字数的不同分为 0～8 共 9 级，级别越高，纠正码字数越多，纠正能力越强，条码也越大。当纠正等级为 8 时，即使条码污损 50%也能被正确读出。

此外，PDF417 条码对印制要求不高，传真件也能阅读，可用多种阅读设备阅读。我国依据公开的国际标准已制定了 PDF417 条码的国标，PDF417 条码是目前应用最为广泛的二维条码之一。

2. QR Code 条码

QR Code 条码是由日本 Denso-Wave 公司于 1994 年研制出的一种矩阵式二维条码，如图 3-25 所示。QR 是英文“Quick Response”的缩写，意为快速反应，源自发明者希望 QR Code 条码可让其内容快速被解码。

图 3-25　QR Code 条码

QR Code 条码除了可以用来表示数字、字母、8 字节数据外，还能够有效地表示中国汉字和日本汉字。由于 QR Code 条码用特定的数据压缩模式表示中国汉字和日本汉字，它仅用 13 位即可表示 1 个汉字，而 PDF417、Data Matrix 等二维条码没有特定的汉字表示模式，仅用字节表示模式来表示汉字，需要用 16 位（2 字节）表示 1 个汉字，因此 QR Code 条码比其他二维条码表示汉字的效率提高了 20%。

QR Code 条码最常见于日本、中国，并为目前亚洲最流行的二维条码。除了具备其他二维条码所具备的优点外，它还能够进行超高速和全方位的识读，识读效率大大提高，所以能够广泛应用在工业自动化生产线管理等领域。近年来随着智能手机的普及，手机扫描二维码越来越普遍，在电子票务、移动营销、电子优惠券等方面 QR Code 条码得到了更广泛的应用。

案例链接

QR Code 手机扫描的应用

手机扫描二维条码技术简单说就是通过手机拍照功能对二维条码进行扫描，快速获取二维条码中存储的信息，进行上网、发送短信、拨号、资料交换、自动文字输入等。例如，厦门某商家采用手机扫描二维条码的方式来发放与使用电子优惠券，首先将商品优惠信息制成 QR Code 条码，待顾客消费完成后，可以直接推送自己或合作商家的优惠券到顾客手机上，如图 3-26 所示。

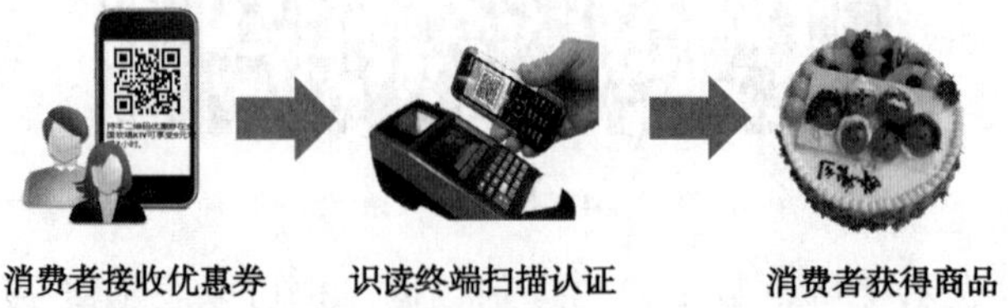

图 3-26　QR Code 条码应用于电子优惠券

客户如果对商品和服务满意，也可以通过扫描条码的方式分享到微信、微博等社交媒体上，形成口碑传播和互助营销。商家则可以根据新老顾客的喜好进行后续的精准营销。

3. Code 16K 条码

Code 16K 条码是一种多层、可变长度的连续型条码符号，属于行排式二维条码。如图 3-27 所示，它可以表示全 ASCII 字符集的 128 个字符以及扩展 ASCII 字符。一个 16 层的 Code 16K 条码符号，可以表示 77 个 ASCII 字符或 154 个数字字符。每个符号字符单元总数为 6，即每个字符由 3 个条和 3 个空组成，符号高度为 2～16 行（层），每层具有自校验功能。通过唯一的起始符和终止符标识层号，通过字符自校验及两个模数的校验字符进行错误校验。Code 16K 条码的其他特性包括工业特定标志、区域分隔符字符、信息追加、序列符号连接和扩展数量长度选择等。

4. Code 49 条码

Code 49 条码是一种多层、可变长度的连续型条码符号，属于行排式二维条码。它可以表示全部的 128 个 ASCII 字符。每个 Code 49 条码符号由 2～8 层组成，每层有 18 个条和 17 个空。如图 3-28 所示，层与层之间由一个层分隔条分开。每层有一个起始字符和一个终止字符，每层具有自校验功能。最后一层包含表示符号层数的信息。

图 3-27 Code 16K 条码　　图 3-28 Code 49 条码

5. Code one 条码

Code one 条码是一种用成像设备识别的矩阵式二维条码，如图 3-29 所示。Code one 条码符号中包含可由快速线性探测器识别的图案。Code one 符号共有 10 种版本及 14 种尺寸，最大的符号（即版本 B）可以表示 2218 个数字字母型字符或者 3550 个数字，以及 560 个纠错字符。Code one 条码可以表示全部 256 个 ASCII 字符，另加 4 个功能字符及 1 个填充字符。

6. Maxicode 条码

Maxicode 条码是一种中等容量、尺寸固定的矩阵式二维条码，它由紧密相连的六边形模块和位于符号中央位置的定位图形组成。如图 3-30 所示，Maxicode 条码每个符号由 884 个六边形模块组成，分为 33 层环绕着中央图形，每层最多包含 30 个模块。Maxicode 条码具有一个大小固定且唯一的中央定位图形，为 3 个黑色的同心圆（或称公牛眼），用于扫描定位。此定位图形在数据模组所围成的虚拟六边形的正中央，在此虚拟六边形的 6 个顶点上各有 3 个黑白色不同组合式所构成的模组，称为“方位丛”（Orientation Cluster），它提供扫描器重要的方位信息。Maxicode 条码特别为高速扫描而设计，主要应用于包裹搜寻和追踪方面。

7. Data Matrix 条码

Data Matrix 二维条码原名 Datacode，由美国国际资料公司（International Data Matrix，ID

Matrix）在 1989 年发明。Data Matrix 二维条码是一种矩阵式二维条码，其设计的构想是希望在较小的条码标签上存入更多的资料。

图 3-29　Code one 条码

图 3-30　Maxicode 条码

如图 3-31 所示，每个 Data Matrix 二维条码符号由规则排列的方形模块构成的数据区组成，数据区的四周由定位图形所包围，定位图形的四周则由空白区包围，数据区再以排位图形加以分隔。定位图形是数据区域的一个周界，为一个模块宽度。其中两条邻边为暗实线，主要用于限定物理尺寸、定位和符号失真。另两条邻边由交替的深色和浅色模块组成，主要用于限定符号的单元结构。

图 3-31　Data Matrix 条码

Data Matrix 二维条码的尺寸可任意调整，最大可到 9032mm^2，最小可到 0.13mm^2，这个尺寸也是目前一维与二维条码中最小的，因此特别适合印在电路板的零组件上。另外，大多数条码的大小与编入的消息量有绝对的关系，但是 Data Matrix 二维条码的尺寸与其编入的信息量却是相互独立的，因此它的尺寸比较有弹性。此外，Data Matrix 二维条码最大存储量为 2000 字节，自动纠正错误的能力较低，只能用特别的 CCD 扫描器来识读。

三、二维条码的发展和应用

国外对二维条码技术的研究始于 20 世纪 80 年代，作为一种全新的信息存储、传递和识别技术，二维条码自诞生之日起就受到了全世界各个国家的关注。我国对二维条码技术的研究始于 1993 年，随着我国市场经济的不断完善和信息技术的不断发展，国内对二维条码技术的需求与日俱增。

二维条码具有存储量大、保密性高、追踪性高、抗损性强、备援性大、成本便宜等特性，这些特性特别适用于表单、安全保密、追踪、证照、存货盘点、资料备份等方面。

1. 表单应用

应用于公文表单、商业表单、进出口报关单、舱单等资料的传送交换，减少人工重复输入表单资料，避免人为错误，降低人力成本。

2. 安全保密应用

应用于商业情报、经济情报、政治情报、军事情报、私人情报等机密资料的加密及传递。

3. 追踪应用

应用于公文自动追踪、生产线零件自动追踪、客户服务自动追踪、邮购运送自动追踪、维修记录自动追踪、危险物品自动追踪、后勤补给自动追踪、医疗体检自动追踪、生态研究自动追踪等。

4. 证照应用

应用于护照、身份证、挂号证、驾照、会员证、识别证等证照的资料登记及自动输入，发挥“随到随读”、“立即取用”的信息管理效果。例如，美国国防部在军人身份卡上印制PDF417 条码。持卡人的姓名、军衔、照片和其他个人信息被编成一个 PDF417 条码印在卡上。该卡被用于重要场所的进出管理及医院就诊管理。该项应用的优点在于数据采集的实时性和低实施成本，卡片即使损坏（比如枪击）也能阅读，并具有防伪性。我国香港特别行政区的居民身份证也采用了 PDF417 条码。另外，如营业执照、驾驶执照、护照、我国城市的流动人口居住证、医疗保险卡等也都是很好的应用方向。

5. 存货盘点应用

应用于物流中心、仓储中心的货品及固定资产的自动盘点。

6. 资料备份应用

文件表单的资料如不愿或不能以磁盘、光盘等电子媒体存储备份，可利用二维条码来存储备份，便于携带、不怕折叠、保存时间长，又可影印传真，做更多的备份。

二维条码可以承载文字、图片、音频、视频、链接等内容，能够方便印刷于产品包装、户外广告、海报、名片、报纸、杂志、书籍上。在移动互联网时代，二维条码和智能手机的结合将成为跨平台的“超级媒体”，人们利用碎片化时间用手机随手一拍，就可以实现移动传播。正是因为二维条码在数据采集和传递方面独特的优势，二维条码技术开始进入各行各业，并发挥了极其重要的作用。

在供应链中采用二维条码作为信息的载体，不仅可以有效避免人工输入可能出现的失误，大大提高入库、出库、制单、验货、盘点的效率，而且兼有配送识别、服务识别等功能，还可以在不便联网的情况下实现脱机管理。

任务四 了解条码的识读技术

一、条码的识读原理

条码符号是由宽窄不同、反射率不同的条、空按照一定的编码规则组合起来的一种信息符号。条码识读是利用“色度识别”和“宽度识别”的二进制赋值方式。

色度识别是由于条码符号中条、空对光线具有不同的反射率，从而使条码扫描器接收到强弱不同的反射光信号，相应地产生电位高低不同的电脉冲。宽度识别是由条码符号中条、空的宽度来决定电位高低不同的电脉冲信号的长短。常见的条码是由黑条与白空（也叫白条）组合而成的。黑条对光的反射率最低，而白空对光的反射率最高。条码识读器正是利用条和空对光的反射率不同来读取条码数据的。条码符号不一定必须是黑色和白色的，也可以印制成其他颜色，但两种颜色对光必须有不同的反射率，保证有足够的对比度。扫描器一般采用 630nm 附近的红光或近红外光。

由光源发出的光线经过光学系统照射到条码符号上面，被反射回来的光经过光学系统成像在光电转换器上，使之产生电信号。整形电路的脉冲数字信号经译码器译成数字、字符信息。通过识别起始、终止字符来判别条码符号的码制及扫描方向；通过测量脉冲数字电信号“0”、“1”的数目来判别条和空的数目；通过测量“0”、“1”信号持续的时间来判别条和空的宽度。这样便得到了被识读的条码符号的条和空的数目及相应的宽度和码制，根据码制所对应的编码规则，便可将条码符号转换成相应的数字、字符信息，通过接口电路送给计算机系统进行数据处理与管理，便完成了条码识读的全过程。条码的扫描识读过程如图 3-32 所示。

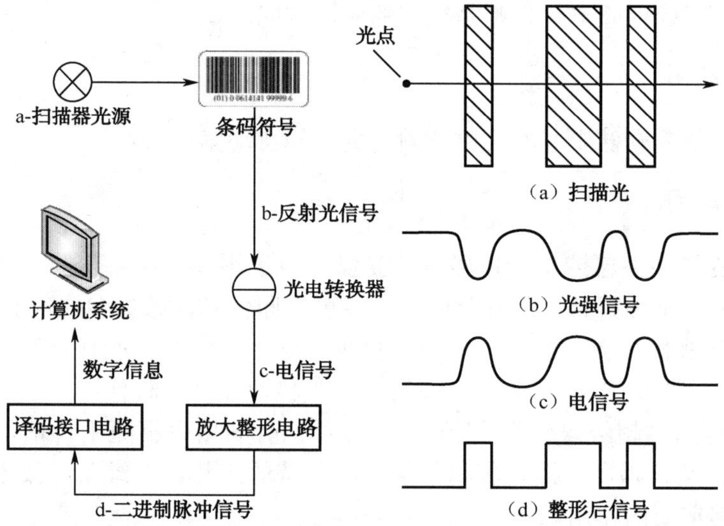

图 3-32　条码的扫描识读过程

二、条码识读设备的分类

条码识读设备由条码扫描器和译码器两部分组成。现在绝大部分条码识读器都将扫描器和译码器集成为一体。人们根据不同的用途和需要设计了各种类型的扫描器。

1. 按扫描方式分类

条码识读设备从扫描方式上可分为接触和非接触两种。接触式识读设备包括光笔与卡槽式条码扫描器；非接触式识读设备包括 CCD 扫描器和激光扫描器。

2. 按操作方式分类

条码识读设备从操作方式上可分为手持式和固定式两种。手持式条码扫描器应用于许多领域，有光笔、激光枪、手持式全向扫描器、手持式 CCD 扫描器和手持式图像扫描器。固定式扫描器有卡槽式扫描器、固定式单线扫描器、单方向多线式（栅栏式）扫描器、固定式全向扫描器和固定式 CCD 扫描器。

3. 按识读码制的能力分类

条码扫描设备从原理上可分为光笔、CCD、激光和拍摄 4 类条码扫描器。光笔与卡槽式条码扫描器只能识读一维条码；激光条码扫描器只能识读一维条码和行排式二维条码；图像式条码识读器可以识读常用的一维条码，还能识读行排式和矩阵式二维条码。

4. 按扫描方向分类

条码扫描设备从扫描方向上可分为单向和全向条码扫描器。其中全向条码扫描器又分为平台式和悬挂式。悬挂式全向扫描器可以手持，也可以放在桌子上或挂在墙上，使用时更加灵活方便，适用于商业 POS 系统及文件识读系统。

近几年来，条码识读设备发展很快，正向着多功能、远距离、小型化、快速识别、经济方便的方向发展。

三、常见的条码识读设备

常见的条码识读设备有激光扫描器、CCD 扫描器、光笔扫描器、卡槽式扫描器和便携式数据采集器等。

1. 激光扫描器

激光扫描器又称激光枪，属于手持式自动扫描的激光扫描器。如图 3-33 所示，激光扫描器是一种远距离条码阅读设备，其性能优越，因而被广泛应用。

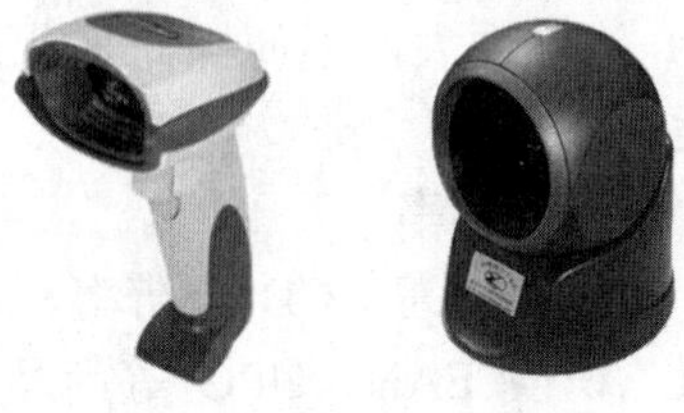

图 3-33　激光扫描器

激光扫描器的扫描方式有单线扫描、光栅式扫描和全角度扫描 3 种。激光手持式扫描器属单线扫描，其景深较大，扫描首读率和精度较高，扫描宽度不受设备开口宽度限制；卧式激光扫描器为全角扫描器，其操作方便，操作者可双手对物品进行操作，只要条码符号面向扫描器，不管其方向如何，均能实现自动扫描，超市大都采用这种设备。

知识链接

扫描景深和首读率

扫描景深是指扫描器与被扫描的条码符号之间保持的距离范围，通常用 DOF 表示。

首读率是衡量扫描器效率的一个综合性指标，它与条码符号的印刷质量、译码器的设计和扫描器的性能均有一定关系，其计算公式如下：

首读率=首次读出条码符号的次数/识别条码符号的总次数

2. CCD 扫描器

这种扫描器主要采用了 CCD（Charge Coupled Device）——电荷耦合装置。CCD 元件是一种电子自动扫描的光电转换器，也叫 CCD 图像感应器。它可以代替移动光束的扫描运动机构，不需要增加任何运动机构，便可以实现对条码符号的自动扫描。

CCD 扫描器有两种类型，一种是手持式 CCD 扫描器，另一种是固定式 CCD 扫描器，如图 3-34 所示。这两种扫描器均属于非接触式，只是形状和操作方式不同，其扫描机理和主要元器件完全相同。

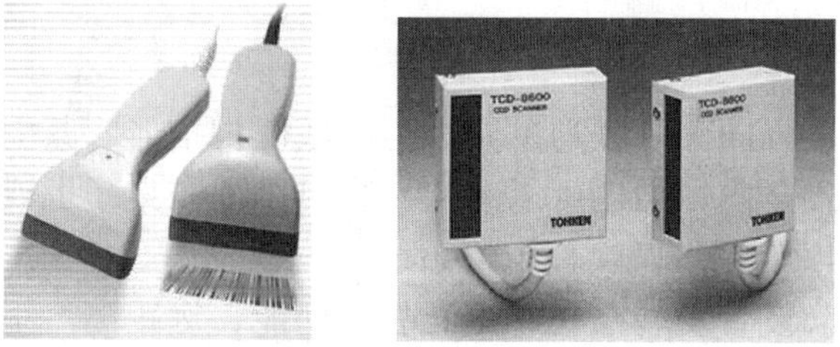

（a）手持式 CCD扫描器　　（b）固定式 CCD扫描器

图 3-34　CCD 扫描器

CCD 扫描器利用光电耦合原理，对条码印刷图案进行成像，然后再译码。它的特点是无任何机械运动部件，性能可靠，寿命长；与其他的条码扫描设备相比，具有耗电省、体积小、价格低等优点，但其阅读条码符号的长度受扫描器元件的尺寸限制，扫描的景深也不如激光扫描器。

选择 CCD 扫描器主要考虑以下两个性能参数。

（1）扫描景深

由于 CCD 的成像原理类似于照相机，如果要加大景深，则相应地要加大透镜，从而使 CCD 体积过大，不便操作。优质的 CCD 应无须紧贴条码即可识读，而且体积适中，操作舒适。

（2）分辨率

如果要提高 CCD 分辨率，必须增加成像处光敏元件的单位元素。低价 CCD 一般是 512 像素，识读 EAN、UPC 等商品条码已经足够，对于别的码制识读就会困难一些。中档 CCD 以 1024 像素为多，有些可以达到 2048 像素，能分辨最窄单位元素为 0.1mm 的条码。

3. 光笔扫描器

光笔扫描器就是笔头装有发光元件的笔形扫描器，如图 3-35 所示。

光笔扫描器需要操作人员手持，以一定速度移动。光笔必须接触条码才能读取，而且光笔通过斑点或者缺损位置时无法读取。主要特点是成本低、耗电低，可读取较长的条码符号，但读取有弯曲或破损的商品条码较困难，且对条码有一定破坏，因此逐渐被 CCD 扫描器取代。

4. 卡槽式扫描器

卡槽式扫描器是一种将带有条码符号的卡片在卡槽中通过即可读取数据的扫描器，如

图 3-36 所示。这种扫描器内部的机械结构能保证带有条码符号的卡式证件或文件在插入滑槽后沿轨道做直线运动，卡片前进过程中，扫描光点进行条码信息读入。卡槽式扫描器一般具有与计算机传送数据的能力，同时具有声光提示以表明识别正确与否。

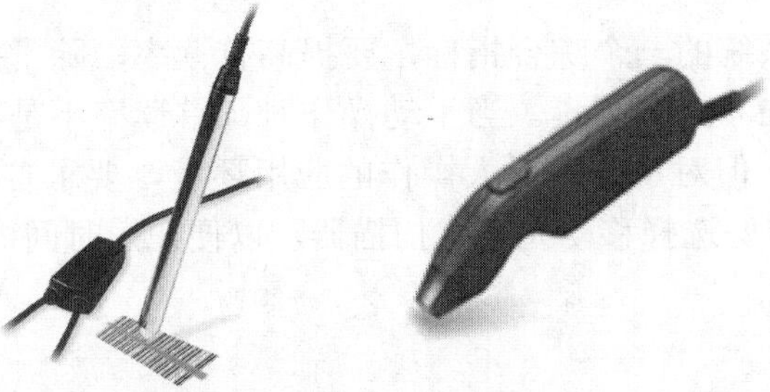

图 3-35　光笔扫描器

5. 便携式数据采集器

便携式数据采集器又称手持终端，如图 3-37 所示，是为了适应现场数据采集（如扫描笨重物件的条码符号）而设计的，适合于脱机使用的场合。它由电池供电，与计算机之间的通信和扫描同时进行，它还有内部存储器，可以存储一定量的数据，在适当的时候将数据传输给计算机。几乎所有便携式数据采集器都有一定的编程能力，可以满足不同场合的需要。

图 3-36　卡槽式扫描器

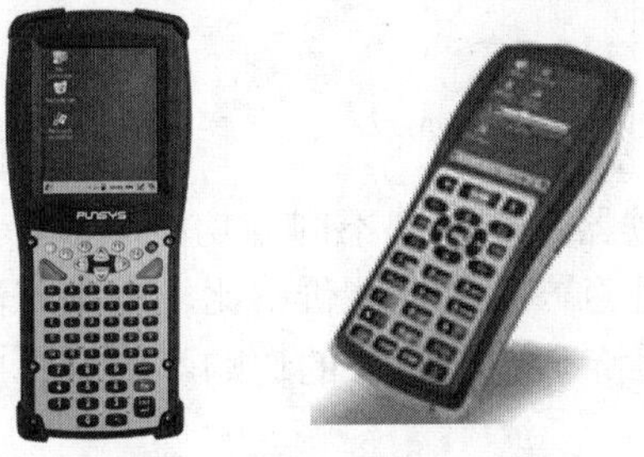

图 3-37　便携式数据采集器

四、选购条码识读设备

不同的应用场合对识读设备有着不同的要求，用户必须综合考虑，以达到最佳的应用效果。在选择识读设备时，应考虑以下几个方面。

1. 与条码符号相匹配

条码扫描器的识读对象是条码符号，所以在条码符号的密度、尺寸等已确定的应用系统中，必须考虑扫描器与条码符号的匹配问题。例如对于高密度条码符号，必须选择高分辨率的扫描器；当条码符号的长度较大时，必须考虑扫描器的最大扫描尺寸，否则可能出现无法识读的现象；当条码符号的高度与长度尺寸比值小时，最好不选用光笔，以避免人工扫描的困难；如果条码符号是彩色的，一定要考虑扫描器的光源，最好选用波长为 630nm 的红光，否则可能出现对比度不足的问题而给识读带来困难。

2. 首读率

首读率是条码应用系统的一个综合指标，要提高首读率，除了提高条码符号的质量外，还要考虑扫描设备的扫描方式等因素。当手动操作时，首读率不是特别重要，因为重复扫描会弥补首读率低的缺点。但对于一些无人操作的应用环境，要求首读率为 100%，否则会出现数据丢失现象，为此最好选择移动光束式扫描器，以便在短时间内有几次扫描机会。

3. 工作空间

不同的应用系统都有特定的工作空间，所以对扫描器的工作距离及扫描景深有不同的要求。对于一些日常办公条码应用系统，对工作距离及扫描景深的要求不高，选用光笔、CCD 扫描器这两种较小扫描景深和工作距离的设备即可满足要求。对于一些仓库、储运系统，大都要求离开一段距离扫描条码符号，要求扫描器的工作距离较大，所以要选择有一定工作距离的扫描器，如激光枪等。对于某些扫描距离变化的场合，则需要扫描景深大的扫描设备。

4. 接口要求

应用系统的开发，首先是确定硬件系统环境，然后才涉及条码识读器的选择问题，这就要求所选识读器的接口要符合该系统的整体要求。通用条码识读器的接口形式有串行通信口和键盘口两种。

5. 性价比

条码识读器由于品牌不同，功能不同，其价格也存在着很大的差别，因此在选择识读器时，一定要注意产品的性能价格比，应本着满足应用系统的要求且价格较低的原则选购。

最后注意条码识读设备的选购不能只考虑单一指标，应根据实际情况全面考虑。

任务五　掌握条码技术在物流领域的应用

一、条码技术在物流行业中的应用

随着物流信息化建设的发展，条码在物流企业中的应用也逐步显现。具体来看，作为物流管理的工具，条码的应用主要集中在以下环节。

1. 物料管理

对于制造类企业而言，物料管理是物流管理的重要内容。条码技术在物料管理中的应用主要表现在以下几个方面。

（1）物料编码

将物料编码，并且打印条码标签，不仅便于物料跟踪管理，而且有助于做到合理的物料库存准备，提高生产效率，便于企业资金的合理运用。对采购的生产物料按照行业和企业规则建立统一的物料编码，从而杜绝因物料无序而导致的损失和混乱。

（2）物料标识

对需要进行标识的物料打印其条码标签，以便在生产管理中对物料进行单件跟踪，从而建立完整的产品档案。

（3）物料作业

利用条码技术对仓库进行基本的进、销、存管理，有效地降低库存成本。

（4）供应商评价

通过产品编码，建立物料质量检验档案，生成质量检验报告，并与采购订单相对应，以此作为供应商评价的主要依据。

2. 生产线物流管理

（1）制定产品识别码格式

根据行业和企业规则确定产品识别码的编码规则，保证产品规则化。

（2）建立产品档案

通过产品标识条码在生产线上对产品生产进行跟踪，并采集生产产品的部件、检验等数据作为产品信息，当生产批次计划审核后建立产品档案。

（3）生产控制

通过生产线上的信息采集点来控制生产的信息。

（4）质量检测

通过产品标识码在生产线上采集质量检测数据，以产品质量标准为准绳判定产品是否合格，从而控制产品在生产线上的流向以及是否建立产品档案，打印合格证。

3. 分拣运输

铁路运输、航空运输、邮政通信、快递等许多行业都存在货物的分拣、搬运问题，大批量的货物需要在很短的时间内被准确无误地装到指定的车厢或航班。因此，为了快速、高效地将货物送往不同的目的地，就需要应用物流条码技术，使包裹或产品自动分拣到不同的运输机上。此时，需要人工操作的只是将预先打印好的条码标签贴在发送的物品上，并在每个分拣站点装一台条码扫描器。

4. 仓储管理

仓储管理是条码技术应用的传统领域，贯穿了入库、在库保管、盘点、出库的全过程，如图 3-38 所示。

（1）出入库作业

在出入库过程中，条码可以加快出入库的速度，减少手工操作的差错。出入库时，通过货物通道进行信息采集。货物通道由一组扫描器组成，全方位扫描器能够从上下、前后和左右各方向识读条码。无论包裹有多大，运输机的速度有多快，包裹间的距离有多小，所有制式的扫描器可以一起工作，决定当前哪些条码需要识读，然后把一条条信息传送给主计算机或控制系统。货物通道能够以很高的速度同时采集包裹上的条码标识符、实际的包裹尺寸和包裹的重量信息，且这个过程不需要人工干预。

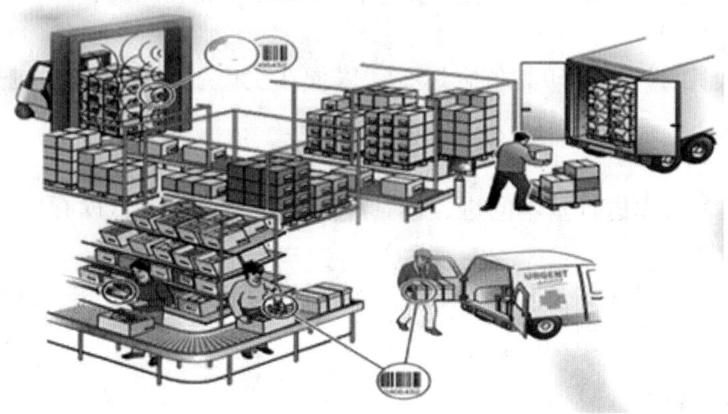

图 3-38　条码技术应用于仓储管理示意图

（2）盘点作业

利用条码技术后，盘点业务就可以采用自动化技术。例如，某仓库使用了手持终端，其盘点工作只需要利用手持终端扫描箱体，然后将手持终端中的数据导入管理系统中即可。扫描时，所有盘点数据都会记录在手持终端中，手持终端也会自动处理盘点重复等错误。

（3）储位管理

条码技术不仅可以标识所有的物品，也可以标识货位，如图 3-39 所示。

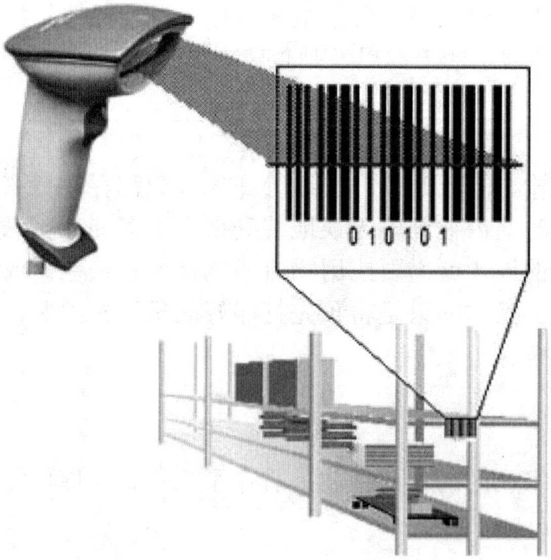

图 3-39　条码技术用于货位管理示意图

只要将货位条码和货物条码相对应，就可以确保货物的货位信息总是准确的。一般情况下，应用条码技术是使用 WMS（仓储管理系统）的前提和基础。

5. 产品售后跟踪服务

条码技术通过采集与跟踪产品的售后服务信息，可以为企业产品售后保修服务提供依据，同时能够有效地控制售后服务中存在的各种问题，如销售产品重要部件被更换而造成保修损失、销售商虚假的修理报表等。其具体的应用体现在以下几个方面。

① 根据产品标识条码建立产品销售档案，记录产品信息、重要零部件信息。

② 通过产品上的条码进行售后维修产品检查，检查产品是否符合维修条件和维修范围，建立产品售后维修档案。同时分析其零部件的情况，建立零部件维修档案。

③ 通过产品标识条码反馈产品售后维修记录，对产品维修点实施监督，记录并统计维修原因，强化对产品维修的过程管理。

二、条码技术在物流行业中的发展前景

条码技术是在计算机的应用实践中产生和发展起来的一种自动识别技术，它是实现快速、准确而可靠地采集数据的有效手段。条码技术已经成为物流现代化的一个重要组成部分。同时，它还有力地促进了物流体系各环节作业的机械化、自动化，对物流各环节的计算机管理起基础性作用。条码技术的应用解决了数据录入和数据采集的瓶颈问题，为物流管理提供了有力的技术支持，并贯穿于物流管理的全过程。

物流过程中，条码承载着物流信息，并附着于物流单元上，保证标识信息与实物同步。以条码识读为基础的 POS 销售时点信息系统，带来了销售、库存管理、订货、结算方式的变革，同时也促进了条码体系的发展及其在更大范围、更多领域的应用，逐步从供应链的零售末端延伸到配送、仓储、运输等各个物流环节。EAN 与 UCC 合作建立了全球统一的开放系统的物品编码体系及条码标识，为全球物流环境下的条码应用提供了解决方案。可以说，没有条码的物流过程将不可想象。

条码技术具有使用价格低廉、应用范围广泛的优势，而且条码技术在物流行业应用的条件已经基本成熟，因此条码技术在物流行业的应用必将进入一个快速发展阶段。目前，我国条码技术在物流行业的应用刚刚起步，应用普及率较低，发展空间还很大。随着我国物流信息化的不断发展，条码技术在物流行业的发展空间还会进一步扩大。

学习分享

学习目标：

完成本学习情境的任务后，你应当能

1. 熟练掌握条码技术的基本概念和分类；
2. 掌握条码的定义、结构、编码规则和应用；
3. 了解物流条码的应用标准体系；
4. 熟练掌握二维条码的基本概念和分类；
5. 熟悉条码识读技术和设备；

6. 掌握条码技术在物流领域的具体应用。

学习方法：

建议采用启发式、案例教学、体验式教学方法（包括视频资料学习、操作条码扫描器、物流公司体验打印和扫描条码等）、小组讨论等方式方法。

学习环境要求：

1. 学习场地：① 多媒体教室；
   ② 联网的计算机实验室。
2. 学习资源：① BarTender 条码软件；
   ② 条码扫描器、打印机。

评价标准：

重点掌握条码的概念、特征和分类；了解物流条码的标准体系，理解通用商品条码、储运单元条码、贸易单元 128 码的具体应用；掌握二维条码的概念和分类，了解常见二维条码及其应用；了解条码识读技术，熟悉条码技术在物流行业中的应用。

1. 认识和理解条码、商品条码、物流条码、二维条码的概念和内容。（教师评价）
2. 认识和了解物流条码标准体系、常见二维码及其应用。（教师评价）
3. 能根据实训计划和要求，小组完成对条码的收集。（个人、小组和教师评价）
4. 能根据实训计划和要求，完成条码软件的使用实训报告。（个人和教师评价）
5. 在完成本情境任务过程中的学习态度。（个人、小组和教师评价）

操作实训

实训一　条码的收集

【实训目的】

1. 通过实训进一步理解条码有关的理论知识。
2. 加深对条码结构和应用情况的直观认识。
3. 培养协作与交流的意识，培养表达与沟通的能力。

【实训参考】

超市、物流企业等场所都广泛应用了条码技术，通过现场调查收集，结合教科书和网络了解条码技术起源、发展及种类，各种条码的结构特点、组成以及应用领域。了解二维条码的产生发展、二维条码的种类、二维条码的特点、二维条码的应用领域。

【实训要求】

实训以小组为单位，5～6 人组成小组。选择一家超市、企业仓库或物流中心作为实训基地。

1. 收集在实训基地各个作业环节看到的条码。
2. 记录收集到的条码的应用情况，填写条码应用一览表。

3．分析收集到的条码的类型、结构和特点。

4．使用实训基地系统平台，生成并打印条码标签。

5．将打印好的标签按要求贴到相应的物品上。

【实训考核】

完成并提交小组实训报告，报告内容包括实训的过程、遇到的问题和解决办法、活动收获和总结。制作 PPT 文档，按小组进行课堂分享。

表 3-12 实训考核表

考核要素	评价标准	分值	分值比例			
			自评（10%）	小组（10%）	教师（80%）	小计（100%）
收集条码的种类	能够全面收集各种条码，没有重复	40				
条码的打印和粘贴	能够使用条码生成模块，正确打印并粘贴	20				
实训报告	全面记录收集条码的步骤、条码类型和应用	20				
PPT 汇报	汇报内容丰富、具体	20				
合　计		100				
评语（主要是建议）						

实训二 BarTender 条码打印软件的使用

【实训目的】

1．掌握条码打印软件的使用。

2．加深对常用一维条码和二维条码的认识。

3．加深对条码技术应用重要性的认识。

【实训参考】

BarTender 是打印行业中非常知名的条码打印软件，也是一款非常优秀的条码标签设计软件，可进行标签设计和条码设计，它甚至支持 RFID 标签设计，支持导入图形图像并能生成多种复杂的序列号。

1．安装好 BarTender 中文版软件，双击软件图标，进入新建标签的向导界面，单击“空白标签格式”进入标签编辑界面。

2．如图 3-40 所示，在标签编辑界面，左边“标准条形码”窗口按树形结构列出了各种条码类型。

3．选择一个条码类型（如 EAN-13），拖到右边标签格式窗体内，双击条码图形，显示出条码对象属性对话框，单击“数据源”，修改屏幕数据为“690123456789”；单击“字体”，选择 OCR-B 字体，确认完成设置，如图 3-41 所示，注意校验码会自动生成。可以通过设置可读性来显示或隐藏供人识读的字符，数据源还可以设置连接数据库字段、VB 脚本等。

4．设计好的条码可以连接打印机打印，也可以将条码符号以图像方式导出到剪贴板或者导出为图像文件（在文件菜单下选择导出图像或鼠标右键单击条码符号选择）。更多使用方法可以参照软件帮助菜单下的说明文档。

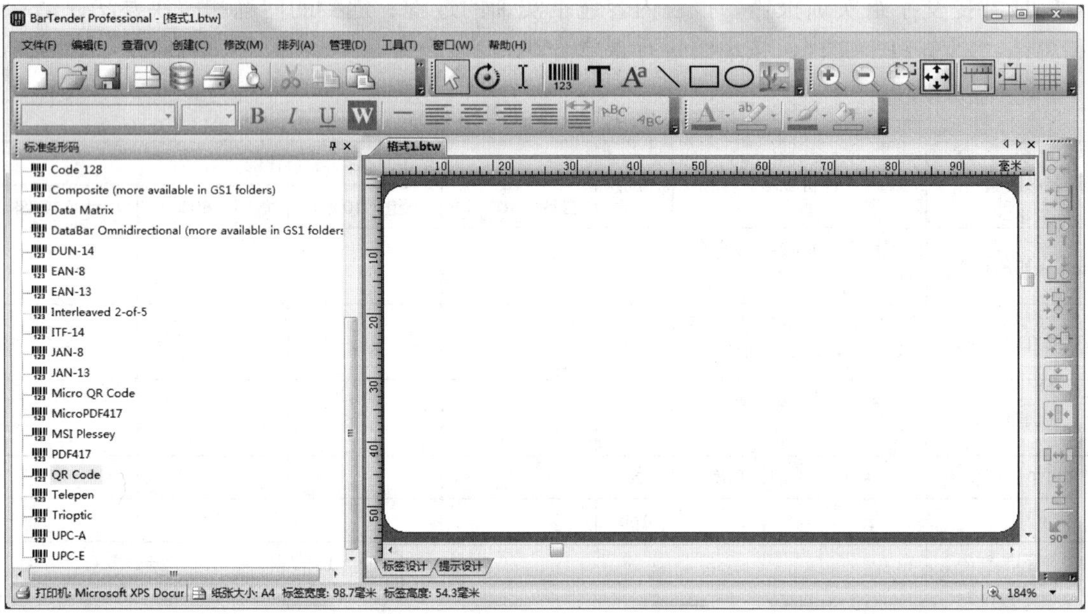

图 3-40　BarTender 标签编辑界面

图 3-41　设置条码对象的属性

【实训要求】

1．设计 EAN-13、EAN-8 条码标签，注意校验码的生成。

2．设计 ITF-14 和交叉 25 条码，比较两者异同处。

3．设计 QR Code 和 PDF417 条码，比较两者的结构差异，并以 QR Code 条码设计个人的二维码名片，要求包含个人学号、姓名拼音、电子邮箱，纠错等级为 M（恢复 15%），如图 3-42 所示。完成后，可以用手机扫码软件测试。

图 3-42 包含个人信息的 QR Code 二维码名片

【实训考核】

撰写实训报告，要求说明实训步骤和结果，反馈对条码技术的理解，设计的条码符号要求导出图像，并粘贴到 Word 文档中。提交报告文档到教学文件系统，命名方式为“学号-姓名.doc”。

表 3-13 实训考核表

考核要素	评价标准	分值	分值比例			
			自评（10%）	小组（10%）	教师（80%）	小计（100%）
一维条码设计	条码符号设计规范	20				
二维条码设计	规范正确，可以识别	20				
软件应用能力	具有条码软件应用能力	20				
实训报告	报告内容完整规范	40				
合 计		100				
评语（主要是建议）						

自我测评

✧ 复习思考题

1．简述条码的分类。

2．简述 EAN-13 的代码结构。

3．计算 EAN-13 条码“690128599121 X_1”的校验码。

4．计算交叉 25 条码“6578836X_1”的校验码。

5．简述二维条码有哪些应用。

6. 简述如何选购条码识读设备。

7. 条码技术在仓储管理中的应用有哪些？

✧ 案例分析题

广州本田汽车 QR Code 条码的应用

广州本田汽车有限公司是本田汽车公司在中国的第一个轿车生产基地。在这里，本田汽车公司不断投入最新技术，充分考虑环保、安全等因素，研发生产新型小汽车投放中国市场。

二维码应用管理解决方案使得本田汽车公司在生产过程控制管理系统中成功应用了 QR Code 二维条码数据采集技术，完成了生产过程控制管理系统的组建。

1. 组装生产线上的数据采集管理

通过在生产线上使用二维码进行工序记录，建立高可靠性的系统，具体应用流程如下。

（1）在生产线的前端，根据主控计算机发出的生产指示信息，条码打印机打印出一张条码标签，贴在生产线单品的载具上。

（2）各作业工序中，操作人员用条码识读器读取载具上的条码符号，将作业的信息输入计算机，主系统对作业人员和检查装置发出指令。

（3）各个工序用扫描器读取贴在安装零件上的条码标签，然后再读取贴在载具上的二维条码，以确认零件安装是否正确。

（4）各工序中，二维条码的生产指示号码、生产线顺序号码、车身号数据和实装零部件的数据、检查数据等，均被反馈回主控计算机，用来对进展情况进行管理。

应用效果：①投资较低；②二维条码可被识读器稳定读取（错误率低）；③可节省大量的人力和时间；④主系统对生产过程的指挥全面提升；⑤使生产全过程和主系统连接成为一体，生产效益大大提高。

2. 零件供应商看板标签的数据采集

汽车零件供应商按汽车厂商的订单生产零配件，长期供货，通过试用条码技术可以减少人为操作，缩减成本，提高效率。具体应用流程描述如下。

（1）汽车厂家将看板标签贴在自己的周转箱上，先定义箱号。

（2）汽车厂家读取看板标签上的一维条码，将所订购的零件编号、数量、箱数等信息制作成 QR Code 条码，并制作带有该 QR Code 条码的看板单据。

（3）将看板单据和看板标签一起交给零件生产厂。

（4）零件生产厂读取由车辆提供的看板单据上的 QR Code 条码，处理接收的订货信息，并制作发货指示书。

（5）零件生产厂将看板标签付在发货产品上，看板单据作为交货书发给汽车生产厂。

（6）汽车生产厂读取看板单据上的 QR Code 条码进行接货统计。

应用效果：①采用 QR Code 条码，使得原来无法条码化的“品名”、“规格”、“批号”、“数量”等可以自动对照，出库时的肉眼观察操作大幅减少，降低了操作人员人为识别验货的错误，避免了误配送的发生；②出库单系统打印二维条码加密、安全、不易出错；③验货出库工作，可以完全脱离主系统和网络环境独立运行，对主系统的依赖性小，减少主系统网络通信和系统资源的压力，同时对安全性要求降低；④真正做到了二维条码数据、出库单数据、实际出库物品的属性特征三者的统一；⑤减少了出库验收作业的时间，缩短了工作的过程，并且验收的信息量大大增加，从而提高了效率、降低了成本、保证了安全、防止了错误的发生。

（根据网上资料整理）

问题：

1．QR Code 条码有哪些特性适用于汽车组装生产控制过程中？

2．广州本田汽车应用条码技术获得了哪些效益？

学习情境四
掌握射频识别技术

学习情境描述

张晓玲的实习经历让她对条码技术认识深刻，但她的哥哥晓军认为 RFID 技术更加重要。张晓军是某物流公司的项目经理，专门负责汽车零部件的物流业务。一家大型汽车厂商为了实现零部件的零库存管理，交由晓军所在的物流公司进行零部件的采购和配送业务。由于汽车零部件的形状和大小差异非常大，晓军在运作中就发现很多零部件应用原有条码扫描入库的过程中，由于扫描器和条码的距离、方向等问题，经常出现漏扫的现象，后来不得不采用人工录入方式，结果工作效率降低了，而且人员疏忽也会导致差错。最后通过和零部件供应商协定，要求每个零部件必须有电子身份证（即带有 RFID 射频标签）对产品进行唯一标识，以进行快速的入库和出库，并能利用电子标签进行产品的定位和跟踪。采用 RFID 技术后，效果很好，客户也比较满意。RFID 的思维导图如图 4-1 所示。

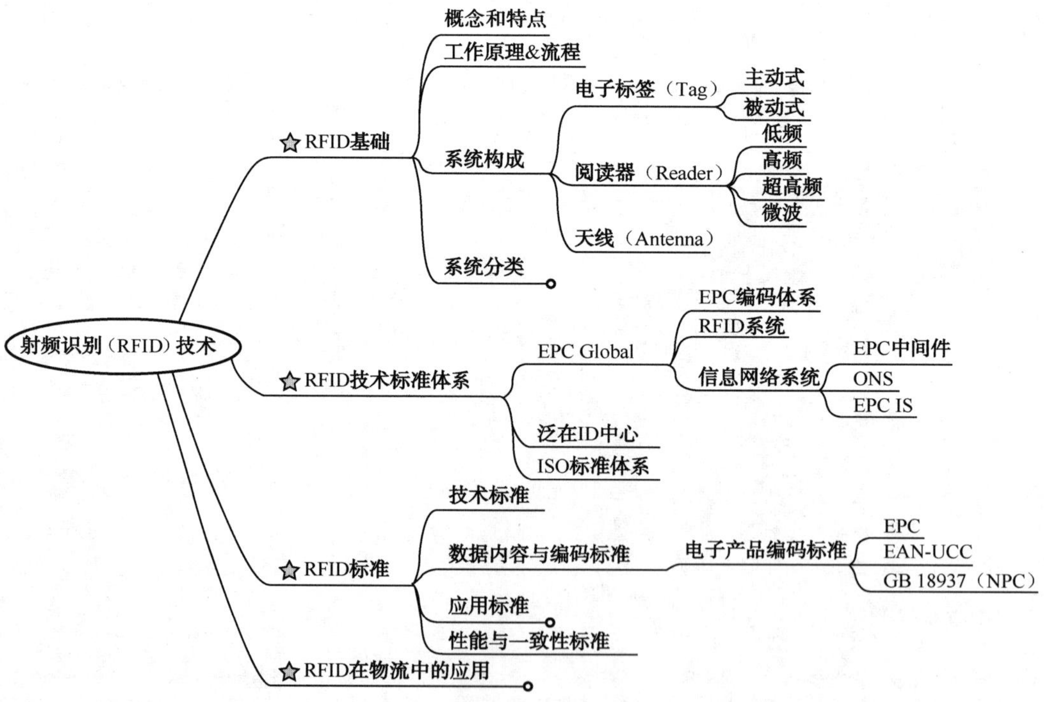

图 4-1　RFID 的思维导图

导入案例

射频识别技术的价值

自 1970 年第一张 IC 卡问世以来，IC 卡已经成为微电子技术市场增长最快的产品之一，到 1996 年全世界共发售 IC 卡 7 亿多张。但是，这种接触式 IC 卡有其自身不可避免的缺点，即接触点对腐蚀和污染缺乏抵抗能力，大大降低了 IC 卡的使用寿命，缩小了其使用范围。近年来人们开始应用非接触式 IC 卡来逐渐替代接触式 IC 卡，其中射频识别卡就是一种典型的非接触式 IC 卡，它是利用无线通信技术来实现系统和 IC 卡之间的数据交换的，显示出比一般接触式 IC 卡使用更便利的优点，已被广泛应用于制作电子标签或身份识别卡。

在零售业中，应用射频识别技术就显现出巨大的价值。据 Sanford C.Bernstein 公司的零售业分析师估计，通过应用射频识别技术，沃尔玛公司每年可以节省 83.5 亿美元，其中大部分是因为不需要人工查看进货的条码而节省的劳动力成本。尽管另外一些分析师认为 80 亿美元这个数字过于乐观，但毫无疑问，射频识别技术有助于解决零售业两个最大的难题：商品断货和损耗（因盗窃和供应链被搅乱而损失的产品）。而单是盗窃一项，沃尔玛一年的损失就差不多有 20 亿美元。研究机构估计，这种 RFID 技术能够帮助把失窃和存货水平降低 25%。

问题：

1. 射频识别技术在生活中有哪些应用？
2. 射频识别技术在物流行业中有哪些价值？

任务一 认知 RFID 技术

一、RFID 的概念和特点

1. 射频技术

射频（Radio Frequency，RF）技术也称无线射频或无线电射频技术，是一种无线电通信技术，其基本原理是电磁理论，利用无线电波对记录媒介进行读写。

RF 技术以无线信道作为传输媒体，建网迅速，通信灵活，可以为用户提供快捷、方便、实时的网络连接，也是实现移动通信的关键技术之一。RF 技术的应用已渗透到商业、工业、运输业、物流管理、医疗保险、金融等众多领域。

2. 射频识别技术

射频识别（Radio Frequency Identification，RFID）技术是指利用射频信号及其空间耦合（交变磁场或电磁场）和传输特性进行非接触双向通信，实现对静止或移动物体的自动识别，并进行数据交换的一项自动识别技术。

简而言之，RFID 技术就是利用无线电波读写并交换数据信息的一种自动识别技术。

RFID 技术在历史上的首次应用可以追溯到第二次世界大战期间（约 20 世纪 40 年代），其当时被用于分辨敌方飞机与我方飞机。我方飞机上装载有高耗电量的主动式卷标（Active Tag），当雷达发出询问信号时，这些卷标就会做出适当的响应，借以识别出友军或敌军，此系统称为 IFF（Identify Friend or Foe）。1948 年哈里·斯托克曼发表的“利用反射功率的通信”一文奠定了 RFID 技术的理论基础。

到了 20 世纪 70 年代末期，美国政府通过 Los Alamos 科学实验室将 RFID 技术转移到社会。RFID 技术最先在畜牧业中得到商业应用。到了 20 世纪 80 年代，美国与欧洲的几家公司开始着手生产 RFID 卷标。目前，RFID 技术已经被广泛应用于各个领域，从门禁管制、牲畜管理到物流管理，都可以见到其踪迹。

RFID 技术的发展历程见表 4-1。

表 4-1　RFID 技术的发展历程

时　间	RFID 技术发展
1941—1950 年	雷达的改进和应用催生了 RFID 技术，1948 年奠定了 RFID 技术的理论基础
1951—1960 年	早期 RFID 技术的探索阶段，主要处于实验室的实验研究
1961—1970 年	RFID 技术的理论得到了发展，开始了一些应用尝试
1971—1980 年	RFID 技术与产品研发处于大发展时期，测试得到加速，出现了一些早期的 RFID 应用
1981—1990 年	RFID 产品进入商业应用阶段，各种封闭式系统应用开始出现
1991—2000 年	RFID 技术标准化问题日渐得到重视，RFID 产品得到广泛应用
2001 年至今	标准化问题日渐为人们所重视，产品更加丰富，电子标签成本不断降低

3. RFID 的特点

射频识别技术从 20 世纪 90 年代开始逐渐发展起来并走向成熟，被认为是一种较为先进和具有突破性的技术。相对于其他识别技术而言，射频识别技术的特点包括以下六方面。

（1）全自动快速识别多目标

RFID 阅读器利用无线电波，全自动瞬间读取标签的信息，并且可以同时识别多个 RFID 电子标签，从而能够对标签所对应的目标对象实施跟踪定位。

（2）应用面广

电子标签很小，因此可以轻易地嵌入或附着在不同类型、形状的产品上，读取时不受尺寸大小和形状限制，所以 RFID 技术的应用面很广。

（3）数据记忆量大

RFID 系统中电子标签包含存储设备，可以存储的数据很多，而且随着存储技术的进一步发展，存储容量会越来越大。

（4）环境适应性强

RFID 电子标签是将数据存储在芯片中，不会或比较少受到环境因素的影响，从而可以保证在环境恶劣的情况下正常使用。同时，RFID 利用的电磁波可以穿透纸张、木材和塑料等非金属或非透明的材质，由此具有很强的穿透性，而且可以长距离通信，进一步增强环境适应性。

（5）可重复使用

RFID 可以重复使用，可以增加、修改、删除电子标签中的数据，不像条码是一次性、不可改变的。

（6）安全性能高

RFID 电子标签中的信息，其数据内容可设密码保护，不易被伪造及修改，因此，使用 RFID 更具安全性。

总之，射频技术是条码技术的补充和发展。它规避了条码技术的局限性，为大量信息的存储、改写和远距离识读奠定了基础。

二、RFID 的工作原理和流程

1. RFID 的工作原理

RFID 的核心部件是电子标签，它又被称为远距离射频卡、远距离 IC 卡、射频标签、应答器、数据载体。通过几厘米到几米甚至十几米的距离内阅读器发出的无线电波，读取电子标签内存储的信息，通过耦合元件实现射频信号的空间（无接触）耦合，在耦合通道内，根据时序关系，实现能量的传递、数据的交换。射频识别系统可工作于各种恶劣环境，并可识别高速的运动物体，还可同时识别多个标签。另外，识别工作无须人工干预，可对标签所存储的信息进行读写，并可向标签内写入信息，操作快捷方便，是目前比较流行的识别技术。RFID 的基本模型如图 4-2 所示。

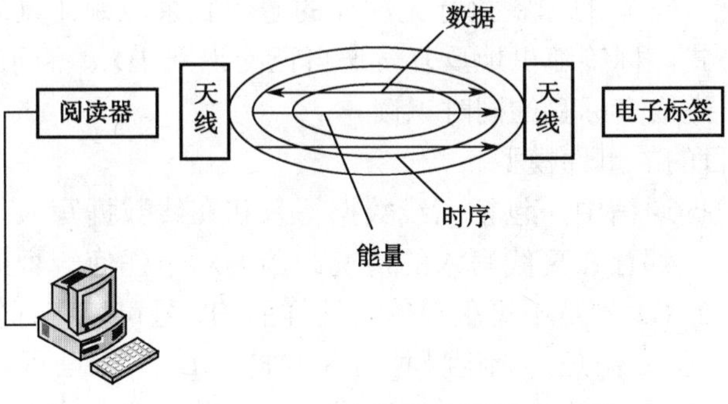

图 4-2 RFID 的基本模型

电子标签与阅读器之间通过耦合元件实现射频传号的空间（无接触）耦合；在耦合通道内，根据时序关系，实现能量的传递和数据的交换。发生在阅读器和电子标签之间的射频信号主要有电感耦合和电磁反向散射耦合。

（1）电感耦合

变压器模型，通过空间高频交变磁场实现耦合，依据的是电磁感应定律。电感耦合一般适合于中、低频工作的近距离射频识别系统，典型的工作频率有 125kHz、225kHz 和 13.56MHz。识别距离小于 1m，典型作用距离为 10～20cm。

（2）电磁反向散射耦合

雷达原理模型，发射出去的电磁被，遇到目标后反射，同时携带回目标信息，依据的是电磁波的空间传播规律。电磁反向散射耦合方式一般适合于高频、微波工作的远距离射频识别系统，典型的工作频率有 433MHz、915MHz、2.45GHz 和 5.8GHz。识别距离大于 1m，典型作用距离为 3～10m。

由图 4-2 可知，在射频识别系统的工作过程中，始终以能量为基础，通过一定的时序方式来实现数据的交换。因此，在 RFID 工作的空间通道中存在三种事件模型：以能量提供为基础的事件模型，以时序方式实现数据交换的实现形式事件模型，以数据交换为目的的事件模型。

① 阅读器向电子标签提供工作能量的事件模型。

对于无源标签（被动标签）而言，当标签离开射频识别场时，标签由于没有能量的激活而处于休眠状态；当标签进入射频识别场时，阅读器发射出来的射频波激活标签电路，标签通过整流的方法将射频波转换为电能存储在标签的电容里，从而为标签的工作提供能量，完成数据的交换。即对于半有源标签而言，射频场只起到了激活的作用。有源标签（主动标签）始终处于激活状态，即处于主动工作状态，和阅读器发射出的射频波相互作用，具有较远的识读距离。

② 时序方式实现数据交换的事件模型。

时序是指阅读器和标签的工作次序。对于无源标签而言，一般采用阅读器先讲的形式；对于多标签同时识读而言，可以采用阅读器先讲的形式，也可以采用标签先讲的形式；对于多标签同时识读来讲，“同时”只是相对的。为了实现多标签无冲撞同时识读，对于阅读器先讲的方式，阅读器先对一批标签发出隔离指令，使得阅读器识读范围内的多个电子标签被隔离，最后只保留一个标签处于活动状态与阅读器建立无冲撞的通信联系；通信结束后命令该标签进入休眠，指定一个新的标签执行无冲撞的通信联系。如此重复，完成多标签同时识读。对于标签先讲的方式，标签随机地反复发送自己的识别 ID，不同的标签可在不同的时间段被阅读器正确读取，完成多标签的同时识读。

③ 以数据交换为目的的事件模型。

阅读器向标签的数据通信中，包括离线数据写入和在线数据写入。无论是只读射频标签还是可读写的射频标签，都存在离线写入的情况。因为对于任何一个射频电子标签而言，其都具有唯一的 ID 号，而 ID 号是不可更改的。这样的 ID 号可以在标签制造时由工厂固化写入（工厂编程），终身不变。但是，无论哪种写入方式，ID 号一旦写入，就不能在 RFID 系统中更改，ID 号的写入也可以是非接触方式的写入。对于数据的在线写入而言，指的是可写标签。射频标签的可写性能对系统提出了较高的技术要求，要求具有较大的能量、较短的写入距离、较慢的写入速度、较低的数据写入速率、较复杂的写入校验过程等。这样，就在较大程度上提高了射频标签的成本，也在某种程度上增加了标签数据的安全隐患。从目前市场上的射频标签系统来看，可读写的标签系统并不多，而且写入性能也不是很高。因此，在大多数应用场合，使用的都是只读 RFID 系统，都是运用后台来支持标签的数据属性的。

2. 工作流程

RFID 系统在工作过程中，通常由阅读器在一个区域内发射射频能量形成电磁场，作用距离的大小取决于发射功率。标签通过这一区域时被触发，发送存储在标签中的数据，或根据阅读器的指令改写存储在标签中的数据。阅读器可接收标签发送的数据或向标签发送数据，并能通过标准接口与计算机网络进行通信，如图 4-3 所示。

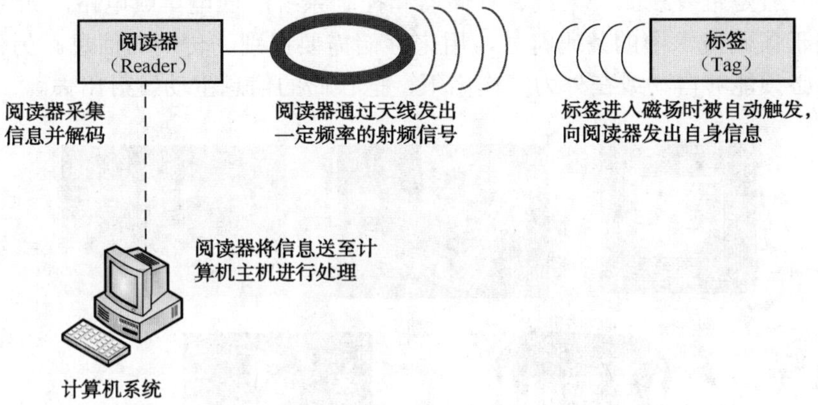

图 4-3　RFID 系统的工作流程

综上所述，RFID 系统的具体工作流程如下。

① 编程器预先将数据信息写入标签中。

② 阅读器通过发射天线向外发射无线电载波信号。

③ 当射频标签进入阅读器的工作区域时，标签被激活后立即将自身信息发射出去。

④ 系统的接收天线接收到标签发出的载波信号，经天线的调节器传给阅读器，阅读器对接到的信号进行解调解码，送至后台计算机。

⑤ 计算机控制器根据逻辑运算判断标签的合法性，针对不同的设定做出相应的处理和控制，发出指令信号控制执行机构的运作。

⑥ 执行机构按计算机的指令动作。

⑦ 通过计算机通信网络将各个监控点连接起来，构成总控信息平台。

知识链接

编程器

编程器是向标签写入数据的装置，只有可读写标签系统才需要编程器。编程器写入数据一般是离线（off-line）完成的，也就是预先在标签中写入数据，等到开始应用时直接将标签粘附在被标识项目上。也有一些 RFID 应用系统，写数据是在线（on-line）完成的，尤其是在生产环境中作为交互式便携数据文件来处理时。

三、RFID 系统的构成和分类

1. RFID 系统的构成

RFID 系统在具体应用过程中，根据环境和目的不同，组成部分会有所不同。一般情况下，最基本的 RFID 硬件系统由电子标签（Tag）、阅读器（Reader）和天线（Antenna）三个部分组成。

（1）电子标签

电子标签一般是带有线圈、天线、存储器和控制系统的低电集成电路，如图 4-4 所示。电子标签相当于条码技术中的条码符号，用来存储需要识别、传输的信息。另外，与条码不同的是，标签必须能够自动或在外力的作用下，把存储的信息主动发射出去。

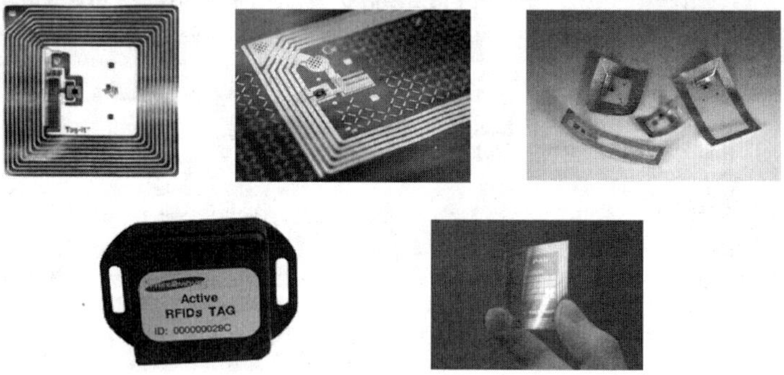

主动式标签　　被动式标签

图 4-4　各种 RFID 标签

电子标签可分为主动式标签和被动式标签两种。

① 主动式标签。

主动式标签内含电源，用自身的射频能量主动地发射数据给阅读器，其工作可靠性高，信号传送距离远。主动式标签还可通过设计电池的不同寿命对标签的使用时间或使用次数进行限制。主动式标签用在需要限制数据传输量或者使用数据有限制的地方，如一年内，标签只允许读写有限次。因为主动式标签的结构相对复杂，所以外形较大，价格更昂贵。主动式标签的缺点主要是标签的使用寿命受到限制，而且随着标签内电池电力的消耗，数据传输的距离会越来越小，因而影响系统的正常工作。

② 被动式标签。

被动式标签的通信能量依靠外界提供（即从阅读器发射的电磁波中获得）。被动式标签既有不含电源（无源）的标签，也有含电源（有源）的标签。含有电源的标签，电源只为芯片运转提供能量，这种标签也被称为半主动标签。被动式标签具有永久的使用期，常常用在标签信息需要每天读写或频繁读写的地方，而且被动式标签支持长时间的数据传输和永久性的数据存储。被动式标签的缺点主要是数据传输的距离要比主动式标签短，因为被动式标签依靠外部的电磁感应供电，它的电能就比较弱，数据传输的距离和信号强度就受到限制，需要敏感性比较高的阅读器才能可靠识读。相比主动式标签，被动式标签的结构较简单，外形更加小巧，价格更便宜，因此，被动式标签比主动式标签具有更广泛的应用领域。

（2）阅读器

在射频识别系统中，阅读器又称解读器或识读器，是读取（有时还可写入）标签信息的设备，如图 4-5 所示。

图 4-5 各种 RFID 阅读器

根据支持的标签类型与完成的功能不同，阅读器的复杂度是显著不同的。阅读器一般由 RF 模块、控制模块和外围电路组成。其中 RF 模块是阅读器的核心单元，主要由射频电路和射频芯片构成，可以完成与电子标签的各种互动功能。阅读器基本的功能就是利用射频技术读取标签信息，或将信息写入标签，然后通过计算机及网络系统进行管理和信息传输。另外，阅读器还提供相当复杂的信号状态控制、奇偶错误校验与更正等功能。

注意，射频标签和阅读器必须调制到相同的频率才能工作。LF、HF、UHF 就分别对应着不同频率的射频。LF 代表低频信号，在 125kHz 左右；HF 代表高频射频，在 13.56MHz 左右；UHF 代表超高频射频，在 868～915MHz；还有 2.4GHz 的微波阅读器。阅读器的频率见表 4-2。

表 4-2 适用于不同用途的阅读器频率

名　称	频率范围	现有 ISO 标准	主要应用
低频	125～134kHz	11784/85， 14223	门禁控制、固定设备、天然气、洗衣店
高频	13.56MHz	18000—3.1/14443	图书馆、产品跟踪、货架、运输
	JM13.56MHz	18000—3.1/115693， A， B 和 C	空运、邮局、医药、烟草
超高频	868～915MHz	EPC C0， C1， C2， G2	货架、卡车、拖车跟踪
微波	2.45～5.8GHz	18000—4	收费站、集装箱

由于世界上各国无线电频率应用情况及管理体制不同，目前各国政府对本国内使用 RFID 的频段规定也不尽相同。美国联邦无线电委员会（FCC）在 860～960MHz 频段设置了 16MHz 的带宽供 RFID 技术应用，并允许 RFID 在该频段范围内采用跳频技术，这对美国的众多企业推广 RFID 技术的应用有极大的促进作用。欧盟允许在 865～868MHz 频段中使用 RFID，每 200kHz 作为一个载波频率。日本分配了 950～956MHz 频段用于使用 RFID 技术，由于与业务无线电冲突的原因，433MHz 频率在日本不允许采用。我国目前暂时没有出台专门的 RFID 频率规划方案。

（3）天线

天线是标签与阅读器之间传输数据的发射、接收装置，如图 4-6 所示。在实际应用中，除了系统功率，天线的形状和相对位置也会影响数据的发射和接收，需要专业人员对系统的天线进行设计、安装。任何一个 RFID 系统都至少包含一根天线（不管是内置还是外置）以发射和接收射频信号，所用天线的形状和数量视具体情况而定。有些 RFID 系统由一根天线完成发射和接收任务，有些 RFID 系统则将用于发射和接收的天线分开装置。

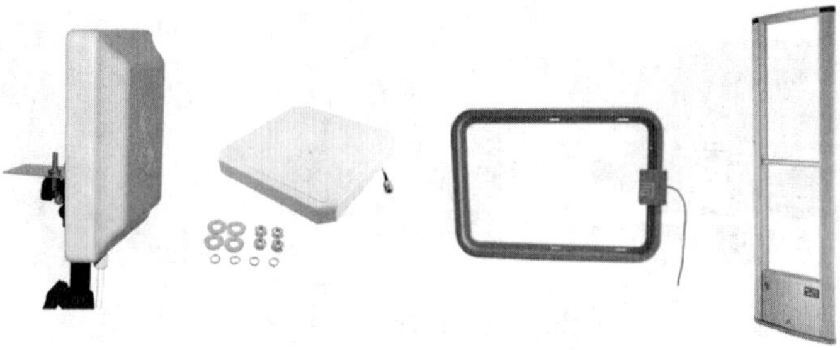

图 4-6　各种 RFID 天线

2. RFID 系统的分类

（1）按作用距离分类

按作用距离不同，RFID 系统可分为密耦合、遥耦合和远距离系统 3 类。

① 密耦合系统。

具有很小的作用距离，典型的范围为 0～1cm，这种系统称为密耦合系统，即紧密耦合系统，必须把应答器插入阅读器中，或者放置在阅读器为此设定的表面上。

② 遥耦合系统。

把写和读的作用距离为 1cm 至 1m 的系统称为遥耦合系统。所有遥耦合系统在阅读器和应答器之间都是电感耦合。遥耦合中又分为近耦合（典型距离为 15cm）和远耦合（距离大约为 1m）。

③ 远距离系统。

远距离系统典型的作用距离为 1～10m，个别的系统也有更大的作用距离。所有远距离系统都是在微波范围内用电磁波工作的，发送频率通常是 2.4GHz。

（2）按系统完成的功能分类

根据 RFID 系统完成的功能不同，可以粗略地把 RFID 系统分成 4 种类型：EAS 系统、便携式数据采集系统、物流控制系统、定位系统。

① EAS 系统。

EAS（Electronic Article Surveillance）系统是一种设置在需要控制物品出入的门口的 RFID 技术。这种技术的典型应用场合是商店、图书馆、数据中心等地方，当未被授权的人从这些地方非法取走物品时，EAS 系统会发出警告。在应用 EAS 技术时，首先在物品上粘贴 EAS 标签，当物品被正常购买或者合法移出时，在结算处通过一定的装置使 EAS 标签失去活动性，物品就可以被取走。物品经过装有 EAS 系统的门口时，EAS 装置能自动检测标签的活动性，发现活动性标签后 EAS 系统会发出警告。EAS 技术的应用可以有效防止物品被盗，不管是大件的商品，还是很小的物品。应用 EAS 技术，物品不用再锁在玻璃橱柜里，可以让顾客自由地观看、检查商品，这在自选日益流行的今天有着非常重要的现实意义。典型的 EAS 系统一般由 3 部分组成：附着在商品上的电子标签，即电子传感器；电子标签灭活装置，以便授权商品能正常出入；监视器，在出口设置一定区域的监视空间。

EAS 系统的工作原理如下：在监视区，发射器以一定的频率向接收器发射信号，发射器与接收器一般安装在零售店、图书馆的出入口，形成一定的监视空间。当具有特殊特征的标签进入该区域时，会对发射器发出的信号产生干扰，这种干扰信号也会被接收器接收，再经过微处理器的分析判断，就会控制警报器鸣响。根据发射器所发出的信号不同以及标签对信号干扰原理不同，EAS 可以分成许多种类型。关于 EAS 技术最新的研究方向是标签的制作，人们正在研究 EAS 标签能不能像条码一样，在产品的制作或包装过程中加进产品，成为产品的一部分。

② 便携式数据采集系统。

便携式数据采集系统使用带有 RFID 阅读器的手持式数据采集器采集 RFID 标签上的数据。这种系统具有比较大的灵活性，适用于不宜安装固定式 RFID 系统的应用环境。手持式阅读器（数据输入终端）可以在读取数据的同时，通过无线电波数据传输方式（RFDC）实时地向主计算机系统传输数据，也可以暂时将数据存储在阅读器中，再一批一批地向主计算机系统传输数据。

③ 物流控制系统。

在物流控制系统之中，固定布置的 RFID 阅读器分散布置在给定的区域，并且阅读器直接与数据管理信息系统相连，信号发射机是移动的，一般安装在移动的物体或人上面。当物体或人流经阅读器时，阅读器会自动扫描标签上的信息并把数据信息输入数据管理信息系统存储、分析、处理，达到控制物流的目的。

④ 定位系统。

定位系统用于自动化加工系统中的定位，以及对车辆、轮船等进行运行定位支持。阅读器放置在移动的车辆、轮船上或者自动化流水线中移动的物料、半成品、成品上，信号发射机嵌入操作环境的地表下面。信号发射机上存储有位置识别信息，阅读器一般通过无线的方式或者有线的方式连接到主信息管理系统。

（3）按工作频率分类

按工作频率分类，可分为低频、高频、超高频和微波系统。工作频率在 125～134kHz 的称为低频标签，它主要应用于门禁、考勤、车辆管理、防盗等领域；工作频率在 13.56MHz 或 JM13.56MHz 的称为高频标签，主要应用于物流管理领域（感应距离为 3m）；工作频率在 868～915MHz 的称为超高频标签，它主要应用于货架、卡车、拖车跟踪等领域；工作频率在 2.4～5.8GHz 的标签称为微波标签，现用于收费站、集装箱等领域。

（4）其他分类方法

RFID 系统根据应答器内部是否装有电池为其供电，可分为有源系统和无源系统两大类，电子标签属于无源系统；根据应答器保存信息注入的方式可分为集成电路固化式、现场有线改写式和现场无线改写式三大类，电子标签属于现场无线改写式；根据读取电子标签数据的技术实现手段，可分为广播发射式、倍频式和反射调制式三大类。

任务二　掌握 RFID 的标准体系

由于 RFID 的应用涉及众多行业，因此其相关的标准盘根错节，非常复杂。RFID 标准可以分为以下四类：技术标准（如 RFID 技术、IC 卡标准等），数据内容与编码标准（如编码格式、语法标准等），性能与一致性标准（如测试规范等），应用标准（如船运标签、产品包装标准等）。

与 RFID 技术和应用相关的国际标准化机构主要有：ISO、国际电工委员会（IEC）、国际电信联盟（ITU）、世界邮联（UPU）。此外还有其他的区域性标准化机构（如 EPC Global、UID Center、CEN）、国家标准化机构（如 BSI、ANSI、DIN）和产业联盟（如 ATA、AIAG、EIA）等也制定与 RFID 相关的区域、国家或产业联盟的标准，并通过不同的渠道提升为国际标准。

一、RFID 的主要技术标准体系

目前 RFID 存在 3 个主要的技术标准体系，即总部设在美国麻省理工学院（MIT）的 EPC Global、日本的泛在 ID 中心（Ubiquitous ID Center，UIC）和 ISO 标准体系。

1. EPC Global

EPC Global 是由国际物品编码协会（EAN）和美国统一代码协会（UCC）于 2003 年 9 月共同成立的非营利性组织，其前身是 1999 年 10 月 1 日在美国麻省理工学院成立的非营利性组织 Auto-ID（自动识别）中心。

Auto-ID 中心以创建物联网（Internet of Things）为使命，与众多成员企业共同制定一个统一的开放技术标准。旗下有沃尔玛集团、英国 Tesco 等 100 多家欧美的零售流通企业，同时有 IBM、微软、飞利浦、Auto-ID Lab 等公司提供技术研究支持。

目前，EPC Global 已经在加拿大、日本、中国等国建立了分支机构，专门负责 EPC 码段在这些国家的分配与管理、EPC 相关技术标准的制定、EPC 相关技术的宣传普及以及推广应用等工作。

EPC Global 的“物联网”体系架构由 EPC 编码、EPC 标签与读写器、EPC 中间件、ONS 服务器和 EPCIS 服务器等部分构成。

EPC（Electronic Product Code）即产品电子代码。EPC 系统是一个非常先进的、综合性的复杂系统。其最终目标是为每一单品建立全球的、开放的标识标准。它由 EPC 编码体系、射频识别系统及信息网络系统三部分组成，主要包括 6 个方面的内容，见表 4-3。

表 4-3　EPC 系统的构成

系统构成	名　称	注　释
EPC 编码体系	EPC 编码标准	用来识别目标的特定代码
射频识别系统	EPC 标签	贴在物品之上或者内嵌在物品之中
	EPC 读写器	识读 EPC 标签
信息网络系统	EPC 中间件	EPC 系统的软件支持系统
	对象名称解析服务	
	EPC 信息服务（EPC IS）	

（1）EPC 编码体系

EPC 编码体系是新一代的与 GTIN 兼容的编码标准，它是全球统一标识系统的拓展和延伸，是全球统一标识系统的重要组成部分，是 EPC 系统的核心与关键。

EPC 代码是由标头、厂商识别代码、对象分类代码、序列号等数据字段组成的一组数字，具体结构见表 4-4。

表 4-4 EPC 编码结构

编 码	标 头	厂商识别代码	对象分类代码	序 列 号
EPC-96	8	28	24	36

当前，出于成本等因素的考虑， EPC 测试所使用的编码标准采用的是 64 位、96 位的数据结构，未来也可扩展为 256 位。采用 96 位的编码体系就可以为 2.68 亿个公司赋码，为 680 亿个独立产品编码。

（2）射频识别系统

EPC 射频识别系统是实现 EPC 代码自动采集的功能模块，由射频标签和射频识读器组成。射频标签是 EPC 的载体，附着于可跟踪的物品上在全球流通。射频识读器与信息系统相连，是读取标签中的 EPC 代码并将其输入网络信息系统的设备。EPC 系统射频标签与射频识读器之间利用无线感应方式进行信息交换，具有非接触识别、快速移动物品识别和多个物品可同时识别的特点。

EPC 射频识别系统为数据采集最大限度地降低了人工干预，实现了完全自动化，是物联网形成的重要环节。

① EPC 标签：EPC 标签是产品电子代码的信息载体，主要由天线和芯片组成。EPC 标签中存储的唯一信息是 96 位或者 64 位产品电子代码。为了降低成本，EPC 标签通常是被动式射频标签。

② EPC 读写器：读写器是用来识别 EPC 标签的电子装置，与信息系统相连实现数据的交换。读写器使用多种方式与 EPC 标签交换信息，近距离读取被动标签最常用的方法是电感耦合方式。只要靠近，盘绕读写器的天线与盘绕标签的天线之间就形成了一个磁场。标签就利用这个磁场发送电磁波给读写器，返回的电磁波被转换为数据信息，也就是标签中包含的 EPC 代码。

读写器的基本任务就是激活标签，与标签建立通信，并且在应用软件和标签之间传送数据。EPC 读写器和网络之间不需要 PC 作为过渡，所有的读写器之间的数据交换都可以通过一个对等的网络服务器进行。读写器的软件提供了网络连接能力，包括 Web 设置、动态更新、TCP/IP 读写器界面、内建兼容 SQL 的数据库引擎。Auto-ID Lab 提出的 EPC 读写器工作频率为 860～960MHz。

（3）信息网络系统

信息网络系统由本地网络和互联网组成，是实现信息管理、信息流通的功能模块。EPC 系统的信息网络系统在全球互联网的基础上，通过 EPC 中间件以及对象名称解析服务（Object Name Service，ONS）和 EPC 信息服务（EPC Information Service，EPC IS）三大部分来实现全球的“实物互连”。其中，EPC 中间件起到了系统管理的作用，ONS 起到了寻址的作用，EPC IS 起到了产品信息存储的作用。

① EPC 中间件：EPC 中间件是具有一系列特定属性的“程序模块”或“服务”，并被用

户集成以满足他们的特定需求，EPC 中间件以前被称为 SAVANT。

EPC 中间件是加工和处理来自读写器的所有信息和事件流的软件，是连接读写器和企业应用程序的纽带，主要任务是在将数据送往企业应用程序之前进行标签数据校对、读写器协调、数据传送、数据存储和任务管理。图 4-7 描述了 EPC 中间件与其他应用程序的通信。

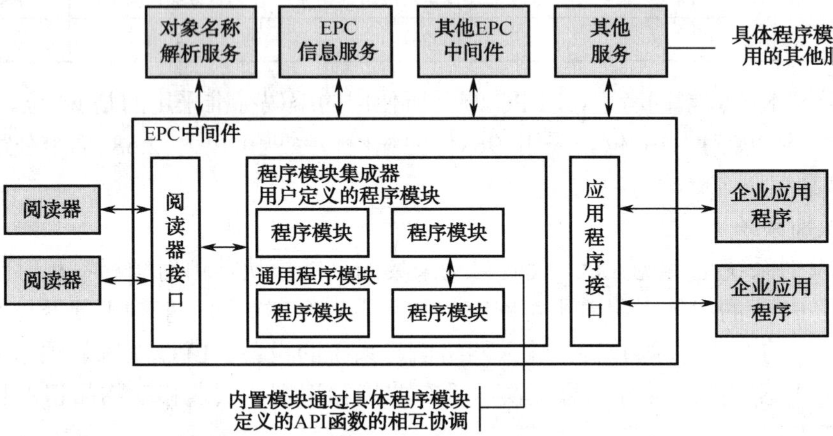

图 4-7　EPC 中间件与其他应用程序的通信

② 对象名称解析服务：ONS 是一个自动的网络服务系统，类似于域名解析服务（Domain Name Service，DNS），ONS 服务器根据 EPC 编码及用户需求进行解析，以确定与 EPC 编码相关的信息存放在哪个 EPC IS 服务器上。

ONS 是联系 EPC 中间件和 EPC 信息服务的网络枢纽，并且 ONS 设计与架构都以因特网域名解析服务（DNS）为基础，因此，可以使整个 EPC 网络以因特网为依托，迅速架构并顺利延伸到世界各地。

③ EPC 信息服务：EPC IS 提供了一个模块化、可扩展的数据和服务的接口，使得 EPC 的相关数据可以在企业内部或者企业之间共享。EPC IS 服务器存储并提供与 EPC 相关的各种信息。这些信息通常以 PML 的格式存储，也可以存放于关系数据库中。

2. 泛在 ID 中心

日本在电子标签方面的发展，始于 20 世纪 80 年代中期的实时嵌入式系统 TRON。T-Engine 是其中核心的体系架构。

在 T-Engine 论坛领导下，泛在 ID 中心于 2003 年 3 月成立，并得到了日本政府经产省和总务省以及大企业的支持，包括微软、索尼、三菱、日立、日电、东芝、夏普、富士通、NTT DoCoMo、KDDI 等重量级企业。

泛在 ID 中心的泛在识别技术体系架构由泛在识别码（uCode）、信息系统服务器、uCode 解析服务器和泛在通信器 4 部分构成。

uCode 采用 128 位记录信息，提供了 340×10^{36} 编码空间，并可以以 128 位为单元进一步拓展至 256、384 或 512 位。uCode 能包容现有编码体系的元编码设计，可以兼容多种编码，包括 JAN、UPC、ISBN、IPv6 地址，甚至电话号码。uCode 标签具有多种形式，包括条码、射频标签、智能卡、有源芯片等。泛在 ID 中心把标签进行分类，设立了 9 个级别的不同认证标准。

信息系统服务器用来存储并提供与 uCode 相关的各种信息。

uCode 解析服务器确定与 uCode 相关的信息存放在哪个信息系统服务器上。uCode 解析服务器的通信协议为 uCodeRP 和 eTP，其中 eTP 是基于 eTron（PKI）的密码认证通信协议。

泛在通信器主要由 IC 标签、标签读写器和无线广域通信设备等部分构成，用来把读到的 uCode 送至 uCode 解析服务器，并从信息系统服务器获得有关信息。

3. ISO 标准体系

ISO 以及其他国际标准化机构如 IEC、ITU 等是 RFID 国际标准的主要制定机构。大部分 RFID 标准都是由 ISO（或与 IEC 联合组成）的技术委员会（TC）或分技术委员会（SC）制定的。目前常用的 RFID 国际标准主要有用于动物识别的 ISO 11784 和 ISO 11785，用于非接触智能卡的 ISO 10536（Close coupled cards）、ISO 15693（Vicinity cards）、ISO 14443（Proximity cards），用于集装箱识别的 ISO 10374 等。有些标准正在形成和完善之中，比如用于供应链的 ISO 18000 无源超高频（860～930MHz 载波频率）部分的 C1G2 标准。

二、电子产品编码标准

RFID 是一种只读或可读写的数据载体，它所携带的数据内容中最重要的是唯一标识号。因此，唯一标识体系以及它的编码方式和数据格式，是我国电子标签标准中的一个重要组成部分。

1. 产品电子代码（EPC）

EPC 是由 EPC Global 组织各应用方协调一致的编码标准，可以实现对所有实体对象（包括零售商品、物流单元、集装箱、货运包装等）的唯一有效标识。

EPC 是由一个版本号加上域名管理者、对象分类、序列号 3 段数据组成的一组数字。其中 EPC 的版本号标识 EPC 的长度或类型；域名管理者描述与此 EPC 相关生产厂商的信息；对象分类记录产品精确类型的信息；序列号用于唯一标识货品单件。

EPC 与目前应用最成功的商业标准 EAN·UCC 全球统一标识系统是兼容的，成为 EAN·UCC 系统的一个重要组成部分，是 EAN·UCC 系统的延续和拓展，是 EPC 系统的核心与关键。

2. EAN·UCC

EAN 成立于 1977 年，是基于比利时法律规定建立的一个非营利性国际组织，总部设在比利时首都布鲁塞尔。EAN 的目的是建立一套国际通行的全球跨行业的产品、运输单元、资产、位置和服务的标识标准体系和通信标准体系，即“全球商业语言——EAN·UCC 系统”。EAN 的前身是欧洲物品编码协会，现主要负责除北美以外的 EAN·UCC 系统的统一管理及推广工作。目前，其会员遍及 90 多个国家和地区，全世界已有约 90 万家企业通过各国或地区的编码组织加入 EAN • UCC 系统中。近年来，EAN 加强了与 UCC 的合作，先后两次达成 EAN/UCC 联盟协议，以共同开发、管理 EAN • UCC 系统。

3. GB 18937（NPC）

强制性国家标准 GB 18937《全国产品与服务统一代码编制规则》规定了全国产品与服务统一代码（NPC）的适用范围、代码结构及其表现形式。

全国产品与服务统一代码按照国家标准《全国产品与服务统一代码编制规则》的要求编制，目前已经广泛用于电子设备、食品、建材、汽车、石油化工、农业、专业服务等领域。

根据国内外对海量赋码对象进行赋码的一般规律，全国产品与服务统一代码按照全数字、最长不超过 14 位、便于维护机构维护和管理的原则设计，由 13 位数字本体代码和 1 位数字校验码组成，其中本体代码采用序列顺序码或顺序码进行编排。

三、RFID 的应用标准

RFID 在行业上的应用标准包括动物识别、道路交通、集装箱识别、产品包装、自动识别等。整个应用标准的基本结构如图 4-8 所示。

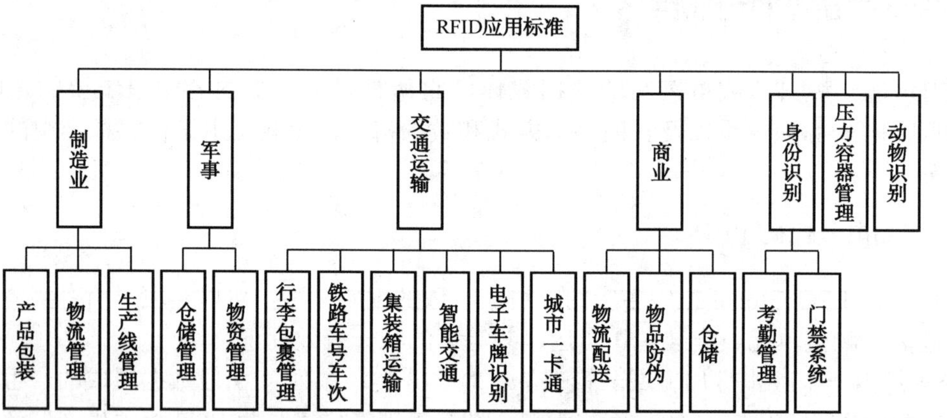

图 4-8　RFID 应用标准的基本结构

我国 RFID 技术与应用的标准化研究工作起步比国际上要晚 4～5 年，2003 年 2 月国家标准化委员会颁布强制标准《全国产品与服务统一代码编制规则》，为中国实施产品的电子标签化管理打下基础，并确定首先在药品、烟草防伪和政府采购项目上实施。此外，我国制定的 RFID 领域技术标准采用 ISO/IEC 15693 系列标准，该系列标准与 ISO/IEC 18000—3 相对应，均在 13.56MHz 的频率下工作，前者以卡的形式封装。目前，在这一频率下工作的电子标签技术已相对成熟。

RFID 技术的广泛应用蕴藏着巨大的产业利益，在充分考虑我国国情的前提下，应该参照或引用 ISO、IEC、ITU 等国际标准并做出本地化修改，这样能尽量避免引起知识产权争议，掌握国家在电子标签领域发展的主动权。RFID 技术的应用还涉及国家安全利益、信息控制利益等，在这一点上我国政府主管部门应高度关注。

任务三　掌握 RFID 技术在物流中的应用

近年来，随着 RFID 技术的推广应用，我国 RFID 的市场规模呈现出良好的发展态势。我国的 RFID 应用主要集中在中低频领域，在身份识别、安全门禁、电子购票、交通等领域得到了一定规模的应用。而高频 RFID 应用主要集中在政府部门的试点项目，整体规模不大，其中最典型的应用系统是铁路运输的车辆调度系统（ATIS）、海关的自动验放系统和高速公路自动收费系统。在全国铁路调度和统计系统中，已有 55 万辆机车安装了无源 RFID 标签；国内多个省的高速路段已经开始使用 RFID 进行联网收费；上海市质量技术监督局也已经应用 RFID 对全市 16 万个液化石油气瓶、1 万个剧毒化学品容器、10 万箱烟花爆竹和 4 万辆出租车的车载计价器进行电子跟踪。此外，香港机场、中国重汽卡车公司、杭州卷烟厂和昆明市烟草公司率先采用了 RFID 技术，并获得了实实在在的效益。

虽然目前我国高频 RFID 的应用规模较小，但随着标签价格的逐渐下降和行业应用环境的逐步完善，物流和供应链管理将成为 RFID 的重要发展领域，整个 RFID 市场将得到极大的推动。RFID 技术在现代物流中的应用主要在以下几个领域。

一、RFID 技术在生产物流环节的应用

RFID 技术在生产环节主要用于生产线的自动化运作。在自动化生产过程中应用 RFID 技术，可以快速、准确地从种类繁多的库存中找出适当工位所需要的适当原材料和零部件，并结合运输系统及相应的传输设备，实现物料的转移，从而实现对原材料、零部件、半成品和成品的整个生产过程的识别和跟踪，降低人工识别成本和出错率，提高生产效率。

此外，应用 RFID 技术还能对生产过程实现自动监控，及时根据生产进度发出补货信息，从而协助生产管理人员实现对流水线的协调控制，确保稳步生产；另一方面，也可以加强对产品质量的控制与跟踪。

知识链接

用于汽车装配流水线的 RFID

德国宝马汽车公司在装配流水线上应用 RF 卡以尽可能大量地生产用户定制的汽车。宝马汽车是基于用户提出的要求式样而生产的，用户可以从上万种内部和外部选项中选定自己所需车的颜色、发动机型号及轮胎式样等。这样一来，汽车装配流水线上就得装配上百种式样的宝马汽车，如果没有一个经过高度组织的、复杂的控制系统，则很难完成这样复杂的任务。宝马公司就在其装配流水线上配有 RFID 系统，他们使用可重复使用的 RF 卡，该 RF 卡带有详细的装配汽车的所有要求，在每个工作点都有读写器，这样可以保证汽车在各个流水线位置能毫不出错地完成装配任务。

二、RFID 技术在销售物流环节的应用

RFID 技术应用于销售物流环节，能够改进零售商的库存管理水平，提高商品的可视度，实现及时补货，提高商品管理效率，降低出错率，减少因商品断货造成的损失，有效减少商品偷窃等现象；同时，RFID 系统能够对某些特殊商品进行监控，如监控时效性商品的有效期限。此外，零售商还能够利用 RFID 系统在收银台实现商品的自动扫描和计费，以此取代人工收费方式，大大降低劳动力成本。因此，RFID 技术应用于零售环节，能够提高商品管理的效率，提高服务质量。

以世界零售巨头沃尔玛为例，其早在 2004 年便公布了 RFID 计划，从如今的发展来看，沃尔玛从 RFID 应用中收益颇丰。公布的数据显示，应用 RFID 后沃尔玛的产品脱销率降低了 32%，远高于原先预计的 16%，脱销率的降低从根本上来说得益于 RFID 能够有效帮助监控入库货箱以及上架货箱的数量，然后再将这些数据及时和 POS 所提供的销售数据对比，从而提供更合理、准确的补货决策。

三、RFID 技术在存储环节的应用

RFID 在存储环节主要应用于存取货物与库存盘点两个方面。

在存取货物时应用 RFID 技术，需要将标签贴于每一件货物的包装或托盘上，在标签中写入货物的相关信息，同时在货物出入库时在标签中写入货物存取的相关信息，在仓库内设置阅读器，就可以实现对货物的存取控制，实现自动化的存货和取货等操作。这样增强了作业的准确性和快捷性，提高了服务质量，降低了成本，节省了劳动力和库存空间，同时减少了整个物流中由于商品误置、送错、偷窃、损坏等造成的损耗。

RFID 的另一个好处是在库存盘点时，利用标签中提供的有关货物库存情况的准确信息，不需要人工检查或扫描条码，仓管人员可以快速识别并统计现有库存状况，从而实现快速盘点，这样更加快速准确，并且减少了损耗，最大限度地减少存储成本。

知识链接

RFID 提升麦德龙的供应链竞争力

麦德龙集团（METRO Group）是世界第三大零售商，当它宣布计划在整个供应链及其位于德国 Rheinberg 的“未来商店”采用 RFID 技术时，业界众说纷纭，其中不少人抱怀疑的态度。然而随着麦德龙采用 RFID 的举措取得实效，预期采用 RFID 技术所得到的节省时间、降低成本及改进库存管理等运营优势一一兑现，外界原来质疑的眼光变成欣羡，而麦德龙也决定加快其部署 RFID 方案的步代，从试验试点转为正式投入使用。

麦德龙首席信息官 Zygmunt Mierdorf 表示：“我们使用 RFID 方案后取得的日常工作改进成果可谓立竿见影，正如设想一样，仓库及商店的货品交收程序大幅度提速，过往浪费于送货的时间大大减少。此外，RFID 协助我们找出并纠正货品处理流程中薄弱的环节，货品在仓库上架的工序也有改进，总的来说，我们的工作效率提高了，而商店脱货的情况则减少了。”麦德龙在欧洲及亚洲 30 个国家及地区设有百货商店、大型超级市场和杂货店。

2002 年，它公布其“未来商店”（Future Store）计划，号召了 50 多家伙伴携手开发及测试崭新的应用程序，涵盖零售供应链的各个环节，包括物流及零售店内顾客体验等方面。在 RFID 读写器方面，麦德龙只选择了两家供应商伙伴合作，其中一家便是 Intermec。Intermec 参与了麦德龙多个大型的 RFID 试点计划。

2004 年 11 月，当大部分的 RFID 厂商还在关注 EPC Global 第二代 RFID 标准的最终敲定和行将实施的强迫性标签项目期限时，麦德龙的托盘追踪应用已经完成试行，正式投入运行。2005 年 1 月，其他供应链项目刚启用，而第二代标准的细节尘埃落定，麦德龙已率先庆祝“成功实施 RFID 百天纪念”。在这 100 天里，麦德龙通过使用 Intermec 的 Intellitag RFID 读写器，成功识别超过 50000 个托盘，其标签的识读率更超过 90%。此外，麦德龙正式实施 RFID 所取得的成效与试验计划相仿：仓储人力开支减少了 14%，存货到位率提高了 11%，以及货物丢失率降低了 18%。

2005 年 3 月，麦德龙连同 Intermec 以及飞利浦电子公司演示了 EPC 第二代 RFID 系统的首个商业应用，示范了从以 ISO 18000—6B 为基础的系统升级到 ISO、EPC 和 ETSI 兼容系统的简便途径，满足真正全球供应链的需要。

（资料整理来源：RFID 资讯网，http://case.rfid360.cn/200704/3726.html.）

问题：

1. RFID 技术的应用给麦德龙带来了哪些效益？
2. 供应链上的企业实施 RFID 项目应该注意哪些方面？

四、RFID 技术在运输环节的应用

RFID 技术应用在运输环节主要是用于对货物的跟踪、管理和监控。

在货物运输过程中，可以在货物和货运车辆上贴上 RFID 标签，同时在运输线路的一些检查点以及仓库、码头、车站、机场等关键地点安装上 RFID 阅读器。当阅读器接收到 RFID 标签发出的信息后，可以将货物当前的状况以及所在的地理位置等信息传送至阅读器，再由阅读器传送给运输调度中心的数据库。

通过应用 RFID 技术，企业可以随时了解货物的运输情况，方便对在途货物进行管理。因此，RFID 技术为货物的跟踪、管理和监控提供了快捷、准确、自动化的手段。在运输领域，以 RFID 技术为核心的集装箱自动识别系统，已成为全球范围最大的货物跟踪管理应用系统。

集装箱自动识别系统的工作过程如下：将记录有集装箱号、箱型、装载货物的种类和数量等信息的标签安装在集装箱上，当载有集装箱的运输工具经过安装有识别设备的公路、铁路的出入口以及码头的检查门时，阅读器发出无线电波，RFID 标签自动感应后将相应的数据返回到阅读器，从而将标签上保存的信息传输到后台管理系统，实现集装箱的动态跟踪与管理。

集装箱自动识别系统一般都使用被动式的 RFID 标签，在集装箱码头上的应用较多。就国内而言，由于目前使用 RFID 技术的集装箱还不是很多，而且需要对原有的系统平台做比

较大的改造，所以国内集装箱码头应用较多的是基于视频技术的识别系统。

五、RFID 技术在配送环节的应用

RFID 技术在配送环节主要用于提高配送的速度和效率。

当贴有 RFID 标签的货物进入配送中心时，配送中心的阅读设备可以读取所有货物标签中所包含的信息，配送系统将这些信息与发货记录进行核对，以检测可能出现的错误，然后将 RFID 标签中的信息更新到最新状态，并且根据要求对货物进行下一步处理，确保对货物的精确控制。因此，RFID 技术的应用能够大大加快配送的速度，提高分拣过程的效率与准确率。

六、RFID 技术在交通领域的应用

RFID 技术在交通领域的应用主要有以下几个方面。

1. 电子不停车收费系统

电子不停车收费系统是一种用于公路、大桥和隧道的电子自动收费系统。它应用 RFID 技术，通过路侧阅读器与车载电子标签之间的专用路程通信，在不需要司机停车和其他收费人员进行任何操作的情况下，自动完成收费处理过程，如图 4-9 所示。该系统充分体现了非接触式识别技术的优势，解决了交通的瓶颈问题，提高了收费结算效率。

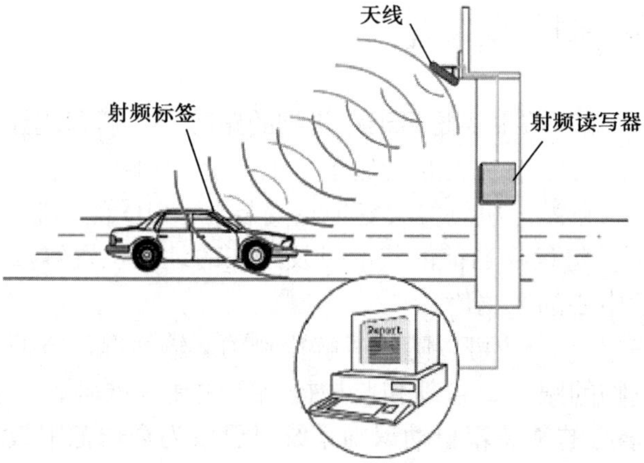

图 4-9 电子不停车收费系统工作示意图

2. 海关码头电子车牌系统

该系统通过对来往的车辆发放车载电子标签，并在关键的出入监控点安放 RFID 识读设备，可以在安装电子车牌的监管车辆通过监控通道时，准确、及时地采集车辆信息，从而完成对车辆的确认、查询、统计和调度功能。

3. 车辆调度管理系统

该系统利用 RFID 技术可以在远距离范围内自动、准确地采集货运车辆的进出场信息，准确掌握运输车辆进出的实时动态。对此信息进行分析，可以掌握车辆运用规律，从而有效提高车辆管理水平。

知识链接

RFID 技术的发展趋势

随着技术的不断进步，RFID 技术的应用会越来越广泛。可以预计，在未来的几年中，RFID 技术将继续保持高速发展的势头，在电子标签、阅读器、系统种类等方面取得新进展。

在电子标签方面，电子标签芯片所需的能耗会更低，技术更趋于成熟。其作用距离将更大，无线可读写性能也将更加完善，并且能够对高速移动的物品进行识别，识别速度也将更快。

在阅读器方面，阅读器会朝着小型化、便携式、嵌入式、模块化的方向发展，成本将更加低廉，应用范围更加广泛。此外，阅读器将实现多制式多频段相容，能够兼容读写多种标签类型和多个频段的标签。

在系统方面，低频近距离系统将具有更高的智能性和安全性；高频远距离系统的性能将更加完善，成本更低。

学习分享

学习目标：

完成本学习情境的任务后，你应当能

1. 熟练掌握 RFID 的基本概念和特点；
2. 掌握 RFID 的工作原理和流程；
3. 掌握 RFID 系统的构成和基本分类；
4. 掌握 RFID 的 3 种主要技术标准体系；
5. 了解电子产品编码标准和应用标准；
6. 了解 RFID 在物流中的具体应用。

学习方法：

建议采用启发式、案例教学、体验式教学方法（包括视频资料学习、操作 RFID 识读器等）、小组讨论等方式方法。

学习环境要求：

1. 学习场地：① 多媒体教室；
　　　　　　② 物联网实验室。

2. 学习资源：① 实验室设备——RFID 标签和识读器；

② 网络资源——相关 RFID 网站。

评价标准：

重点掌握 RFID 的概念和特征、基本原理和系统构成，掌握 RFID 的标准体系，熟悉 RFID 的物流应用。

1. 认识和理解 RFID 的概念和内容。（教师评价）
2. 认识和了解 RFID 的标准体系。（教师评价）
3. 能根据实训计划和要求，小组完成对 RFID 标签的收集。（个人、小组和教师评价）
4. 能根据实训的计划和要求，小组完成 RFID 系统设计的实训报告。（个人、小组和教师评价）
5. 在完成本情境任务过程中的学习态度。（个人、小组和教师评价）

操作实训

实训一 RFID 标签的收集与识别

【实训目的】

1．通过实训进一步理解 RFID 有关的理论知识。
2．加深对 RFID 标签种类的直观认识。
3．总结并归纳各种 RFID 标签的特性。
4．培养协作与交流的意识，培养表达与沟通的能力。
5．进一步掌握 RFID 的原理，为应用 RFID 奠定基础。

【实训参考】

随着物联网的快速发展，国内外 RFID 产品越来越丰富，各种相关产品的供应商都可以在网络上查到详细信息。RFID 产业链上主要包括了芯片厂商（如得州仪器、日立、NEC、飞利浦、Intel 等）、RFID 标签厂商（如 Eymbol、Alien、Intermec、Zebra 等）、软件解决方案厂商（如 BEA、IBM、ORACLE、SUN、SAP、Microsoft、HP 等）。

【实训要求】

实训以小组为单位，5～6 人组成小组。

1．通过网络查找 RFID 各种标签的型号规格。
2．归纳各种类型标签的特性。
3．总结各种型号标签的应用场合。

【实训考核】

完成并提交小组实训报告，报告内容包括实训的过程、遇到的问题和解决办法、活动收获和总结。根据学生收集的 RFID 标签的型号规格、总结的特性、应用场合的正确性以及实训报告完成情况来评分。实训报告需要填写记录表，见表 4-5。提交报告文档到教学文件系统，命名方式为“学号-姓名.doc”。

表 4-5 RFID 标签主要频率及工作特性记录表

	标签型号	工作频率	读取距离	其他工作特性	应用场合
低频					
高频					
超高频					
微波					

注：其他工作特性包括数据传输速度、适应温度、内存容量、读写次数、使用寿命、尺寸及封装方式等参数。

实训二 设计一个射频识别系统

【实训目的】

1．了解 RFID 系统的设计方法。

2．掌握 RFID 识读器和标签的选型原则和应用范围。

3．掌握几种常用的 RFID 识读器和标签的特性。

4．培养协作与交流的意识，培养表达与沟通的能力。

5．初步掌握 RFID 系统设计方法，为应用 RFID 奠定基础。

【实训参考】

RFID 系统设计应该以用户需求为导向，根据具体用户需求来考虑硬件和软件的解决方案，并权衡方案中的优劣点。应该重点考虑标签如何封装使用，以及所应用的场合。

【实训要求】

实训以小组为单位，5～6 人组成小组。

1．了解 RFID 识读器的简单使用方法。

2．掌握几种常见的射频识读器的识读特性和应用范围。

3．初步掌握射频识别系统设计方法。

4．以烟草物流或红酒物流的作业需求进行设计。

【实训考核】

1．小组的系统设计方案进行 PPT 汇报。

2．根据学生选用的识读器型号合理性、系统方案的合理性和 PPT 汇报进行评分。

表 4-6 实训考核

考核要素	评价标准	分值	分值比例			
			自评（10%）	小组（10%）	教师（80%）	小计（100%）
实训一的报告	查阅资料并归纳总结	30				
RFID 识读器和标签的选型	能掌握识读器和标签的选型原则	20				
系统方案设计	能结合实际应用场合	30				
PPT 汇报	PPT 汇报设计过程	20				
合计		100				
评语（主要是建议）						

自我测评

✧ 复习思考题

1. RFID 技术相比条码技术而言，有哪些特点？
2. 简述 RFID 系统的工作流程。
3. RFID 的国际标准有哪些？
4. 电子产品编码标准有哪些？
5. RFID 在存储环节有哪些应用？

✧ 案例分析题

RFID 在汽车工业中的应用

RFID 在汽车工业系统中的应用主要包括车体识别与跟踪管理、零部件与固定资产的跟踪管理、整车的物流管理等方面。

1. 整车生产中的车体跟踪识别

车体识别系统（AVI）主要是指在汽车各类生产线上实时采集生产数据、质量监控数据等信息，传送给物料管理、生产调度、质量保证以及其他相关各部门，更好地实现对原材料供应、生产调度、销售服务、质量监控以及整车的终身质量跟踪等功能。在 RFID 技术应用前，存储车体信息的主要是条码，采用条码识别方式的优点是配置灵活、系统成本较低。但由于车身信息都存储在 PLC 或 PMC 数据库里，所以，对网络通信的速率、可靠性等要求很高，要求有高性能的 PLC、大容量的数据库和高速度的 PMC 主机。

采用 RFID 系统后，电子标签一般被放在载有车体的滑橇上，自始至终随工件运行，形成了一个随车体移动的数据，成为在整个生产流程中随身携带数据库的“智能车体”。根据工艺及生产管理需要，可在涂装车间出入口处、工件物流的分岔处、重要的工艺过程（如喷漆室、烘干室、储存区等）入口处设置读写器。读写器主要由工件位置检测开关、标签读写装置、通信接口模块和人机界面所组成。基本过程为：检测开关检测到车体到位信号后，读写装置开始自动读取安装在滑橇上的标签中所存储的数据，并将数据发送给 PLC，同时显示在人机界面上；通过 PLC 上传给车间生产过程监控系统 PMC 进行进一步的处理和运算，从而实现对整个车间工件物流的跟踪和生产过程控制。在生产线上采用 RFID 技术，不需要所有的读写装置都和主数据库通信，因此与主数据库通信的失败不会导致生产的停止。经过工位后，还可以向标签写入数据，因此，RFID 在车体识别系统中的应用也越来越多。

2. 零部件与资产的跟踪管理

汽车由大量的零部件组成，做好零部件跟踪管理可以提高物流管理与质量管理水平。现在的零件跟踪主要通过两种方法，一是标签贴在零件上，称为硬链接。典型的例子是 RFID 用于轮胎的跟踪管理，这种零部件一般都具有高价值、安全性要求及零部件间容易混淆等特点，采用 RFID 可以有效地识别与跟踪零部件。二是将标签贴在零件的包装或运送架上。后者可以减少 RFID 的使用费用，但需要在已贴标签的 RFID 集装箱和集装箱中的零件之间保持数据库上的链接，这种方法被称为软链接或软跟踪。

3. 整车物流管理

在 RFID 标签中写有车辆智能电子标签，可以实现整车物流信息化管理，帮助解决整车生产、库存管理和销售管理等方面的问题。车辆识别代号（VIN）是车辆流通中的身份证，这个标识号可以被写入嵌在汽车内的 RFID 标签中，实现汽车电子数字牌照管理。通过读取车辆智能电子标签存储信息，大大提高了车辆信息的准确度和工作效率，解决了在汽车售后服务、产品跟踪、质量追溯等方面的问题。

德国大众汽车公司采用西门子 RFID 有源标签技术系统帮助管理停在汽车厂的汽车。电子标签内嵌在一个塑料体内，一般挂在汽车后视镜上，可以存储 32000 字节的数据。通过应用这套系统，大众公司大大改善了发货速度，大约提高了 4 倍的效率，简化了发货流程，将停车场的可用空间提高了 20%。在不到一年的时间里，由于节约劳动力成本和改进的生产率，基本收回了 RFID 的投资。

RFID 技术可以提高客户服务水平。当用户进入汽车修理车间或者到 4S 店时，通过阅读器可以得到存储在汽车中的户主信息、维修记录等内容。这套系统还可以使得汽车制造厂很快地了解汽车在市场中的使用情况，在产品开发和服务管理上都有着重要意义。

4. 在汽车供应链全过程中的应用

RFID 技术正在突破工厂内的限制，实现在汽车供应链全过程中的应用，丰田汽车正在计划建立这样一个跟踪车辆供应链全过程的系统。在第一阶段通过重复使用的标签在装配车间监控车辆。到第二阶段，他们使用可以抛弃的纸质 RFID 标签，用来跟踪零部件与整车，并在其配送中心实现了车辆的跟踪管理。第三阶段，丰田正在计划将 RFID 用于零售领域，RFID 将被永久保留在车上，并在整个生命周期中得到使用，RFID 上的信息将包括顾客信息，以及原始的生产数据。

5. 产品追溯

我国正式实行汽车召回制度，对产品追溯提出了更高的要求。产品追溯要求有详细的生产现场记录，包括生产、质量、物料各个方面。

根据 RFID 标签信息可以实时查询到该车在总装车间各关键工位的生产制造信息，如生产时间、操作工、检验员、批次、系列号、质量数据、工艺数据、测试数据等，并了解制造流程的信息，如返修及处理结果等。

根据 RFID 标签信息，可以查询该车在重要工位的质量信息，包括缺陷数据和计量数据，以及工位的过程能力等各类数据；根据 RFID 标签信息，可以追溯该车重要件和安全件的质量信息、主要配套件生产商信息、安装的具体细节等相关信息；根据产品信息可以追溯到产品批次和关键部件批次等信息，找出同批次的其他产品；向上可追踪至材料、组件，向下可追踪至终端用户。

（根据网上资料整理）

问题：

1. RFID 技术可以应用在汽车工业的哪些环节？
2. 上述内容对于我国汽车工业系统实施 RFID，增强企业竞争力有什么启发？

学习情境五

掌握电子数据交换技术

学习情境描述

张晓军还建议妹妹多学习了解 EDI 技术，因为他知道晓玲想去的行业是外贸行业，而在外贸过程中大量的表单作业都是采用 EDI 的方式完成的，EDI 已经成为国际通行的商业语言。而且，越来越多的行业都应用了 EDI 来进行企业间的数据交换，以满足供应链管理对信息的快速高效响应的要求。EDI 的思维导图如图 5-1 所示。

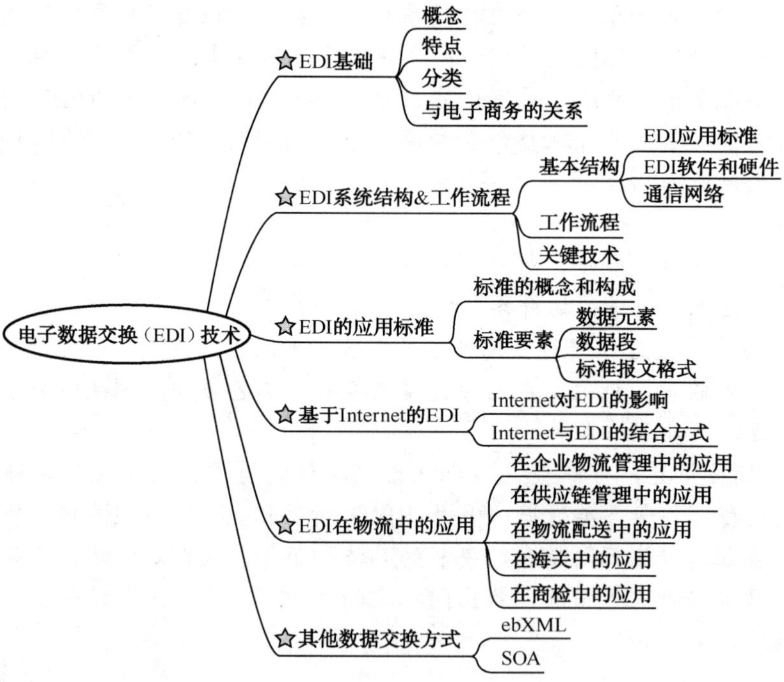

图 5-1　EDI 的思维导图

导入案例

EDI 在海关报关中的应用

电子数据交换（Electronic Data Interchange，EDI）是一种计算机应用技术，应用这种技术的贸易伙伴根据事先达成的协议，对经济信息按照一定的标准进行格式化处理，并把这些数据经过计算机网络，在电子计算机应用系统之间进行交换和自动处理。贸易伙伴可以通过EDI 发出订单询问有关商品信息、接受订单、办理货物运输和银行结算等事项。和贸易有关的手续都可以在不使用纸质单证的情况下完成，因此 EDI 也被称为无纸贸易。

海关业务中应用 EDI 即“无纸报关”，是指不需要使用纸面单证。具体说就是报关单位在电子计算机终端或微机上填写进出口报关单证，并通过电子传输将其报关单证输入海关的报关自动化系统，向海关申报；海关的电子计算机对报关单进行审核与处理后，凡满足海关监管规定的，就自动发出海关放行指令或签发海关放行通知单（OK 单）。这种报关方式，自始至终通过电子计算机进行而无须人工干预，所以称为“电脑报关”或“自动化报关”。由于取消了传统的纸面单证、文件，改用电子方法向海关申报，所以通常又称为“无纸报关”。

我国海关总署于 1998 年 8 月组织开发了进出口报关单联网核查系统。该系统利用中国电信公共数据网，采用 WWW 服务器技术，具有身份验证、数字签名、数据密押、传输加密以及跟踪审计等一整套安全保密措施。该系统已于当年 9 月开始逐步推广使用，首期投入应用的是国家外汇管理部门和银行对企业进出口结付汇报关单的核查业务。该系统用户包括国家外汇管理局及各地方分支局、国内所有经营外汇售收业务的银行单位以及进出口企业。该系统开通国家税务局对企业出口退税的报关单核查、外经贸许可证管理部门对企业进出口许可证报关单核查等业务，是国内第一个在全国范围内推广应用并取得实际应用效果的电子商务应用系统。

经过多年的发展，中国海关的 EDI 电子通关系统已经由最早的 H883 系统升级到 H2000 系统（目前正在使用的系统），不论是技术上还是功能上，都已经发生了质的飞跃，随着社会经济的发展，海关总署将对目前的 H2000 系统做出新的技术革新和系统升级。

对报关单位而言，使用无纸报关可以大大节省时间和减少费用，克服因海关现场报关而造成的旅途劳累和排队等候，从而提高服务满意度；对海关而言，可以使海关人员有足够的时间来处理进出口报关单证，减少工作差错，从而提高工作效率。

问题：

1．什么是 EDI 技术？

2．在海关报关中应用 EDI 有什么好处？

任务一 了解 EDI 的基本知识

一、EDI 的概念和特点

1. EDI 的概念

EDI（Electronic Data Interchange）即电子数据交换，是 20 世纪 80 年代发展起来的一种新型的电子化贸易工具，是计算机、通信和现代管理技术相结合的产物。由于 EDI 应用的领域和实施 EDI 技术所达到的目的不同，EDI 的定义也不同。

美国国家标准局将 EDI 定义为“在相互独立的组织机构之间进行的标准格式、非模糊的具有商业或战略意义的信息的传输”。

国际标准化组织（ISO）将 EDI 描述为“将贸易（商业）或行政事务处理按照一个公认的标准变成结构化的事务处理或信息数据格式，从计算机到计算机的电子传输”。

国际电信联盟远程通信标准化组（ITU-T）将 EDI 定义为“从计算机到计算机的结构化的事务数据互换”。

本书将 EDI 的定义概括为“EDI 是指参加商业运作的双方或多方按照协议，将具有一定结构的标准商业信息通过数据通信网络，在参与方的计算机之间进行传输和自动处理”。因此，EDI 是一个电子平台，无论是在物流领域还是在其他领域，都是 EDI 的一个具体的应用。

需要注意，EDI 不是用户之间简单的数据交换，EDI 用户需要按照国际统一的格式发送信息，接收方也需要按国际统一规定的语法规则，对消息进行处理，并和其他相关系统的 EDI 系统进行综合处理。

EDI 改变了传统的贸易方式。传统的贸易方式通常是参与贸易的有关各方面对面或者通过电话、传真等方式进行贸易磋商、签约和执行，如图 5-2 所示，有关贸易文件的制作和传输都通过人工来处理。在贸易过程中所涉及的银行、海关、商检、运输等环节中，含有相同的贸易信息的不同文件要经过多次重复的处理才能完成，不但增加了重复劳动、额外开支，同时由于数据的冗余，还可能增加出错的机会，更严重的是由于邮局的延误或丢失，常常给贸易双方造成意想不到的损失。

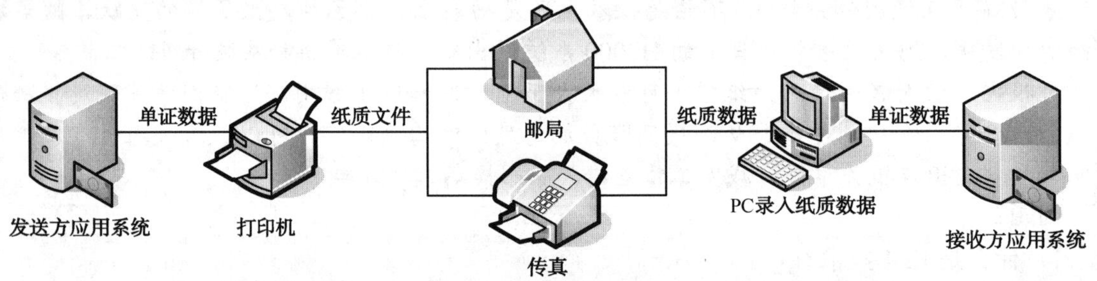

图 5-2　传统贸易方式

EDI 的出现极大地简化了整个贸易过程，它通过计算机网络将贸易、运输、保险、银行和海关等行业信息用一种国际公认的标准格式来表示，以此来实现各有关部门或企业之间的数据交换与处理，并完成以贸易为中心的全部过程，如图 5-3 所示。

图 5-3　EDI 贸易方式

由于使用 EDI 可以减少甚至消除贸易过程中的纸面文件，因此 EDI 又被人们通俗地称为“无纸贸易”。实际上，EDI 的应用并不局限于贸易领域，还广泛应用于其他领域。

2. EDI 的特点

由 EDI 的定义不难看出，作为企业自动化管理的工具之一，EDI 通过计算机将商务文件如订单、发票、货运单、报关单等按统一的标难，编制成计算机能够识别和处理的数据格式，在计算机之间进行传输。它具有以下几方面的特点。

① EDI 的使用对象是不同的计算机系统，通常是具有固定格式业务信息和经常性业务联系的单位。

② EDI 传输的是业务文件数据，如发票、订单等，而非一般性的通知。

③ EDI 传输的文件数据都采用共同的标准化格式。

④ EDI 可以与用户计算机的数据库连接，访问数据库或从数据库生成 EDI 报文。

⑤ EDI 数据的传输是从计算机到计算机的自动传输，无须人工介入操作。

⑥ EDI 具有跟踪、确认、防篡改、防冒领、电子签名等一系列严密的安全保密功能，其安全性比其他的通信方式和信息处理方式更可靠。

尽管电子邮件也可以用来传输数据，但和 EDI 相比，仍有着本质的区别。EDI 的传输内容为格式化的标准文件并有格式校验功能，而电子邮件为非格式化的；另外，EDI 的处理过程为计算机自动处理，无须人工干预，而电子邮件的处理过程需要人工干顶。

3. 应用 EDI 对企业的价值

（1）降低企业的成本

EDI 能够节省企业的成本，包括减少单据处理任务和费用、减少人事的层次和更好地安排人事、减少库存和随之减少的储运费及其他成本。根据联合国组织的一次调查，进行一次进出口贸易，双方大约需要交换近 200 份文件和表格，其纸张、行文、打印及差错可能引起的总开销等大约为货物价格的 7%。据统计，美国通用汽车公司采用 EDI 后，每生产一辆汽车可节约成本 250 美元，按每年生产 500 万辆计算，可以产生 12.5 亿美元的经济效益。

（2）减少重复劳动，提高工作效率

EDI 的使用，不仅改善了内部管理和操作，也提高了人员的工作效率。例如，一个采购部经理过去要花 80%的时间用于纸质单据的操作，而只有 20%的时间能用于采购业务。使用 EDI 后，他可以把绝大部分时间用于真正的采购、找货源和谈判等方面。

（3）改善贸易双方关系，提高贸易效率

通过应用 EDI，厂商可以准确地估计日后商品的需求量，货运代理商可以简化大量的出口文书工作，商户可以提高存货的效率，从而改善贸易双方的关系。另外，EDI 简化了订货或存货的过程，使双方能及时地充分利用各自的人力和物力资源，以更迅速有效的方式进行贸易。例如，美国的一家公司应用了 EDI 后，存货期由 5 天缩短为 3 天，每笔订单费用从 125 美元降到 32 美元。新加坡海关采用 EDI 贸易网络之后，海关贸易的手续从原来的 3～4 天缩短到 10～15min。

（4）提高企业的国际市场竞争能力

在国际物流业中，EDI 在某些行业已成为一种必备条件和行业规范。因此，EDI 可以帮助企业适应当今全球市场的需要，有效地提高企业在国际市场上的竞争能力。在美国，EDI 得到了许多行业的欢迎和广泛应用，如汽车制造、石油和天然气、化工、铁路、仓储、海运、医药、零售等行业，一般都希望贸易伙伴采用 EDI 方式。

二、EDI 的分类

1. 根据 EDI 的功能分类

根据 EDI 的功能不同，可以分为订货信息系统、电子金融汇兑系统、交互式应答系统和带有图形资料自动传输的 EDI。

（1）订货信息系统

订货信息系统又称贸易数据互换（Trade Data Interchange，TDI）系统，它用电子数据文件来传输订单、发货票和各类通知。

（2）电子金融汇兑系统

电子金融汇兑（Electronic Fund Transfer，EFT）系统，即在银行和其他组织之间实行电子费用汇兑。EFT 系统已使用多年，但仍在不断改进之中，其中最显著的改进是同订货信息系统联系起来，形成一个自动化水平更高的金融汇兑系统。

（3）交互式应答系统

交互式应答（Interactive Query Response，IQR）系统，可应用在旅行社或航空公司作为机票预订系统。在应用这种 EDI 时，先要询问到达某一目的地的航班，要求显示航班的时间、票价或其他信息，然后根据旅客的要求确定所要的航班，打印机票。

（4）带有图形资料自动传输的 EDI

最常见的是计算机辅助设计（Computer Aided Design，CAD）图形的自动传输。比如，设计公司完成一个厂房的平面布置图，将其平面布置图传输给厂房的主人，请主人提出修改意见。一旦该设计被认可，系统将自动输出订单，发出购买建筑材料的报告。在收到这些建筑材料后，自动开出收据。美国厨房用品制造公司 Kraft Maid，用 CAD 设计厨房的平面布置图，再用 EDI 传输设计图纸、订货单证、收据等，大大提高了工作效率。

2. 根据 EDI 的运作形式分类

根据 EDI 的运作形式不同，可以分为封闭式 EDI、开放式 EDI、交互式 EDI 和以 Internet 为基础的 EDI。

（1）封闭式 EDI

由于不同行业、不同地区实施 EDI 所采用的标准和协议的内容是不同的，于是出现了大量不同结构的 EDI 系统。各个系统之间由于所采纳的标准和传输协议不同，彼此之间相对处于封闭状态，因此这种形式的 EDI 被称为封闭式 EDI。

（2）开放式 EDI

一些国际组织提出了开放式 EDI 的概念，即“使用公共的、非专用的标准，以跨时域、跨商域、跨现行技术系统和跨数据类型的交互操作性为目的的自治使用方之间的电子数据交换”。开放式 EDI 保证了 EDI 参与方对实际使用 EDI 的目标和含义有一个共同的理解，以减少乃至消除对专用协议的需求，使得任何一个参与方不需要事先安排就能与其他参与者进行 EDI 业务。

（3）交互式 EDI

由于用户对反应时间的要求越来越高，于是出现了交互式 EDI。交互式 EDI 是指在两个计算机系统之间连续不断地以询问和应答的形式，经过预定义和结构化的自动数据交换达到对不同信息的自动实时反应。

（4）以 Internet 为基础的 EDI

这是指 EDI 交易信息经过加密压缩后作为电子邮件的附件在网上传输。许多格式的文件之所以可以作为附件随电子邮件传输，是因为它们使用了一种叫做 MIME 格式的传输协议。国际互联网的标准（RFC 1767）将 MIME 格式定义为传输 EDI 报文的格式。

三、EDI 与电子商务

EDI 可以视为电子商务的早期形态。EDI 主要用于实现企业与企业之间或企业与政府部门之间的交易，特别是大型的、跨国的企业，如应用于外贸、海关、海运及银行等。随着网络技术的发展和电子商务的兴起，EDI 逐渐融入电子商务之中，成为其中的一种类型。电子商务的出现和发展促进了 EDI 的发展，反之 EDI 的发展又促进了电子商务的发展。但传统的 EDI 技术、标准仍然在相当大的范围内应用。表 5-1 为传统 EDI 与电子商务的比较。

表 5-1　传统 EDI 与电子商务的比较

项　目	传　统　EDI	电　子　商　务
用户	商业机构、政府部门	商业机构、政府部门、社会团体、个人
服务内容	传送订单、发票等商业数据	除 EDI 外提供多种形式的综合信息服务
数据交换格式	UN/EDIFACT	支持行业或机构自定标准和格式
数据表现形式	文字	文字、图像、图形、声音、视频等
系统使用	电子邮件、报文	基于 HTTP 和 TCP/IP、PPP 等
通信协议	X.400、X.500、X.25 等	X.400、X.500、X.25、TCP/IP、PPP 等
网络	专用网、增值网	公用网、互联网

作为电子商务基础的 EDI 是基于增值网的、成熟的、适合企业到企业的电子商务方式和技术，已成为电子商务的核心技术，并成为企业实施电子商务的重要手段之一。

EDI 方式的电子商务，其特征是数据交换通过 EDI 来实现，即电子商务中各种标准格式的贸易单证、文件等的传送都是由 EDI 通过增值网或互联网来完成的。增值网与互联网地域分布的广泛性和 EDI 数据格式的规范性，将大大促进电子商务的发展。

EDI 虽然与电子商务是相辅相成的关系，但 EDI 与电子商务还是存在一定的区别，这主要体现在以下几个方面。

① 从涉及的范围看，EDI 与电子商务是两个不同范畴的概念。EDI 是将商业或行政事务处理按照一个公认的标准，形成具有一定格式的事务处理与消息报文，并采用计算机到计算机的数据传输方法，它是一种技术、方法和手段；而电子商务是以计算机网络为基础，包括了从销售、市场到信息管理的全过程，任何能利用计算机网络加快商务处理过程、减少商业成本、创造商业价值、开拓商业机会的商务活动都可以纳入电子商务的范畴。

② 从技术的角度来看，EDI 主要建立在企业与企业间的专用网上，只是目前正在向互联网转移；而电子商务是主要基于 Intranet/Extranet/Internet 的一种贸易方式。

③ 从功能的角度来看，EDI 注重数据结构的标准化，以实现业务处理的自动化和信息从计算机到计算机的传输；而电子商务注重全局性的经济活动，重视经济活动的电子化和网络化，是信息化社会的商务模式。

④ 从应用的范围来看，EDI 的应用范围一般在企业与企业之间，特别是在具有贸易合作伙伴关系的企业之间；而电子商务的应用范围则要广泛得多，它具有企业对企业、企业对个人、企业对政府等多种应用模式。

任务二　掌握 EDI 的系统结构与工作流程

一、EDI 系统的基本结构

从 EDI 技术实现的角度来分析，EDI 系统由 3 个部分组成，即 EDI 标准、EDI 软件及硬件和通信网络。EDI 的产生是以现有的通信技术、计算机软件和硬件以及数据的标准化为前提条件的。换句话说，数据通信网络是实现 EDI 的基础，业务处理的计算机化是实现 EDI 的条件，数据的标准化是实现 EDI 的保证。

1. EDI 标准

EDI 标准明确规定了进行电子事务处理的数据格式和内容，定义了一个在不同部门、不同公司、不同行业和不同国家之间传递信息的通用标准。

EDI 以格式化的、可用计算机自动处理数据的方式来进行公司间文件交换。在人工处理订单的情况下，工作人员可以从各种不同形式的订单中，得出所需的信息，如货物名称、型号规格、价格、交货时间等。这些信息可以采用手工书写的方式，也可以采用键盘输入的方式；可以先说明货物的名称、型号，再说明价格，也可以先说明价格，再说明货物的型号、规格。订单处理人员在处理这些格式不同的订单时，能明白它们所表达的信息，但计算机却不行，要使计算机看懂订单，订单的有关信息必须是相应的电子文档，并且应该按照事先规定的格式和顺序排列。事实上，商务上的任何数据和文件的内容都要按照一定的格式和顺序排列，才能被计算机识别和处理。

EDI 报文必须按照国际标准进行格式化。目前应用最广泛的 EDI 国际标准是 UN/EDIFACT 标准，除业务格式外还要符合计算机网络传输标准。EDI 标准主要包括语法规则、数据结构定义、编辑规则与转换、公共文件规范、通信协议、计算机语言等内容。

2. EDI 软件及硬件

企业要实现 EDI 需要配备相应的 EDI 软件系统和硬件系统。

（1）EDI 的软件系统

EDI 软件具有将用户数据库中的信息译成 EDI 的标准格式以供传输交换的能力。也就是说，贸易双方在进行数据交换时，需要有专门的 EDI 翻译软件将各自专用的文件格式转换成一个共同确认的标准格式，以便对方能自动将标准格式转换成自己的专用格式。EDI 标准具有较强的灵活性，可以适应不同行业的众多需求。然而每个公司有自己规定的信息格式，因此，当需要发送 EDI 标准格式时，必须用某些方法从公司的专用数据库中提取信息，并翻译成 EDI 标准格式进行传输，这就需要 EDI 相关软件的帮助。

EDI 软件主要由转换软件、翻译软件、通信软件和数据库维护软件组成，如图 5-4 所示。

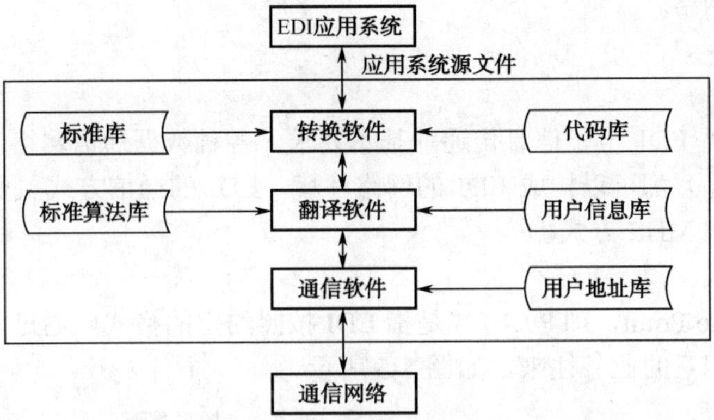

图 5-4　EDI 软件的构成

① 转换软件：转换软件可以帮助用户将计算机系统文件转换成翻译软件能够理解的平面文件，或者将从翻译软件接收来的平面文件转换成计算机系统中的文件。平面文件是用户格式文件和 EDI 标准格式文件之间的对照性文件，它符合翻译软件的输入格式，通过翻译软件变为 EDI 标准格式文件。平面文件是一种普通的文本文件，其作用在于生成 EDI 电子单证，以及用于内部计算机系统的交换和处理等，它可以直接阅读、显示和打印输出。

格式转换软件大多数由公司内部开发，这是因为公司的业务不同而导致单证格式的不同。在转换过程中，需要读取标准库和代码库中的信息。标准库中存放的是各种报文标准、数据段和数据元目录，代码库中存放的是各种标准代码和合作伙伴使用的代码。

② 翻译软件：翻译软件把平面文件翻译成 EDI 标准格式文件或将收到的 EDI 标准格式文件翻译成平面文件，再由通信软件进行传输。

③ 通信软件：将 EDI 标准格式的文件外层加上通信信封，再送到 EDI 系统交换中心的邮箱，或从 EDI 系统交换中心内将接收到的文件取回。通信软件负责管理和维护贸易伙伴的电话号码系统，执行自动拨号等功能。

④ 数据库维护软件：在 EDI 系统中，转换软件、翻译软件和通信软件所使用到的标准库、代码库、翻译算法库、用户信息库、用户地址库等，都需要由数据库维护软件负责维护。

（2）EDI 的硬件系统

EDI 的硬件系统主要包括计算机、调制解调器和通信线路。

① 计算机：是存储和处理 EDI 数据的主要设备，目前各种类型计算机，无论是 PC、工作站还是小型机、大型机等均可利用。

② 调制解调器（Modem）：用来进行模拟信号和数字信号之间的转换。由于使用 EDI 来进行电子数据交换，必须通过通信网络，而目前采用电话网络进行通信是很普遍的方法，因此调制解调器也是必备的硬件设备。调制解调器的功能与传输速度，应根据实际需要进行选择。

③ 通信线路：是保证信息传递的通路。最常用的通信线路是由通信部门提供的通信公网，如果用户对传输时效和传输流量有特殊要求，可考虑租用 DDN 专线。DDN（Digital Data Network）专线即数字数据专线，是指利用数字信道提供永久性连接电路，用来传输数据信号的数字传输网络。

3. 通信网络

通信网络是实现 EDI 电子信息传递的基本要求。各种数据通信网络（如公共电话网、分组交换网、专用网等）都可以构成 EDI 的网络环境。EDI 的通信方式主要有 3 种，即点对点方式、增值网方式和 MHS 方式。

（1）点对点方式

点对点（Point to Point，PTP）方式是指 EDI 按照约定的格式，通过网络进行信息的传递和终端处理，完成相互的业务往来，如图 5-5 所示。

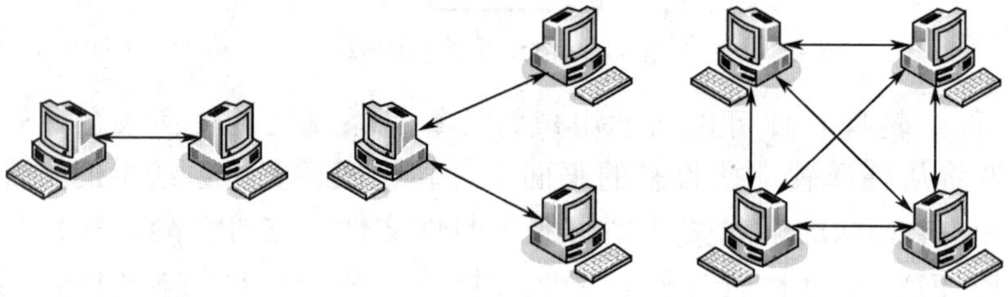

（a）点对点　（b）一点对多点　（c）多点对多点

图 5-5　点对点方式

早期的电子数据交换一般都是通过计算机直接联网来实现的，被称做“点对点”的 EDI。在这种情况下，发送数据方的计算机通过联网直接“访问”接收数据方的计算机。这种传输环境必须尽量单纯化，交换双方须以同一种格式与传输协议、同一速度，甚至在双方议定的同一时间段内进行交换。一旦交换对象或业务往来数量增加，就难以立即应变。因此，EDI 是公司机构极少采用的一种方式。PTP 通信方式要求同步，也不适合于跨国家、跨行业的应用。

（2）增值网方式

增值网（Value Added Networking，VAN）方式是指那些增值数据业务（VADS）公司，利用已有的计算机与通信网络设备，除完成一般的通信任务外，还增加了 EDI 的服务功能，如图 5-6 所示。VADS 公司提供给 EDI 用户的服务主要是租用信箱及协议转换。信箱的引入实现了 EDI 通信的异步性，提高了通信效率，降低了通信费用。另外，EDI 报文在 VADS 公司自身系统（即 VAN）中传递也是异步的，即先存储后转发。这些服务就像某公司把货物从一个地方运到另一个地方的过程中，同时对货物进行了加工，使其增值一样，因而被称做“增值网”。

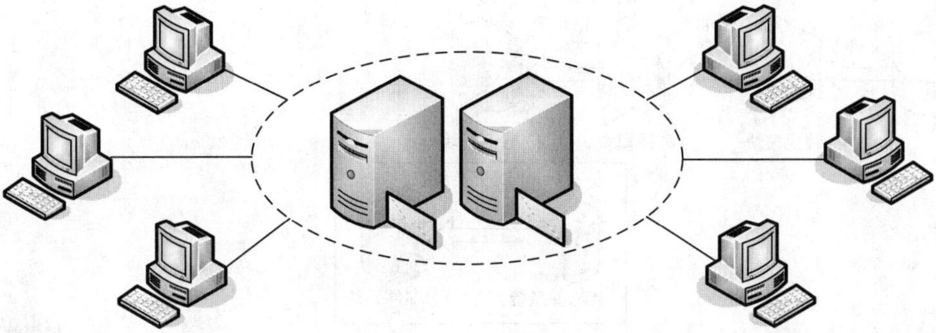

图 5-6 增值网方式

利用增值网开展 EDI 活动时，贸易伙伴之间就不需要直接联系了。它们在增值网里都有自己的“信箱”，发送者把电子信息交给增值网，增值网会把电子信息放到接收方的电子信箱里。接收方可以根据自己的安排，每天一次或数次打开自己的信箱，把电子信息传入自己的计算机里。如果发送方和接收方的计算机所使用的标准不相同，那么可以由增值网来翻译，对数据格式进行转换。

VAN 方式尽管有许多优点，但因为各增值网的 EDI 服务功能不尽相同，VAN 系统并不能互通，从而限制了跨地区、跨行业的全球性应用。此外，VAN 只实现了计算机网络的下层，相当于 OSI 参考模型的下三层，而 EDI 通信往往发生在计算机的各种应用进程之间，这就决定了 EDI 应用进程与 VAN 的联系相当松散，效率很低。

（3）MHS 方式

报文处理系统（Message Handling System，MHS）是 ISO 和 ITU-T 联合提出的有关国际间电子邮件服务系统的功能模型。它建立在 OSI 开放系统的网络平台上，适应多样化的信息类型，并通过网络连接，具有快速、准确、安全、可靠等特点。它是以存储转发为基础的、非实时的电子通信系统，非常适合作为 EDI 的传输系统。

MHS 为 EDI 创造了一个完善的应用软件平台，减少了 EDI 设计开发上的技术难度和工作量。ITU-T X.435/F.435 规定了 EDI 信息处理系统和通信服务，把 EDI 和 MHS 作为 OSI 应用层的正式业务。EDI 与 MHS 互连，可将 EDI 报文直接放入 MHS 的电子信箱中，利用 MHS 的文件存储功能和文件传输服务功能，实现 EDI 报文的快速传送。

二、EDI 的工作流程

EDI 的实现过程就是用户将相关数据从自己的计算机信息系统传送到有关贸易方的计算机信息系统的过程。当今世界通用的 EDI 通信网络，都是建立在 MHS 数据通信平台上的信箱系统，其通信机制是信箱间的存储和转发。在 EDI 工作过程中，所交换的报文都是结构化的数据，过程因用户应用及外部通信环境的差异有所不同，一般可分为以下 6 个步骤，如图 5-7 所示。

① 生成 EDI 平面文件：用户应用系统将用户的应用文件（如单证、票据等）或从数据库中取出的数据，通过映射程序变换为平面文件（Flat File）。

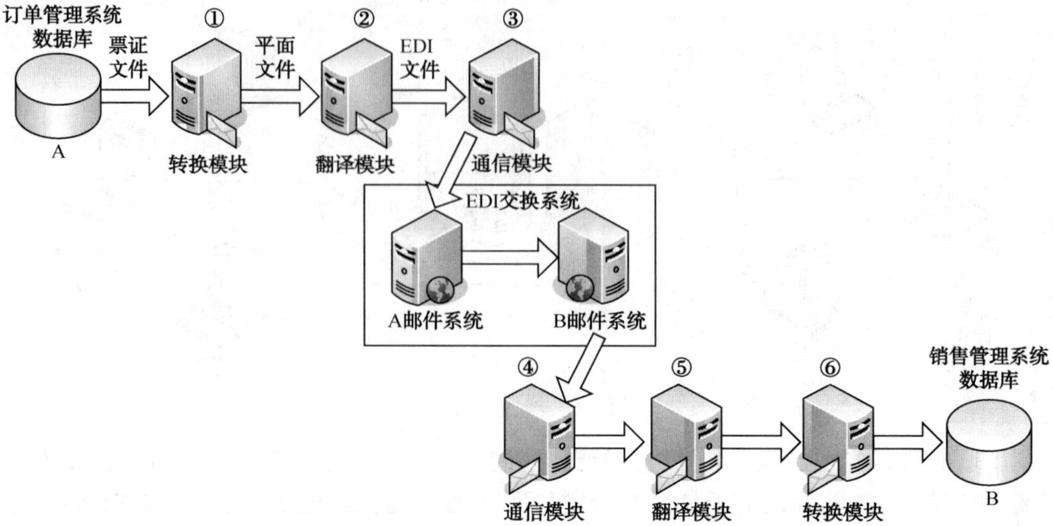

图 5-7　EDI 的工作流程

知识链接

平面文件和应用文件

平面文件（Flat File）是指去除了所有特定应用（程序）格式的电子记录，这种记录可以使数据迁移到其他的应用软件中进行处理。应用文件（Application File）是用户通过应用系统直接编辑、修改和操作的单证和票据文件，可直接阅读、显示和打印输出。

② 翻译生成 EDI 标准格式文件：将平面文件通过翻译模块翻译生成 EDI 标准格式文件。EDI 标准格式文件，就是所谓的 EDI 电子单证，或称电子票据。它是 EDI 用户之间进行贸易和业务往来的依据。EDI 标准格式文件是一种只有计算机才能阅读的 ASCII 文件。

③ 通信：发送方通过计算机通信模块发送 EDI 信件。通信模块是 EDI 系统与 EDI 通信网络的接口。通信软件将已转换成标准格式的 EDI 报文经建立在报文处理系统（Message Handling System，MHS）数据通信平台上的信箱系统，投递到对方的信箱中，信箱自动完成投递和转接，并按照通信协议的要求，为电子单证加上信封、信头、信尾、投送地址、安全要求及其他辅助信息。

④ 接收和处理 EDI 文件：接收方从 EDI 信箱中收取信件。接收和处理过程是发送 EDI 信件的逆过程。首先需要接收用户通过通信网络接入 EDI 信箱系统，打开自己的信箱，将来函接收到自己的计算机中，经格式检验、翻译和映射，还原成应用文件，最后对应用文件进行编辑、处理。

⑤ 拆开 EDI 信件并翻译成平面文件。

⑥ 将平面文件转换并送到接收方信息系统进行处理。最后还原成接收方信息系统能处理的文件格式，进行编辑、处理和回复等操作。

三、EDI 的关键技术

EDI 的关键技术主要包括通信技术、标准化技术、安全保密技术、计算机数据处理技术。

1. 通信技术

无论 EDI 采用何种局域网、广域网和增值网，都离不开数据通信网。因此，通信技术是 EDI 最基本的关键技术之一。

2. 标准化技术

标准可分为国际标准、国家标准和行业标准。只有遵循严密的标准和格式，才能做到文件交换正确并能够相互识别。因此，标准化技术是 EDI 的核心技术。

3. 安全保密技术

安全保密技术包括密码加密技术、密钥管理技术、数字签名技术等。没有可靠的安全保密技术，EDI 就没有存在的价值。因此，安全保密技术是 EDI 的重要技术。

4. 计算机数据处理技术

计算机数据处理技术包括电子数据处理技术、报文处理技术、管理信息系统、EDI 翻译软件以及 EDI 与其他应用系统集成技术等。计算机数据处理技术与通信技术同是 EDI 最基本的关键技术。

任务三　掌握 EDI 的应用标准

EDI 面向国际范围内的贸易，在通信过程中，EDI 处理业务的数据格式也必须遵循国际统一的标准。目前国际上存在两大标准体系：一个是流行于欧洲、亚洲的，由联合国欧洲经济委员会（UN/ECE）制定的 UN/EDIFACT 标准；另一个是流行于北美的，由美国国家标准化委员会（ANSI）制定的 ANSIX.12 标准。此外，不同的行业（如化工、运输业等）都有自己专门的行业标准。

近年来，联合国鉴于 EDI 有助于推动国际贸易程序与文件的简化，经有关标准化组织协商，EDIFACT 已被作为事实上的 EDI 国际标准。现在，ANSIX.12 和 EDIFACT 标准已经被合并成一套世界通用的 EDI 标准，可以使现行 EDI 客户的应用系统能够有效移植过来。

一、EDI 的标准

1. EDI 标准的概念

EDI 标准是指 EDI 专用的一套结构化数据格式标准。由于 EDI 是在全世界范围内跨组织信息系统的桥梁，因此需要有一套在不同的计算机系统中，可供各贸易参与方在各个业务领域广泛使用的数据结构化、格式化的标准，才能保证各参与方之间能够顺利完成数据交换。

因此，制定 EDI 标准的基本原则如下。

① 提供一种统一的标准语言，使参与 EDI 的各方都能够使用。

② 标准应不受计算机软硬件系统和通信系统的影响，既适用于计算机系统间的数据交换，又独立于计算机系统之外。由于 EDI 标准是将商业往来文件转换成标准格式传输的，所以除了现有的报文标准外，也不断适应新的需求而发展与制订新的报文标准。

2. EDI 标准的构成

EDI 标准体系如图 5-8 所示。EDI 总体标准包括了 EDI 专用标准和 EDI 相关标准两大部分。它又分为 7 个子体系，分别是 EDI 基础标准、EDI 管理标准、EDI 报文标准、EDI 通信标准、EDI 代码标准、EDI 单证标准以及 EDI 其他标准。

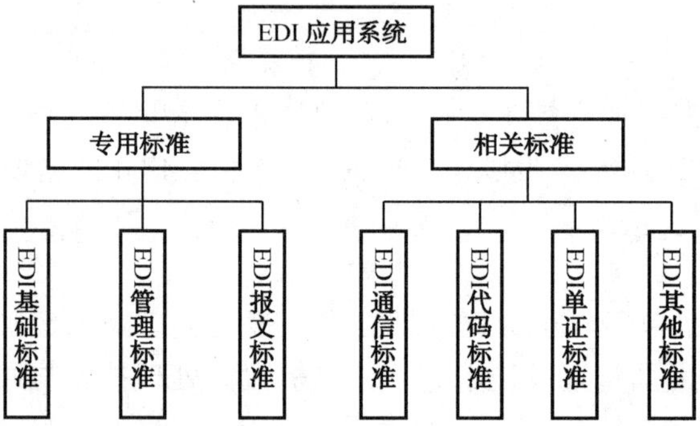

图 5-8　EDI 标准体系

（1）EDI 基础标准

EDI 基础标准是 EDI 标准的核心，是其他 EDI 标准和建立 EDI 应用系统的基础。EDI 基础标准主要是指 EDI 的数据标准，包括语法规则、数据元等。

（2）EDI 管理标准

EDI 管理标准主要是对 EDIFACT 标准进行管理和维护的评审指南和规则，它包括 EDI 技术评审审核表、EDI 技术评审组织与程序等。中国在制定适合中国国情的 EDI 标准时对它进行了适当的增删。

（3）EDI 报文标准

EDI 报文标准体系涉及商贸、运输、金融、海关、保险、税收、交通、旅游及企业产品质量数据、行政管理与就业等诸多领域，有近 200 种报文标准，同时规定了各类报文的格式、规范、结构等。

（4）EDI 通信标准

EDI 通信标准分为 EDI 信息处理系统标准和 EDI 信息处理业务标准两大类。EDI 信息处理系统标准规定了与 EDI 信息处理系统相关的信息客体、客体类型、抽象操作、端口类型、消息内容、用户代理、消息存储器的操作和一致性要求等标准。EDI 信息处理业务标准规定了 EDI 消息处理的业务要求、服务要素、业务质量指标、通信安全、EDI 命名与编址等标准。

（5）EDI 代码标准

EDI 代码标准分为通用代码标准和系统内部代码标准两大类。通用代码标准即外部代码表，主要是在进行 EDI 报文设计与 EDI 应用系统的开发时为各类信息提供代码。系统内部代码一般指在通用代码标准中没有定义，仅在 EDI 应用系统中需要使用的代码，系统内部代码标准仅提供定义这类代码的原则与方法。

（6）EDI 单证标准

EDI 单证标准规定了单证的标准，如种类、格式、数据元的简化和统一等。主要单证标准有单证标准编制原则、贸易单证式样、进口许可证式样、出口许可证标准、外贸出口商业发票格式、外贸出口装箱单格式、外贸出口装运声明标准、集装箱设备交接单标准、原产地证书标准等。

（7）EDI 其他标准

EDI 其他标准包括 EDI 安全保密标准、EDI 数据元外部维护代码标准和 EDI 通信层次结构与标准等。

3. EDI 标准的发展阶段

（1）产业标准阶段（1970—1980 年）

此阶段始于 20 世纪 70 年代，美国几家运输行业的公司联合起来，成立了运输数据协调委员会（TDCC）。成立该委员会的目的是开发一种传输运输业文件的共同语言或标准。1975 年公布了它的第一个标准。继 TDCC 之后，其他行业也陆续开发了自己的标准，如杂货业标准（UCS）、仓储行业标准（WINS）等行业标准。

（2）国家标准阶段（1981—1985 年）

当产业标准应用成熟后，企业界发现维持日常交易运作的对象并不局限在单一产业内，国家性标准由此诞生。早在 1979 年，美国国家标准协会（ANSI）就授权 ASCX12 委员会依据 TDCC 的标准，开始开发、建立跨行业且具有一般性的 EDI 国家标准 ANSIXI12。

与此同时，欧洲方面也由官方机构及贸易组织共同推动 EDI 标准的完善，并获联合国的授权，由联合国欧洲经济理事会第四工作组（UN/ECE/WP4）负责发展及制定 EDI 的标准格式，并在 20 世纪 80 年代早期提出 TDI（Trade Data Interchange）及 GTDI（Guildines for TDI）标准，但该标准只定义了商业文件的语法规则，还欠缺报文标准。

（3）国际通用标准阶段（1985 年以后）

欧、美两大区域 EDI 标准制定、试行几年后，1985 年两大标准——北美 ANSIASCXl2 与欧洲 GTDI 开始广泛接触与合作，进行国际 EDI 通用标准的研究。联合国欧洲经济理事会负责国际贸易程序简化的工作小组（UN/ECE/WP4）承担了国际性 EDI 标准制定的任务，并于 1986 年正式以 UN/EDIFACT（United Nations/Electronic Data Interchange for Administration，Commerce and Transport）作为国际性 EDI 通用标准。另一方面，ANSIASCX12 于 1992 年决定在第四版标准制定后，不再继续发展，全力与 UN/EDIFACT 结合，EDI 标准趋于统一。

4. UN/EDIFACT 的内容

UN/EDIFACT 标准包括一系列电子交换标准、指南、规则、目录和标准报文格式，主要有以下 9 个部分。

（1）EDIFACT 语法规则

该语法规则于 1987 年 9 月被国际标准化组织（ISO）接受成为国际标准，标准代号为“9735”，该规则又称 ISO 9735，它以简略形式表述用户格式化数据交换的应用实施的语法规则。

（2）报文设计指南

报文设计指南的使用对象是联合国标准报文（UNSM）草案的设计者、联合国标准报文的修改者和区域性报文的设计者。

（3）语法应用指南

语法应用指南的作用是帮助用户使用 EDIFACT 语法规则。

（4）EDIFACT 数据元目录

EDIFACT 数据元目录是联合国贸易数据元目录（UNTDED）的一个子集，收录了近 300 个与设计 EDIFACT 报文相关的数据元，这些数据元通过数据元号相联系。该目录对每个数据元的名称、定义、数据类型和长度都予以具体的规定。

（5）代码表

代码表收录了 103 个数据元的代码，这些数据元选自 UN/EDIFACT 数据元目录，并通过数据元号与数据元目录联系起来。

（6）EDIFACT 复合数据元目录

复合数据元目录收录了设计 EDIFACT 报文时涉及的 60 多个复合数据元，对每个复合数据元的用途进行了描述，罗列出组成复合数据元的数据，并在数据元后面注明其类型。复合数据元通过复合数据元号与段目录相联系，组成复合数据元的数据通过数据元号与数据元目录、代码表相联系。

（7）EDIFACT 段目录

段目录定义了 70 多个 EDIFACT 报文中用到的段，注明了组成段的简单数据元和复合数据元，段目录中有段名和段标识，每个段通过段标识与 EDIFACT 标准报文相联系。

（8）EDIFACT 标准报文格式

标准报文格式分成 3 级：0 级是草案级，1 级是推荐草案级，2 级是推荐报文标准级。

（9）贸易数据交换格式总览

总览介绍了 EDIFACT 国际标准产生的背景、欲达到的目的和对用户的要求。

二、EDI 的标准要素

EDI 标准由 3 个要素构成：数据元素、数据段、标准报文格式。数据元是基本信息单元，由数据元组成数据段，一个标准报文由一定数目的数据段按照定义的顺序组成。UN/EDIFACT 标准报文结构如图 5-9 所示。

1. 数据元素

数据元素是构成消息的基本单元，包括简单数据元素和复合数据元素两种。复合数据元素由简单数据元素构成。

① 简单数据元素：简单数据元素只包含一条信息，分为必需（M）和条件型（C，可选）两类，必需的数据元素在其指定位置处必须有具体的取值，而条件型的数据元素可以没有取值。

② 复合数据元素：在 UN/EDIFACT 中复合数据元素是由两个或者两个以上的简单数据元素组成的。

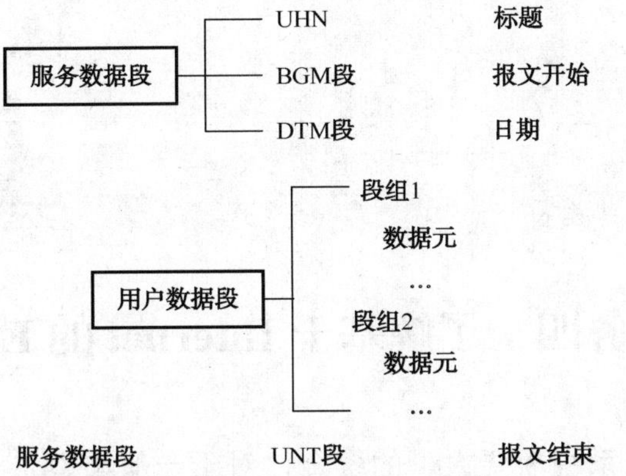

图 5-9　UN/EDIFACT 标准报文结构

2. 段的构成

段是逻辑相关的一系列数据元素按规定顺序的组合。段是标准报文中的一个信息行，每一个段都包括 3 位字符的段标识（用以说明数据段类型）和一系列简单数据元素或复合数据元素，数据元素之间的分隔符是“+”或“：”，数据段通常以“’”结束。如图 5-10 所示是一个数据段实例。

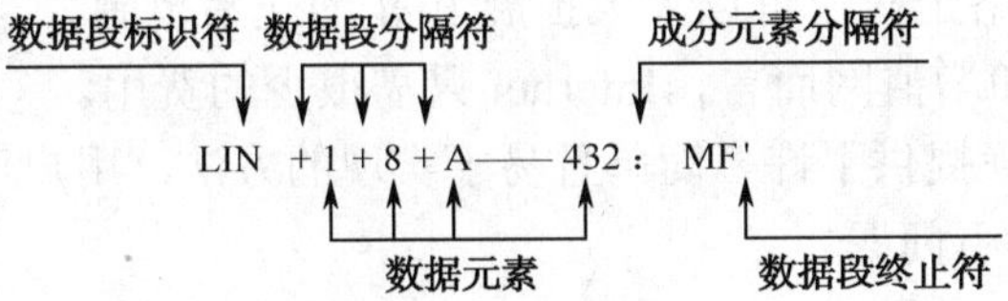

图 5-10　数据段实例

在 UN/EDIFACT 中，段分为服务型和用户型两类。

① 服务型段：用于规定格式或通信、交换要求的数据段或数据元素称为服务数据段或数据元素，如报文标题、报文开始、报文结束等。

② 用户型段：用于反映商务信息的数据段或数据元素称为用户数据段或数据元素，如标识、地点、单位、日期、货物识别码、包装等。

3. 标准报文的结构

标准报文是 EDI 的主体，由平面文件翻译转换而来。报文的内容由数据段（Segment）构成，一个数据段又由若干数据元素（Element）构成。标准报文规定报文必须以服务段“UNH”（报文标题）开始，以服务段“UNT”（报文尾标）结束，并且至少要包含一个用户数据段，而且这一数据段至少包含一个用户数据元素。下面列出一个简单的 EDI 报文以供参考。

```
UNH+1001+ORDERS： D： 94B： UN'
BEG+105+12345+…'
LIN+1+…'
```

```
LIN+2+…'
LIN+3+…'
UNS+S'
CNT+2：3'
UNT+9+1001'
```

任务四　了解基于 Internet 的 EDI

建设一个 EDI 应用系统需要大量的资金，对于一般小型企业而言是不现实的，利用 Internet 传输 EDI 报文是中小企业进行数据交换和贸易往来的最好解决方案。

一、Internet 对 EDI 的影响

目前，许多公司都在利用 Internet 资源寻求新的商业机会。Internet 可以大大降低 EDI 的费用，将来会有更多的用户在 Internet 上使用 EDI。Internet 是世界上最大的开放性计算机网络，在近几年得到了迅速发展，Internet 对 EDI 的影响如下。

① Internet 是全球网络结构，可以大大扩展 EDI 的交易范围。

② 相对于专用网络和增值网而言，Internet 只需很少的费用。

③ Internet 对数据交换提供了许多简单且易于实现的方法，用户可以使用页面完成交易。

实现 EDI 需要解决如下问题。

1. 映射问题

通常公司内部的信息存储在关系数据库中，为了生成标准的信息，公司必须把它们从内部表示方式映射成标准信息。

2. 安全问题

EDI 的安全性主要包括保密性、完整性、可用性 3 个方面的内容。

① 保密性（Confidentiality）：信息或数据经过密码变换，只有那些经过授权的用户才能够通过反变换得到相应的信息，而未授权的用户只能得到一堆杂乱无章的数据。

② 完整性（Integrity）：将信息或数据附加上特定的信息块，系统可以用这个信息块保证数据信息的完整性。只有那些经过授权的用户才能对数据或信息进行增删和修改。未经授权的用户对数据或信息所进行的增删和修改都会被立即发现，并且系统会自动采取保护措施。

③ 可用性（Availability）：经授权的用户能够得到系统资源和享受系统提供的服务，防止对系统资源或系统服务的非法访问和利用。

3. 费用问题

在 Internet 上实现 EDI 可以减少费用，允许中小型企业使用 EDI 工具，这样可以减少整个社会的贸易成本。

二、EDI 与 Internet 的结合

Internet 和 EDI 结合有 4 种方式：Internet Mail、Standard IC、Web-EDI、XML/EDI。其中 Web-EDI 方式是目前最流行的方式。

1. Internet Mail 方式

Internet Mail 方式是最早将 EDI 带入 Internet 的方式，用 ISP 代替 VAN，Internet 和 VAN 相比要便宜得多。在 Internet 上用这种方式做电子交易，最大的弊端就是安全性差，尤其是简单电子邮件传送协议（SMTP），E-mail 在 Internet 上传送明文，缺少保密性。

知识链接

ISP

ISP（Internet Service Provider）是指互联网服务提供商，我国主要的 ISP 有中国电信、中国移动和中国联通。

2. Standard IC 方式

在实现 EDI 的方案中，不同的企业根据自己的需要选择一定的标准，去掉一些它们根本不使用的部分。IC（Implementation Coventions）就是指那些被裁剪了的标准信息版本，开发 IC 花费很高，因为它们需要复杂的分析。不同版本的 IC 之间的信息不能相互处理。在 Internet 上实现 EDI 时，只有使用了相同版本的 IC 后才能正确工作。标准 IC 是一种特殊的跨行业的国际标准，是针对特定应用的。这种标准不同于以前的行业标准和国家标准，也不同于以前制定的国际标准，它相对来说十分简单，没有过多的可选项，并且考虑了以前 IC 的需求。

3. Web-EDI 方式

Web 在 Internet 上供最终用户存取和查询，能用来构造这些信息的协议就是 HTTP。许多公司已在 Internet 上通过使用 HTTP 建立了“Homepage”来展现自己的产品和其他信息。

Web-EDI 方式在 EDI 中心建立 Internet Web Sever，并在 Web 上开发大量的表格供用户使用。这样，用户通过浏览器就可进行单证的收发。EDI 用户发送单证时，只需要填好表格、检查无误后发送至 EDI 中心，EDI 中心翻译系统、格式转换系统自动将其翻译成 EDI 报文，送入对方的 EDI 信箱中。接收单证时，用户只要将 EDI 中心的翻译系统已经翻译并转换好的单证通过浏览器下载下来即可使用。Web-EDI 解决方案如图 5-11 所示。

HTML 语言允许用户创建表格，并提供一种机制能够将表格中的信息传递到商务应用系统中。例如，一个参与者是比较大的公司，针对每个 EDI 信息开发或购买相应的 Web 表单，接着改造成适合自己的 IC，把它们放在 Web 站点上，此时表单就成为 EDI 系统的接口。另一个参与者一般是较小的公司，登录到 Web 站点上，选择其所感兴趣的表单，然后填写。填写结果提交给 Web 服务器，通过服务器端程序进行合法性检查，把它变成通常的 EDI 信息。以后的信息处理就同传统的 EDI 信息处理一样了。

为了保证信息从 Web 站点返回给它的参与者，信息还能转变成 E-mail 或 Web 表单的形式。总之，对于所有的交易，EDI 相关的转换费用只发生一次，对所有的商业参与者来说都发生在 Web 站点上。这个解决方案只需一个浏览器和 Internet 连接就可完成。EDI 软件和映射的费用花在服务器端。另外，大公司享受到 EDI 带来的全部好处，包括在交易中的低出错率和每次交易中的低花费。这种 Web-EDI 方式对现有企业应用只做很小的改动，但能方便快速地扩展系统应用，从而保护了现有的投资。

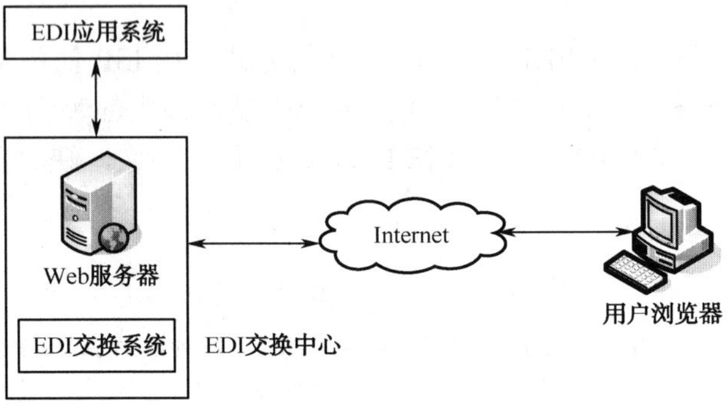

图 5-11 Web-EDI 解决方案

在 Web 上应用电子商业和 EDI 时最需要考虑的是安全性问题，主要包括商务事务处理的加密和对任何支付信息的保护两个方面的问题。

4. XML/EDI 方式

XML/EDI 着重解决 EDI 的映射问题。XML/EDI 引进了模板（Template）的概念，模板描述的不是信息的数据，而是信息的结构以及如何解释信息，能够做到无须编程就可以实现信息的映射。

在用户的计算机上，软件代理采用最佳方式解释模板和处理信息。通过软件代理支持的模板，用户可以得到对其环境的最佳集成。模板存储在别的地方，动态结合到本地应用程序中。如果用户的应用程序实现了 XML/EDI，那么代理就可以自动完成映射，并且产生正确的信息。同时，代理可以给用户生成个 Web 表单。映射可以自动完成，且花费很小。与 Web-EDI 不同，XML/EDI 在客户端处理信息。

5. Internet 电子邮件扩展的方法

现有的 Internet 电子邮件基于简单邮件传送协议，能够提供信息的传输功能，但仅支持 7 位 ASCII 码的传输，不能适应多媒体邮件的要求，因此将 SMTP 运用于电子商务和 EDI 时必须加以修改。多功能 Internet 邮件扩展（MIME）是 Internet 上电子邮件使用的一种新型信息格式。MIME 是一种模块化的、可扩展的信息格式，可以表示大部分多媒体信息。

MIME 定义了邮件体结构和内容类型，提供一种与 SMTP 兼容的方式，支持的多媒体内容类型有正文、声音、图像、视频和应用数据。MIME 还提供多种传输内容编码方式，它可以使得 8 位二进制数据作为 7 位 ASCII 数据。它可以进行信息传送、编码和转换，不会丢失信息的结构或信息。MIME 的出现使“活动”邮件和交互式邮件成为可能，使用户能利用 SMTP/MIME 邮件实现 EDI 与电子商务等增值业务。它具有投资少、见效快等特点。

将 EDI 对象封装到 MIME 中，允许 EDI 事务通过 Internet 网络邮件传输，同时支持 EDIFACT 和美国国家标准委员会 ANSIX.12 EDI 标准，并且保证 EDI 对象能够在传输中保持它们的语法和语义不变。

在 Internet EDI 系统中，企业贸易中仅能传输单证，企业如果想利用计算机来提高管理效率，就必须建立专用的 EDI 应用系统。但 Internet EDI 解决方案的确为没有 EDI 应用系统的中小企业带来了生机。

任务五　掌握 EDI 技术在物流中的应用

一、EDI 在企业物流管理中的应用

企业使用 EDI 的目的是改善作业，降低成本，减少差错。企业可以将 EDI 与企业内部的管理信息系统（MIS）对接，实现一体化管理，如图 5-12 所示。

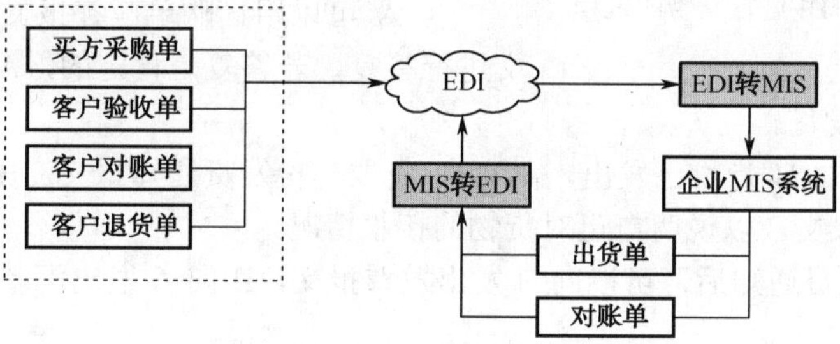

图 5-12　EDI 与 MIS 对接

EDI 技术在物流管理中的应用具体如下。

① 发送货物业主（如生产厂商或出口商）在接到订单后制订货物运送计划，并把运送货物清单及运送时间安排等信息通过 EDI 发送给物流运输业主和接收货物业主，以便物流运输业主预先安排车辆调配计划，接收货物业主制订接收计划。

② 发送货物业主依据顾客订单的要求和货物运送计划下达发货指令、分拣配货、打印出物流条码的货物标签并贴在货物包装箱上，同时把运送货物品种、数量、包装等信息通过 EDI 发送给物流运输业主和接收货物业主。

③ 物流运输业主在向发送货物业主取运货物时，利用车载扫描仪读取货物标签的物流条码，并与先前收到的货物运输数据进行核对，确认运送货物。

④ 物流运输业主在物流中心对货物进行整理、集装、列出送货清单并通过 EDI 向收货业主发送发货信息。在货物运送的同时进行货物跟踪管理，并在货物交给收货业主后，通过 EDI 向货物业主发送完成运送业务信息和运费的信息。

⑤ 收货业主在收货时，利用扫描仪读取货物标签的物流条码，并与先前收到的运输数据核对，确认后开出收货发票，货物入库。同时，通过 EDI 向物流运输业主和发送货物业主发送收货确认信息。

二、EDI 在供应链管理中的应用

EDI 可以在供应链上的不同企业之间传递信息。一个企业 A 要把它的基本信息告知企业 B，它往往会把一个参与信息报文发往企业 B，以便企业 B 了解它。同样，企业 B 也可以将企业信息发至企业 A。假设企业 A 是供应商，B 是客户，则 A 和 B 通过 EDI 进行交易的过程如图 5-13 所示。

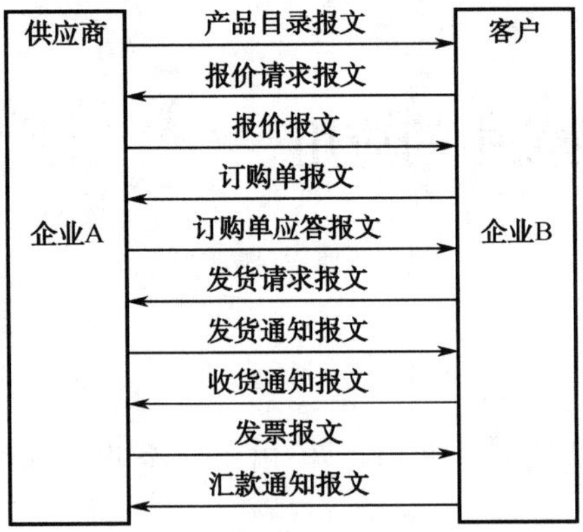

图 5-13　A 与 B 通过 EDI 进行交易的过程

① A 可通过一个产品或销售目录报文，将其有关产品的信息发给 B，若 B 对 A 的某种产品感兴趣，想了解 A 的产品价格与交货条款等相关信息，B 可以向 A 发出一个报价请求报文。

② A 以报价报文来回答 B，若 B 对 A 的产品价格以及交货条款等内容能够接受，B 就可以向 A 发出一份订购单报文。

③ A 可以用订购单应答报文，对 B 的订购单报文进行答复，若答复是肯定的，A 便立即开始备货，备齐货后可以向 B 发货。

④ 为了预先通知 B 货物已发出，A 可向 B 发一份发货通知报文。B 收到货物后，向 A 发出一份收货通知报文，以说明自己对货物的接收情况。

⑤ 当 A 接到收货通知后，可以向 B 发出发票报文，B 向 A 发出汇款通知报文。

三、EDI 在物流配送中的应用

应用 EDI 技术的物流配送流程如图 5-14 所示，通过在物流配送中应用 EDI 技术，不但可以降低运营成本，而且可以提高数据传输速度和准确性，扩大信息含量，缩短订货采购周期，大大降低库存费用。

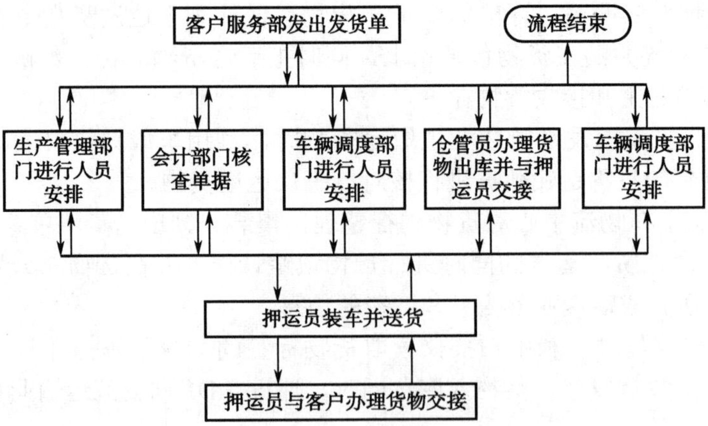

图 5-14　应用 EDI 技术的物流配送流程

应用 EDI 技术可以为物流配送企业带来的优势如下。

① 快速响应：响应能力关系到一个企业是否能够及时满足客户服务需求。应用 EDI 技术后，企业可以快速响应客户的需求，进而提高企业的服务质量。

② 保持信息流通顺畅：物流配送企业内部以及货主、承运人、收货人等相关企业之间的信息交换和商业交易活动无不与通畅的信息紧密联系，应用 EDI 技术能够实现畅通的信息联系。

③ 保证信息的完整度：应用 EDI 技术进行信息交换，能够保证信息的完整性和充分性，实现信息的最小变异。此外，物流配送过程中运用 EDI 技术，使用电子报文进行内外部的标准化信息传输，可以减少人工输入的失误。

四、EDI 在海关中的应用

海关作为国家进出口贸易的监督管理部门，是连接贸易、运输、银行、保险等行业以及外经贸、商检等部门的纽带，也是对大量经贸信息进行处理和传输的中枢及接收端。

中国海关 EDI 通关系统是指海关与通关对象之间运用 EDI 技术自动交换和处理通关文件，并利用海关计算机应用系统及时、自动地完成整个通关过程的系统。EDI 报关系统涉及进出口货物报关、审单、征税、放行等通关环节，以及报关行、金融单位、仓储运输企业和国际贸易行政管理部门。EDI 通关申报方式既可全部采用 EDI 申报，也允许 EDI 申报及人工申报两种方式共存。整个通关过程的信息数据传送如图 5-15 所示。

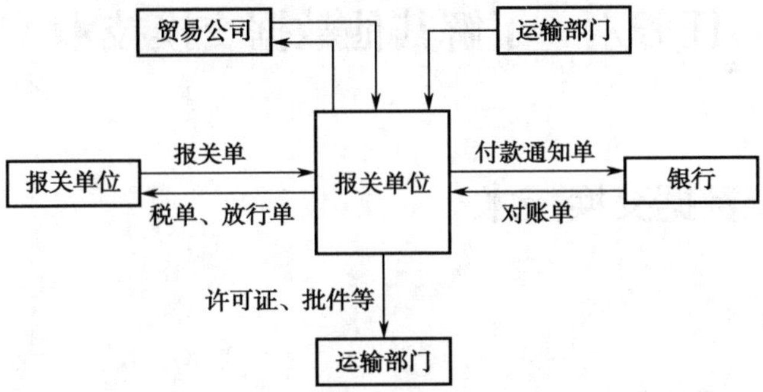

图 5-15 通关过程信息数据传送

目前中国海关 EDI 通关系统主要由 EDI 运行管理子系统、EDI 网络通信子系统、EDIFACT 翻译子系统、EDI 方式应用软件和 H833 应用软件组成。进出口报关单联网核查系统由进口付汇、出口收汇和出口退税 3 个子系统组成。进口付汇子系统为外汇管理局及银行提供付汇报关单数据查询和签注功能。出口收汇子系统为外汇管理局及银行提供收汇报关单数据查询和签注功能。出口退税子系统为国税局提供退税报关单数据查询和签注功能。

五、EDI 在商检中的应用

商检单证是外贸的重要环节之一，利用 EDI 技术，可以提高单证的审核签发效率，加快统一管理，与国际惯例接轨，为各外贸公司提供方便、快捷的服务。

EDI 技术在商检中的应用，早在 1995 年已在广东投入运行，提供商检一般原产地证书 CO 和普惠制产地证 FORM A 两种单证的 EDl 申请和签证，是我国 EDI 系统较早的一个应用实例。外贸公司可通过 EDI 的方式与商检局进行产地证的电子单证传输，无须再为产地证的审核、签发来回奔波，既节约了时间和费用，也节约了纸张。而对于商检局而言，有了 EDI 单证审批系统，不仅减轻了商检局录入数据的负担，减少了手工录入出错的机会，也方便了对各种单证的统一管理。商检 EDI 应用流程如图 5-16 所示。

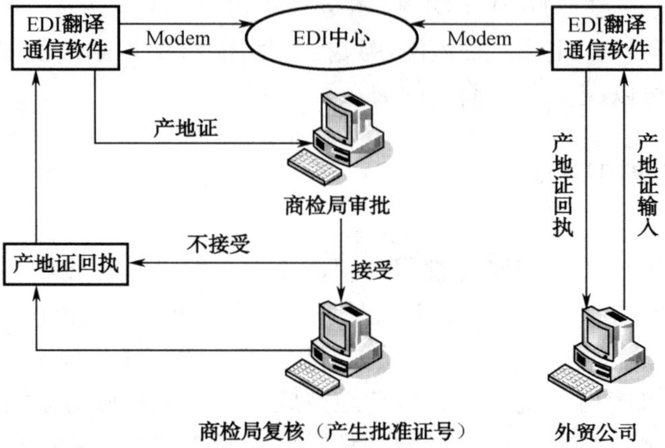

图 5-16　商检 EDI 应用流程

任务六　了解其他数据交换技术

一、ebXML 物流数据交换技术

1. ebXML 简介

（1）ebXML 的产生背景

电子商务扩展标记语言（ebXML）是联合国贸易促进和电子商务（UN/CEFACT）及结构化信息标准发展组织（OASIS）制定的国际标准。正如 ebXML 授权调查范围一样，ebXML 起初的目的是研究和确定技术基础，该基础是基于 XML 标准化的全球实现，目标是提供一个基于 XML 的开放式的技术框架，使 XML 能在电子商务数据交换的一致性和统一性方式上被使用。

（2）ebXML 系统概述

在 ebXML 描述的两个贸易伙伴进行商务交易的模型中，首先要搭建应用框架，然后从事简单的商务交易。这个模型提供了配置和部署 ebXML 应用以及相关体系结构部件所需的过程和步骤（这些部件可以由渐进的方式实现）。

① 建立一种描述商务处理流程和相关信息模型的标准机制。

② 建立一种注册和存储商务处理流程与信息元模型的机制，用来共享和重用。

③ 发掘每个商务活动参与者的信息，其中包括：它们支持的商务过程，为支持商务过程提供的商务服务接口，各个商务服务接口之间交换的商务信息，以及他们支持的传输、安全和编码协议的技术结构。

④ 建立一种用来注册上述信息的机制，用来查询和检索。

⑤ 建立一种用来描述商业协议达成的执行机制，这一机制可以从上述第三项也就是参与者的信息中得到。

⑥ 为贸易伙伴之间提供互用、安全和可靠的信息交换的标准商务信息服务框架。

⑦ 建立一种可用来配置各方信息服务的机制，并使商务处理流程和商业协议中的约束一致。

2. ebXML 的功能

（1）实现阶段

实现阶段是生成 ebXML 结构的过程，如果一个贸易伙伴想通过 ebXML 来交易，它必须首先获得 ebXML 说明。贸易伙伴研究这些说明，然后下载核心库和商务库。贸易伙伴同时可以请求其他贸易伙伴的商务过程信息（保存在它们的商业文档中）用来分析。贸易伙伴实现 ebXML 的另一种方法是利用第三方的应用。图 5-17 显示了 ebXML 注册处和贸易伙伴之间的基本关系。

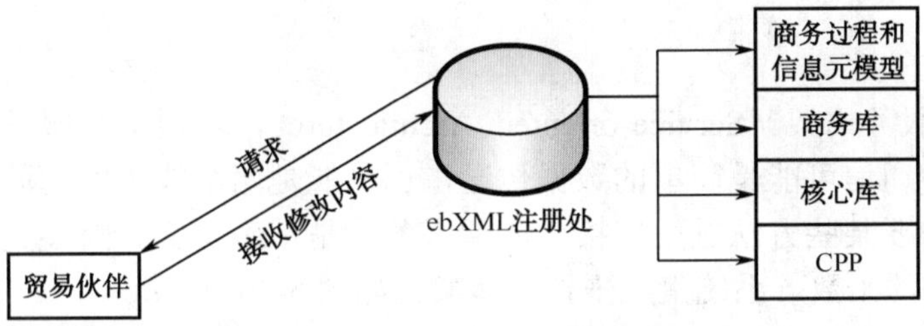

图 5-17 功能视图——实现阶段

（2）发现和检索阶段

发现和检索阶段包含了发现与 ebXML 相关的资源的所有方面。一个已经实现了 ebXML 商务服务接口的贸易伙伴现在可以开始进行发现和检索，如图 5-18 所示。一个可行的发现方法就是请求获得另一个贸易伙伴的协作协议文档用来升级核心库，ebXML 商务服务接口必须支持升级过的或者新的商务过程和信息元模型。正是在这个阶段，贸易伙伴发现商务信息被另一个贸易伙伴请求。

（3）运行阶段

运行阶段是处理真实 ebXML 交易。在运行阶段，使用 ebXML 消息服务在贸易伙伴之间交换 ebXML 消息，如图 5-19 所示。注意运行阶段不能访问注册处。如果在运行时要访问注册处，就必须退回到发现和检索阶段。

（4）ebXML 的一致性

ebXML 的一致性被定义为 ebXML 体系的一致性和每个 ebXML 说明的一致性。当 ebXML 说明的要求被满足时，互用性和开发性交换才有可能达到。

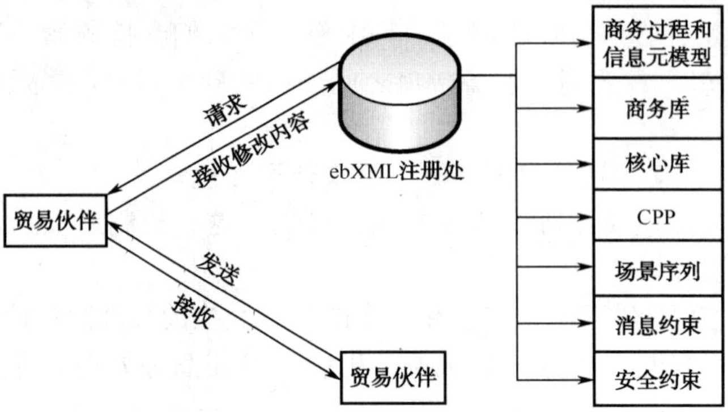

图 5-18　功能视图——发现和检索阶段

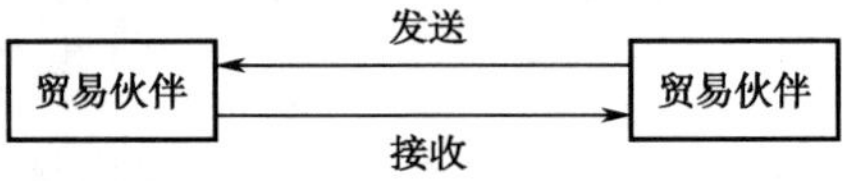

图 5-19　功能视图——运行阶段

二、SOA 物流数据交换技术

1. SOA 简介

（1）SOA 的定义

SOA 即面向服务构架（Service-oriented Architecture），本质上是服务的集合。而且服务间彼此通信，这种通信可能是简单的数据传送，也可能是两个或更多的服务协调进行某些活动；同时服务间需要某些方法进行连接。所谓服务就是精确定义、封装完善、独立于其他服务所处环境和状态的函数。系统集成平台总体架构如图 5-20 所示。

（2）为何需要 SOA

SOA 是一种应用框架，它着眼于日常的业务应用，并将其划分为单独的业务功能和流程，即所谓服务。SOA 使得用户可以构建、部署和整合这些服务，且无须依赖应用程序及其运行计算平台，从而提高业务流程的灵活性。这种业务灵活性可使企业加快发展速度，降低总体拥有成本，改善对及时、准确信息的访问。SOA 有助于实现更多的资产重用、更轻松的管理和更快的开发与部署。在当今的业务环境中，变化是毫无疑问的，因此，快速响应客户需求、市场机遇和外部威胁的敏感性比以往任何时候都显重要。

（3）服务的概念

服务是一个外在的、独立执行的接口；服务是通过强调地点透明和协调工作的能力的通信协议来进行松散限定和调用的；服务封装了可重用的商务功能。

2. SOA 的特征

SOA 是一种粗粒度、松耦合的服务架构，其服务之间通过简单的、精确定义的接口进行相互通信，不涉及底层编程接口和通信模式。这种结构主要具有以下几个特征。

（1）服务的封装

将服务封装成用于业务流程的可重用组建的应用程序函数。它提供信息或简化业务数据从一个有效的、一致的状态向另一个状态的转变，封装隐藏了复杂性。

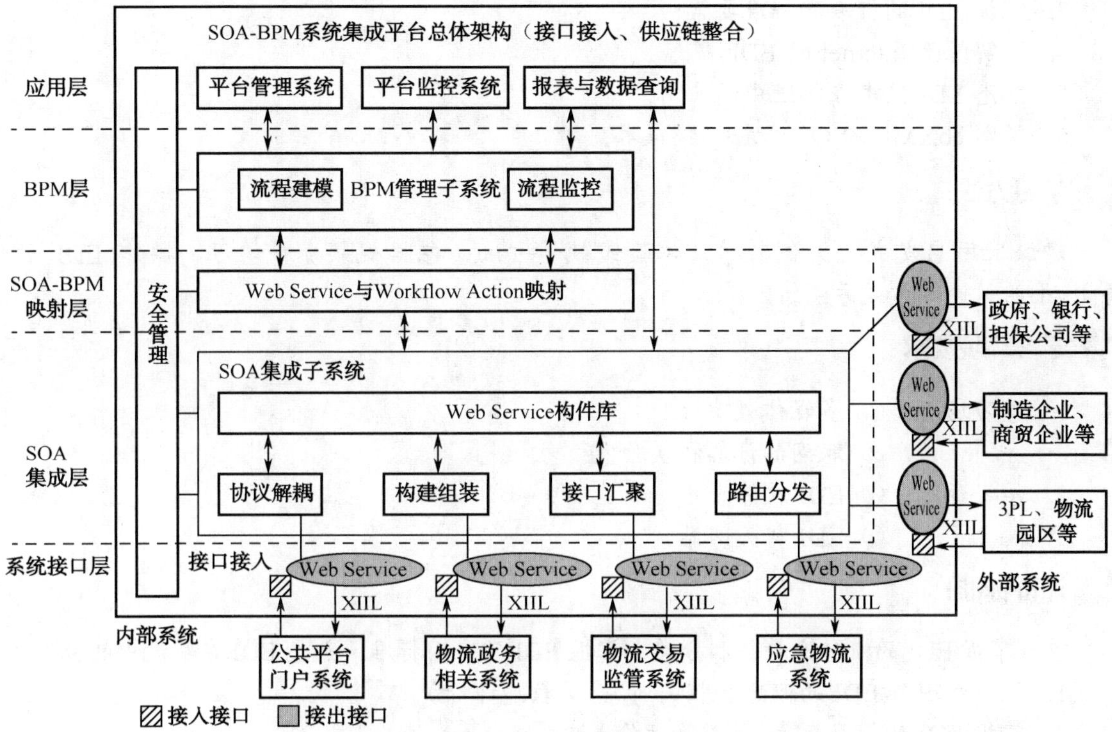

图 5-20 SOA-BPM 系统集成平台总体架构

（2）服务的重用

服务的可重用性设计显著地降低了成本。为了实现可重用性，服务只工作在特定处理过程的上下文中，独立于底层实现和客户需求的变更。

（3）服务的互操作

在 SOA 中，通过服务之间既定的通信协议进行互操作。

（4）服务是自治的功能实体

服务是由组件组成的组合模块，是自包含和模块化的，SOA 非常强调架构中提供服务的功能实体完全独立自主的能力。

（5）服务之间的松耦合度

服务请求者到服务提供者的绑定与服务之间应该是松耦合的。这就意味着，服务请求者不知道提供者实现的技术细节，比如程序设计语言、部署平台。服务请求者往往通过消息调用操作，请求消息和响应，而不是通过使用 API 和文件格式。

学习分享

学习目标：

完成本学习情境的任务后，你应当能

1. 熟练掌握 EDI 的基本概念和特点；

2. 掌握 EDI 的工作过程；
3. 掌握 EDI 的标准和标准要素；
4. 了解基于 Internet 的 EDI；
5. 熟悉 EDI 技术在物流中的应用；
6. 了解 ebXML、SOA 数据交换技术。

学习方法：

建议采用启发式、案例教学、体验式教学方法（包括视频资料学习、操作 EDI 软件等）、小组讨论等方式方法。

学习环境要求：

1. 学习场地：① 多媒体教室；
② 联网的计算机实验室。
2. 学习资源：① EDI 软件；
② EDI 相关网站。

评价标准：

重点掌握 EDI 的概念、特征和分类，掌握 EDI 的应用标准，熟悉 EDI 在物流中的应用。
1. 认识和理解 EDI 的概念和相关内容。（教师评价）
2. 掌握 EDI 的标准要素。（教师评价）
3. 掌握 EDI 的具体应用。（教师评价）
4. 能根据实训的计划和要求，小组完成 EDI 软件操作的实训报告。（个人、小组和教师评价）
5. 在完成本情境任务过程中的学习态度。（个人、小组和教师评价）

操作实训

实训一　单证的制作

【实训目的】
1. 熟悉 EDI 软件的运行环境。
2. 进行单证的制作。
3. 培养协作与交流的意识，进一步学习 EDI 软件的应用。

【实训参考】

EDI Express 是 EDI 用户与 EDI 中心进行报文交换的客户端软件，其主要功能是将海港运输的主要单证生成报文形式，按照报文格式标准对报文进行校验，并通过一定的通信协议与 EDI 中心进行报文交换。

实训使用的 EDI Express 可从上海港航 EDI 中心网站下载。上海港航 EDI 中心首页地址为 http://www.portinfo.net.cn，在 EDI 专版下载专区下载相应版本软件压缩包到本地计算机，并解压完成安装。

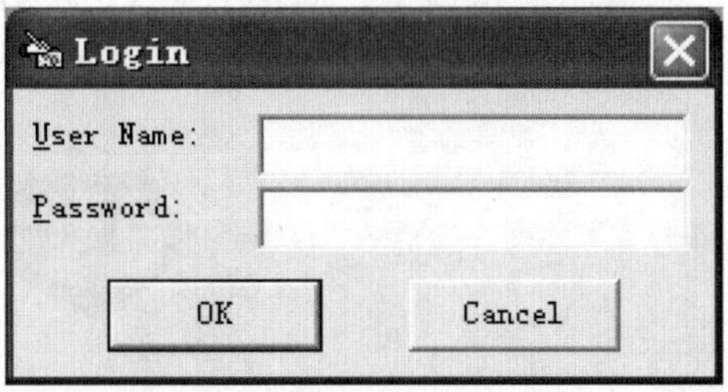

图 5-21　系统登录窗口

1. 进入系统

① 双击桌面上的 EDI Express 图标运行系统。

② 打开系统登录窗口，如图 5-21 所示。

③ 输入用户名和密码（注意：如果是第一次使用，用户名和密码都为空），单击“OK”或按回车键，进入系统用户界面，如图 5-22 所示。

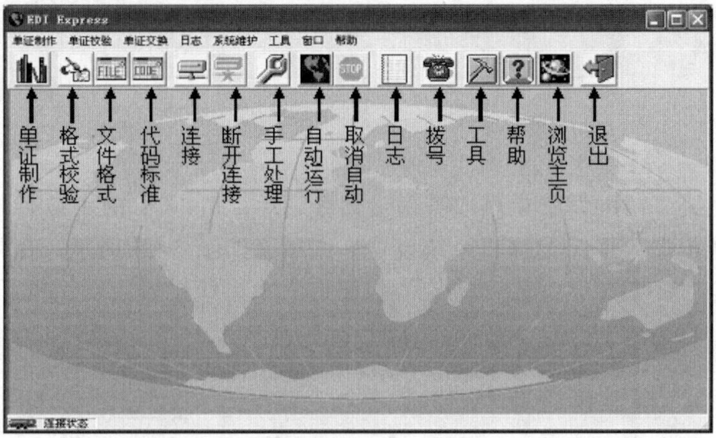

图 5-22　系统用户界面

2. 系统维护

（1）用户设置

进入系统后，如果希望更改用户名和密码，可以进行用户设置。选择“系统维护”，在下拉菜单中选择“口令设置”，弹出“密码修改”对话框，如图 5-23 所示，在对话框中输入用户名、旧密码（首次使用可不输入）和新密码。

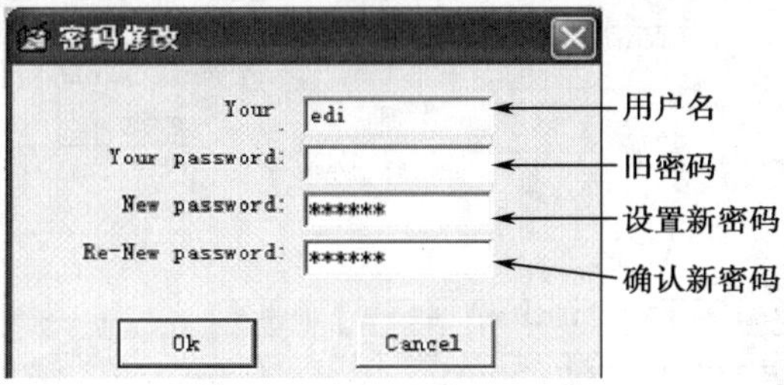

图 5-23　修改用户名和密码

（2）获取管理员口令

用户只有从系统“帮助”菜单中获取管理员口令后，才可以对 EDI 软件的系统参数进行设置。EDI Express 软件安全性好，每天登录到 EDI Express 系统中，系统管理员的口令都更新一次。获得管理员口令的方法如下：选择“帮助”菜单中的“关于”选项，在弹出的关于系统信息的窗口中，有一行信息显示的是“S/N：XXXXX”字样。“XXXXX”即是系统管理员口令。如图 5-24 所示，系统管理员口令为“C1116”。

图 5-24　获取管理员口令

（3）系统维护

步骤 1：从系统“帮助”菜单获取管理员口令之后，可以对 EDI 软件的系统参数进行设置。单击“系统维护”菜单，选择“系统设置”选项。如图 5-25 所示，在弹出的对话框中输入系统管理员口令“C1116”，单击“确定”按钮进入“系统设置”对话框。

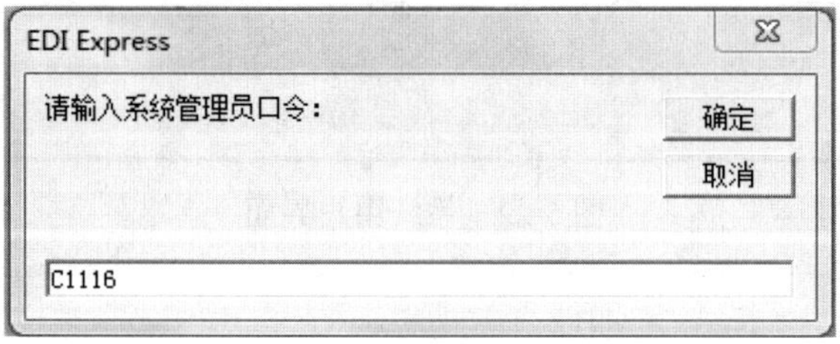

图 5-25　输入系统管理员口令

步骤 2：在“系统设置”对话框中，可以进行远程系统设置和本地系统设置，如图 5-26 所示。

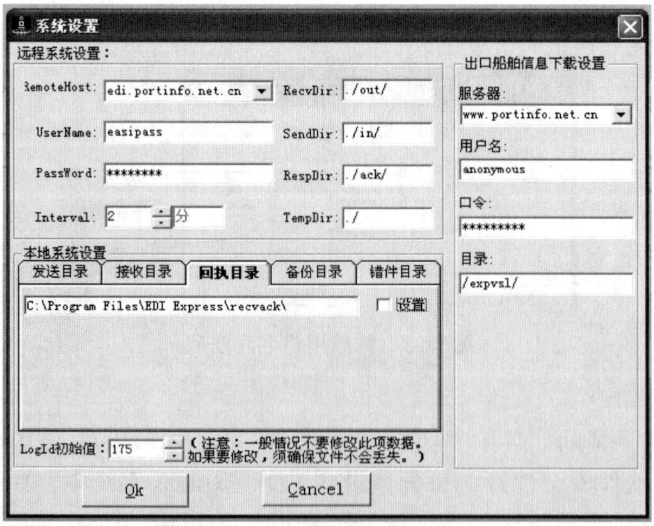

图 5-26　“系统设置”对话框

① 远程系统设置是本地 EDI 软件与 EDI 中心连接的必要设置，具体说明如下。

RemoteHost：远程主机。

UserName：EDI 中心提供给用户的 FTP 用户名。

PassWord：EDI 中心提供给用户的 FTP 用户口令。

Interval：自动运行中收发报文的时间间隔。

RecvDir：用户在中心的接收目录，此目录是固定的。

SendDir：用户在中心的发送目录，此目录是固定的。

RespDir：用户在中心的接收回执目录，此目录是固定的。

TempDir：用户在中心的收发临时目录，此目录是固定的。

② 本地系统设置。

发送目录：用户发送文件时，文件应置于该目录下，该目录默认值是安装目录下的/send 目录，如果用户要更改目录，可选中“设置”选项。

接收目录：用户接收的文件置于该目录下，该目录默认值是安装目录下的/receive 目录，如果用户要更改目录，可选中“设置”选项。

回执目录：用户接收的回执置于该目录下，该目录默认值是安装目录下的/recvack 目录，如果用户要更改目录，可选中“设置”选项。

备份目录：用户发送文件成功后，系统对发送的文件制作备份置于该目录下，该目录默认值是安装目录下的/sendback 目录，如果用户要更改目录，可选中“设置”选项。

错件目录：用户发送或校验文件失败后，系统对该文件制作备份置于该目录下，该目录默认值是安装目录下的/ermsg 目录，如果用户要更改目录，可选中“设置”选项。完成系统设置之后，即可与 EDI 中心进行网络连接、数据交换。

（4）数据的备份与恢复

定时对数据进行备份可以防止数据意外丢失。单击“系统维护”菜单，选择“数据备份”，在弹出的提示对话框中输入系统管理员口令，进入“数据备份”对话框，如图 5-27 所示。单击“备份”按钮可以将当前数据库的内容保存下来，单击“还原”按钮可以将以前的数据还原到当前数据库中。

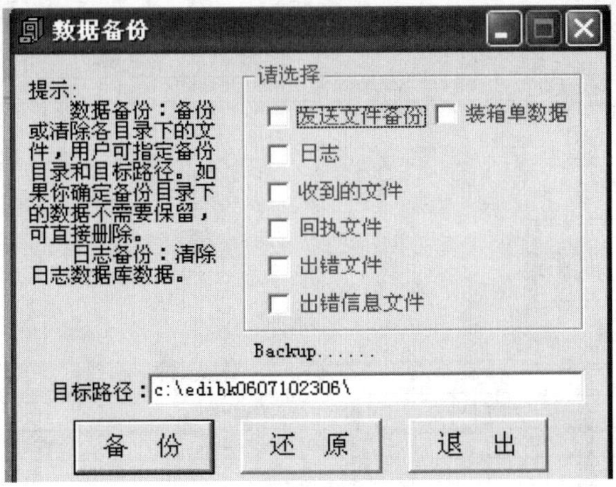

图 5-27 “数据备份”对话框

（5）用户代码维护

所有 EDI 中心的注册用户都具有自己的代码，通过用户代码维护窗口可以对用户代码进行维护。单击“系统维护”，选择“用户代码”即可打开用户代码维护窗口。

用户进入用户代码维护窗口，首先找到自己的代码，将用户类型设为 99。若有新的用户加入，EDI 中心将及时通知各用户，用户通过该窗口对其进行及时维护。如果用户在用户代码维护窗口找不到自己的代码，可以通过“添加”按钮添加，同时还可以对已有用户代码进行“增加”、“删除”和“修改”操作。

3. 单证制作

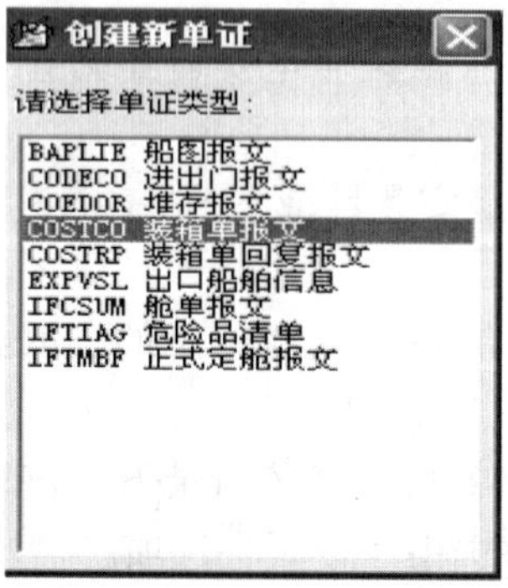

图 5-28　选择“COSTCO 装箱单报文”

单证制作是 EDI 软件在本地操作的一个重要环节，制作过程如下。

步骤 1：选择“单证制作”菜单，选择“新建”，弹出“创建新单证”窗口。在弹出的窗口中选择要制作的单证类型，制作单证（以创建装箱单报文为例）。双击“COSTCO 装箱单报文”，进入单证制作窗口，如图 5-28 所示。

步骤 2：输入单证内容。输入界面以箱号为关键字段，同一箱号下可以输入多票提单。输入数据时，要注意使用标准化代码。如有补充信息，则单击“补充信息”或按 Alt+Z 键，在弹出的窗口中输入相关信息，如图 5-29 所示。

步骤 3：保存单证。单证内容输入完整后即可单击“保存”按钮或按 Alt+S 键保存单证。若单证必选内容没有输入，系统会弹出提示信息，要求输入必要内容。

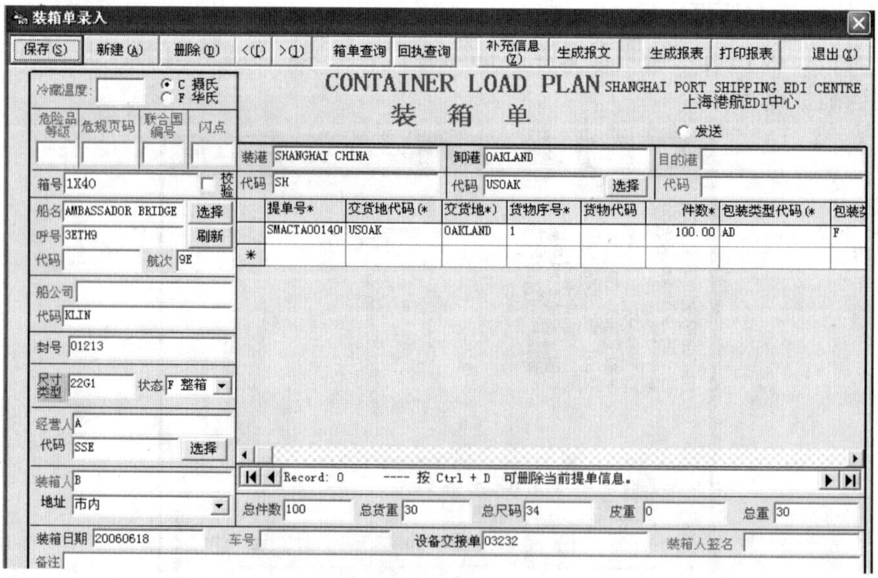

图 5-29　“装箱单录入”窗口

步骤 4：生成报文。制作好的单证以 EDI 报文形式发送出去，要将单证翻译成 EDI 报文。软件 EDI Express 具备将单证转化成标准的 EDI 报文的功能。装箱单的数据信息输入完毕后，单击“生成报文”按钮，进入报文生成窗口。单击“选择船名/航次”按钮，自动生成报文头信息，如图 5-30 所示。确定信息无误后，单击“生成报文”按钮，生成 EDI 报文。文件保存到先前系统参数设置的发送目录下。

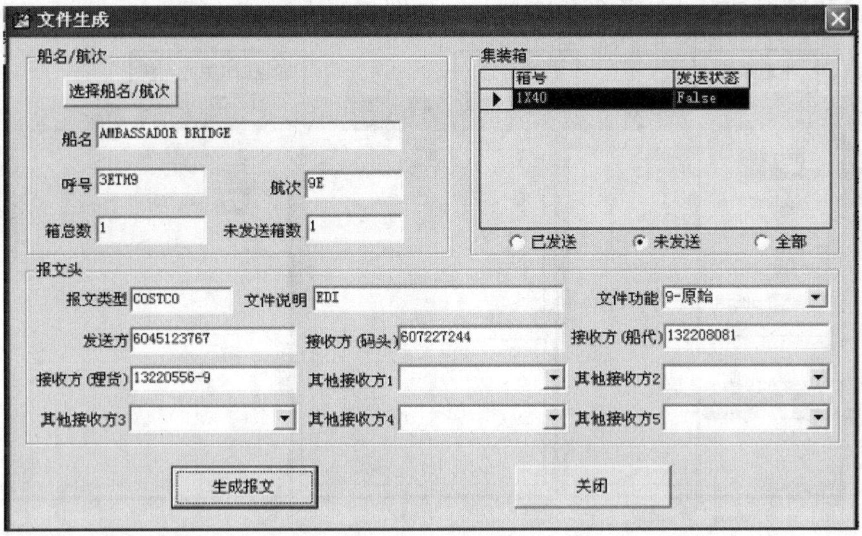

图 5-30 报文生成窗口

4. 单证校验

为了保证接收方能正确处理报文，对文件进行格式校验是十分必要的。选择“单证校验”菜单下的“格式校验”选项或单击工具栏中“格式校验”按钮。选择要校验的报文进行校验。

另外也可以在“手工处理”或“自动运行”中发送报文前进行校验。选择“手工处理”，弹出手工处理窗口。在手工处理窗口中将校验前面的复选框选中，选择要发送的报文，在报文发送之前即对它进行校验。

5. 单证交换

单证交换是报文发送和传输的过程，有以下几个步骤。

（1）拨号

用户通过拨号或专线连接到 EDI 中心。在拨号连接界面中，如果自动拨号参数设置为 true，系统将自动拨号号码簿选择框中的信息保存起来，在系统自动运行时，系统会调用该自动拨号号码簿来拨号。注意：如果用户在自动运行时，不需要断开拨号连接，则应将自动拨号参数设置为 false。

（2）连接

当用户通过拨号连接到 EDI 中心的服务器上时，即连接上了用户的远程目录。进入菜单“单证交换/连接”或单击“连接”按钮，如果系统已设置好，即可连接网络。连接成功后，可进行报文收发处理。进入菜单“单证交换/断开连接”或单击“断开连接”按钮，将断开网络连接。

（3）报文发送

EDI Express 提供了手工处理和自动处理两种传输方式。

① 手工处理：单击按钮即可进入手工处理方式窗口。手工处理方式窗口分本地系统、传输信息和远程 EDI 中心系统 3 个部分，如图 5-31 所示。

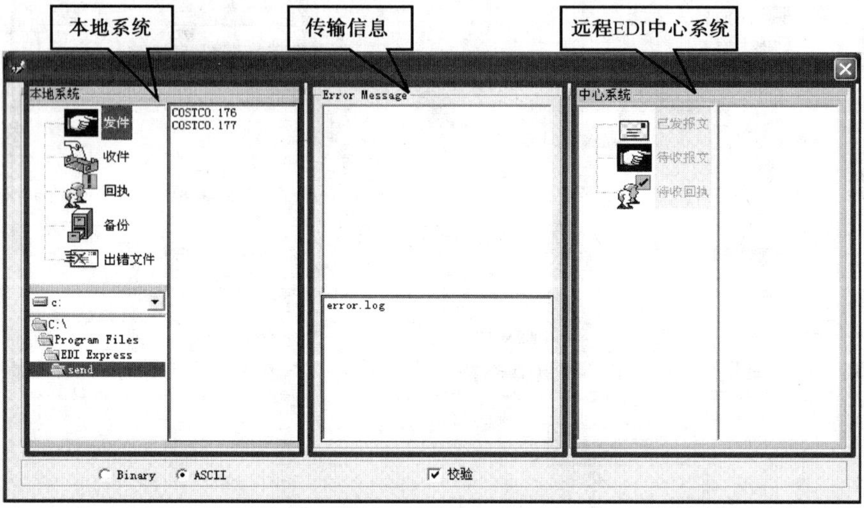

图 5-31　手工处理方式窗口

本地系统部分：指用户本地的计算机与报文交换有关的目录系统及文件。左上角为本地的文件夹类型，左下角为本地目录，本地系统部分的右边是文件列表框，列出了当前目录的文件。

传输信息部分：上半部分显示文件校验、发送和接收的情况。下半部分则显示出错信息文件。

远程 EDI 中心系统部分：指用户在 EDI 中心主机系统上的 3 个信箱目录及文件。“已发报文”：用户发出的文件将送至该目录，几秒钟后，EDI 中心主机系统将处理掉该文件，文件列表栏中不再有该文件。“待收报文”：用户滞留在 EDI 中心等待接收的报文，双击该文件，将收取该报文至本地系统“收件”目录中。“待收回执”：用户滞留在 EDI 中心等待接收的回执，双击该文件，将收取该回执至本地系统“回执”目录中。

② 自动处理：自动处理是指用户与 EDI 中心连接之后，系统进入自动运行状态。当系统检测到有需要发送的报文时，将自动拨号、连接中心主机、发送/接收报文以及断开拨号连接。

【实训要求】

实训以小组为单位，5～6 人组成小组。

1．学习 EDI 软件的应用，能够进行参数设置。

2．能够根据标准要求，制作符合要求的单证，根据制作单证的正确性和标准性进行评分。

【实训考核】

完成并提交小组实训报告，报告内容包括实训的过程和步骤、实训的收获和总结。提交实训报告文档到教学文件系统，命名方式为“学号-姓名.doc”。

表 5-2 实训考核表

考核要素	评价标准	分值	分值比例			
			自评（10%）	小组（10%）	教师（80%）	小计（100%）
EDI 软件的应用	熟练操作 EDI 软件，能够进行参数设置	40				
制作单证	单证符合国标、行标的要求	40				
实训报告	分析总结规范合理	20				
合　计		100				
评语（主要是建议）						

实训二　收发报文

【实训目的】

1．熟练应用 EDI 软件。

2．掌握完整的 EDI 知识。

【实训要求】

实训以小组为单位，5～6 人组成小组。

1．参照实训参考资料，进行 EDI 报文的收发。

2．进行 EDI 报文的校验。

3．总结实训一、实训二并进行汇报和展示。

【实训考核】

1．小组制作 PPT 汇报和展示。

2．根据学生对 EDI 软件的操作情况和 PPT 汇报情况进行评分。

表 5-3 实训考核表

考核要素	评价标准	分值	分值比例			
			自评（10%）	小组（10%）	教师（80%）	小计（100%）
报文的收发	熟练完成报文收发	40				
报文的校验	熟练完成报文的校验	40				
PPT 汇报	PPT 汇报情况	20				
合　计		100				
评语（主要是建议）						

自我测评

✧ 复习思考题

1．EDI 的特点有哪些？
2．EDI 的功能模块有哪些？
3．简述 EDI 的工作流程。
4．EDI 与 Internet 的结合方式有哪些？
5．简述 EDI 在供应链管理中的应用情况。

✧ 案例分析题

上海联华超市的 EDI 应用系统

上海联华超市集团成立于 1992 年，主要有直营、加盟和合营 3 种经营方式。近年来，随着经营规模的不断扩大，其管理工作也越来越复杂。每天中午 12 点钟，配送中心将商品的库存信息以文件形式发送到增值网上，各门店计算机系统从自己的增值网信箱中取出库存信息，然后根据库存信息和自己门店的销售信息制作“要货单”。但要货单信息没有通过网络传输，而是从计算机中打印出来，通过传真形式传送到配送中心，配送中心的计算机工作人员再将要货信息输入计算机系统。这样做不仅导致了数据二次录入可能发生的错误和人力资源的浪费，也体现不出网络应用的价值和效益。公司领导意识到，必须引进新的管理系统，才能解决目前的管理问题。因此，公司决定采用 EDI 系统管理公司的业务。

联华的 EDI 系统要完成配送中心与供应商之间、总部与配送中心之间、配送中心与门店之间的标准格式的信息传递过程，如图 5-32 所示。

应用 EDI 系统后，联华超市的配送中心可直接根据各门店的销售情况和要货情况生成订货信息，并将其发送给供应商。供应商发货后，配送中心根据供应商的发货通知单直接维护库存，向门店发布库存信息。这样，信息流在门店、配送中心和供应商之间就可以顺畅流动，如图 5-33 所示。此外利用 EDI 传输数据时，所有数据只有一个入口，从而保证了数据的及时性和准确性，降低了订货成本和库存费用。

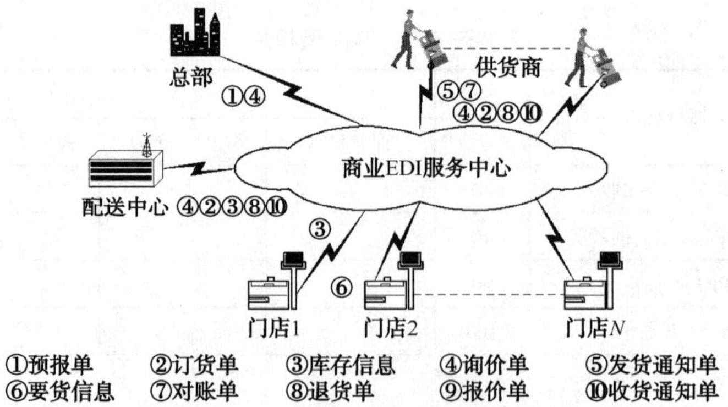

图 5-32　上海联华超市 EDI 系统的应用结构

图 5-33 联华超市信息流的运转过程

（根据网上资料整理）

问题：

1．上海联华超市是如何应用 EDI 系统的？

2．所有的超市都适合应用 EDI 系统吗？

学习情境六

掌握全球定位系统

学习情境描述

张晓玲去沃尔玛实习之前就知道沃尔玛是第一个发射和使用自有通信卫星的零售企业，专门用于全球店铺的信息传送与运输车辆的定位和联络。采用先进的全球定位系统对车辆进行定位，任何时候都能知道沃尔玛的卡车与货物的具体位置，随时、准确地对车辆进行调度，大大提高了整个物流系统的效率。另外，哥哥张晓军告诉晓玲，随着我国北斗导航系统的不断完善和推广应用，全球定位系统在我国物流领域的应用也将越来越普遍和深入。GPS的思维导图如图 6-1 所示。

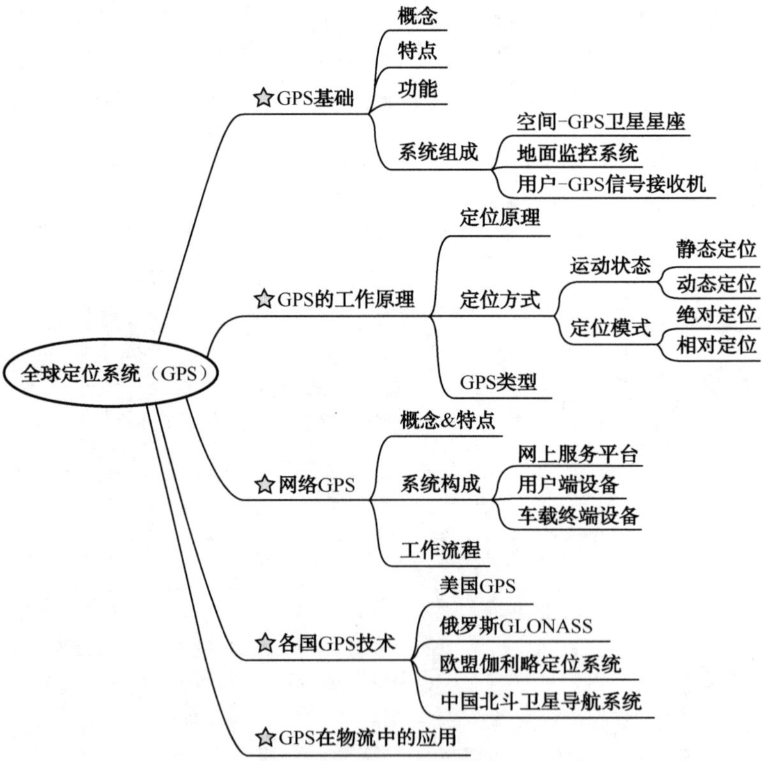

图 6-1　GPS 的思维导图

导入案例

出租车 GPS 为出行保驾护航

目前，国内很多城市的出租车都安装了车载 GPS，该系统具有以下功能。

监控调度：监控中心可以随时了解车辆的实时位置，并在电子地图上准确地查询车辆的运行状态（如速度、运行方向等信息）。

电话叫车：乘客拨打调度中心的约车电话时，网络可以自动调派区域内的空车，并将调车的详细信息用语音或文字信息传至车载显示终端，大大提高调度效率。

信息服务：监控中心可以向出租车司机提供交通信息、路线咨询信息、广告信息等，为司机或乘客提供服务。

意外报警：监控中心收到车载终端发出的报警信号时，可以在电子地图上显示报警状态和报警地点，并自动记录车辆运行轨迹、自动录音。同时，监控中心立即通知出租车公司，并根据报警情况和警力分布情况，用短消息或语音进行指挥调度和警情处理。

实时控制：监控中心经公安机关或租赁公司授权后，可随时对车辆进行实时监听和控制，锁定车辆位置，配合警方快速出动警力，缴回被骗、被盗、被抢的车辆。

超速/越界报警：管理中心系统下发速度上限值到车载终端并由车载终端保存该设置，在行驶过程中若判断实际行驶速度超出速度上限值，则立即向监控中心上报超速报警信息；中心系统亦可下发活动区域的属性数据到车载终端并由车载终端保存该设置，在行驶过程中若判断出车辆不在活动区域内，则立即向监控中心上报越界报警信息。管理中心系统记录报警信息并立即以语音或文字提示信息通知值班人员，配合电子地图上的位置信息为值班人员提供及时、完整的报警信息。

营运数据实时回传：车载 GPS 可以与计价器对接，在出租车运行过程中实时采集营运数据，包括载客起点和终点、载客里程、行驶路线、载客营业额、空车起点和终点、空车里程等。营运数据可以通过无线方式传输至管理中心，管理中心存储营运数据。

问题：

1. 车载 GPS 有哪些功能？
2. GPS 在现代物流中可以有哪些应用？

任务一　认识 GPS

一、GPS 的概念

全球定位系统（Global Positioning System，GPS）是利用空间卫星星座（通信卫星）、地面控制部分及信号接收机对地球上任何地方的用户都能进行全方位导航和定位的系统，也称全球卫星定位系统。

GPS 最早由美国军方开发使用，用于定时、定位及导航。从 1978 年第一颗 GPS 卫星升空起，历时20年，耗资200亿美元，于1994年全面建成，它是具有海、陆、空全方位实时三维导航与定位能力的新一代卫星导航与定位系统。GPS以全天候、高精度、自动化、高效益等显著特点赢得了广大测绘工作者的信赖，并成功地应用于大地测量、工程测量、航空摄影测量、运载工具导航和管制、地壳运动监测、工程变形监测、资源勘察、地球动力学等多种学科，从而给测绘领域带来了一场深刻的技术革命。

二、GPS的特点

GPS具有高精度、全天候、高效率、多功能、操作简便、应用广泛等特点。

1. 定位精度高

GPS能够连续地为各类用户提供高精度的三维位置、三维速度和精确的时间信息。应用实践已经证明，GPS相对定位精度在50km以内可达百万分之一，100～500km可达千万分之一，1000km可达十亿分之一。在300～1500m工程精密定位中，1h以上观测的解算平面位置误差小于1mm，与ME-5000电磁波测距仪测定的边长比较，其边长校差最大为0.5mm，校差中误差为0.3mm。

2. 定位时间短

随着GPS的不断完善和软件的不断更新，目前20km以内相对静态定位仅需15～20min；快速静态相对定位测量中，当每个流动站与基准站相距15km以内时，流动站观测时间只需1～2min，然后可随时定位，每站观测只需几秒钟。

3. 操作简便

随着GPS接收机不断改进，自动化程度越来越高，有的已达“傻瓜化”的程度，接收机的体积越来越小，重量越来越轻，极大地减轻了测量工作者的工作紧张程度和劳动强度，使野外工作变得轻松愉快。

4. 测站间无须通视

GPS测量不要求测站之间相互通视，只要测站上空开阔即可，因此可节省大量的造标费用。由于无须点间通视，点位根据需要可稀可密，使选点工作甚为灵活，也可省去经典大地网中的传算点、过渡点的测量工作。

5. 全天候作业

目前GPS观测可在一天24h内的任何时间进行，不受阴天黑夜、起雾刮风、下雨下雪等气候影响。

6. 功能多、应用广

GPS是军民两用系统，其应用范围极其广泛。GPS不仅可用于测量、导航，还可用于测速、测时。测速的精度可达0.1m/s，测时的精度可达几十毫微秒。其应用领域也不断扩大，最初设计 GPS 主要是用于导航、收集情报等军事目的。但是，后来的应用开发表明，GPS 不仅能够达到上述目的，而且用 GPS 卫星发来的导航定位信号能够进行厘米级甚至毫米级精度的静态相对定位、米级至亚米级精度的动态定位、亚米级至厘米级精度的速度测量和毫微秒级精度的时间测量。因此，GPS 展现了极其广阔的应用前景。

三、GPS 的功能

从军用和民用两个角度看，GPS 在军事上已成为自动化指挥系统、先进武器系统及新的战役战术理论的一项关键性基本保障技术，它被广泛应用于陆、海、空及战略导弹等各军兵种；在民用上，GPS 用于车辆和船舶导航、大地测量、机场着陆、开采的精确定位等。

从陆、海、空三个维度看，GPS 的功能包括：①陆地应用，主要包括车辆导航、应急反应、大气物理观测、地球物理资源勘探、工程测量、变形监测、地壳运动监测、市政规划控制等；②海洋应用，包括远洋船最佳航程航线测定、船只实时调度与导航、海洋救援、海洋探宝、水文地质测量、海洋平台定位及海平面升降监测等；③航空航天应用，包括飞机导航、航空遥感姿态控制、低轨卫星定轨、导弹制导、航空救援和载人航天器防护探测等。

从一般功能应用上看，GPS 具有以下功能。

① 实时监控功能：GPS 可以实时跟踪运输车辆，了解车辆与货物状态。调度员在任意时刻都能查询运输车辆所在的地理位置和运行状态，并在电子地图上直观地查看，以便保障司乘人员、车辆和货物的安全。

② 双向通信功能：无论何时何地，车辆控制中心和司机都可以利用 GPS 进行双向通信，有利于调度中心随时调度车辆和安排装运时间，并获知其他意外情况。

③ 动态调度功能：在任意时刻，调度员都能通过调度中心向司机发出调度指令，并得到反馈信息。根据这些反馈信息，调度员可以在运输车辆返回车队之前就做好待命计划，提前下达运输任务，以减少等待时间。此外，调度员还可以利用 GPS 进行运能管理，将车辆的运能信息、维修记录信息、车辆运行状况等提供给调度中心，以供决策使用。

④ 数据存储及分析功能：调度中心可以利用 GPS 事先规划车辆的运行路线和运行区域，并将这些信息记录在数据库中，以备日后查询和分析。此外，企业也可在调度中心设立服务器，将车辆的运行状况、在途信息、运能信息、位置信息等放在服务器上，让有权限的用户在异地就能方便地获取自己所需要的信息，了解车辆的精确位置、货物交接时间、车辆的实时状态等。

四、GPS 的组成

GPS 由空间部分、地面控制部分和用户设备部分三大部分组成，如图 6-2 所示。

1. 空间部分——GPS 卫星星座

GPS 的空间部分使用 24 颗（21 颗工作卫星和 3 颗在轨备用卫星组成）高度约 2.02 万千米的卫星组成卫星星座。24 颗卫星均为近圆形轨道，运行周期约为 11 小时 58 分，分布在 6 个轨道面上（每轨道面 4 颗），轨道倾角为 55°，轨道平面间距 60°，在每一轨道平面内，各卫星的间隔为 90°，如图 6-3 所示。

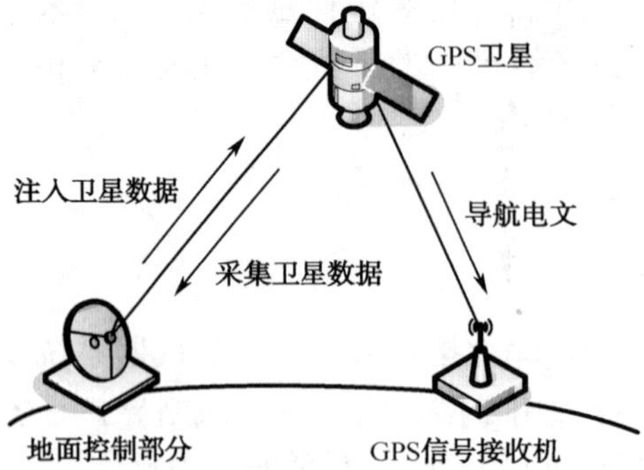

图 6-2　GPS 的组成

图 6-3　GPS 卫星星座

卫星的分布使得在全球的任何地方、任何时间都可观测到 4 颗以上的卫星（最多时可见到 11 颗卫星），并能保持良好定位解算精度的几何图形（DOP），从而提供全球范围从地面到 2 万千米高空之间任一载体高精度的三维位置、三维速度和系统时间信息，这就提供了在时间上连续的全球导航能力。GPS 卫星产生两组电码，一组称为 C/A 码（Coarse/Acquisition Code，1.023MHz），一组称为 P 码（Procise Code，10.23MHz）。P 码频率较高，不易受干扰，定位精度高，因此受美国军方管制，并设有密码，一般民间无法解读，主要为美国军方服务。C/A 码人为采取措施而刻意降低精度后，主要开放给民间使用。

2. 地面控制部分——地面监控系统

GPS 工作卫星的地面监控部分包括一个主控站（Master Control Station）、5 个监控站（Monitor Station）和 3 个数据注入站（Ground Antenna）。主控站位于美国科罗拉多斯平士（Colorado Springs）的联合空间执行中心（CSOC），3 个注入站分别设在大西洋、印度洋和太平洋的 3 个美国军事基地上，即大西洋的阿松森（Ascension）岛、印度洋的迭戈・伽西亚（Diego Garcia）和太平洋的卡瓦加兰（Kwajalein），5 个监测站设在主控站和 3 个注入站以及夏威夷（Hawaii）岛，如图 6-4 所示。

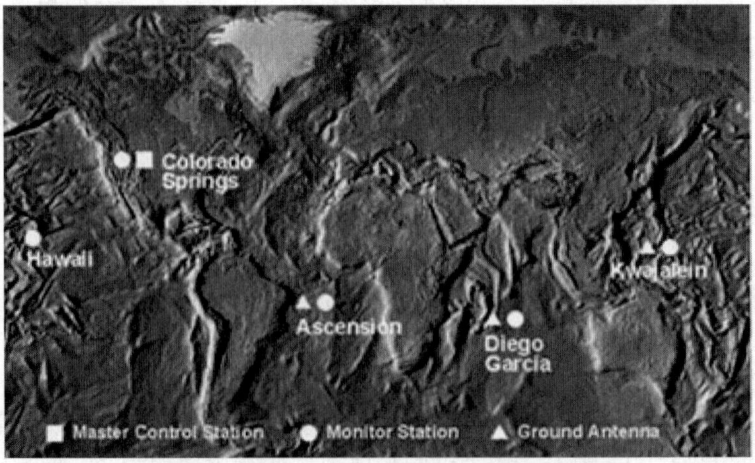

图 6-4　GPS 地面监控系统的地理分布

主控站是整个系统的核心，它的功能是为全系统提供时间基准，监视和控制卫星的轨道，处理监测站送来的各种数据，编制各卫星的星历，计算和修正时钟误差及电离层对电波传播造成的偏差，当运行卫星失效时及时调用备用卫星等。另外，主控站还有监控站的功能。

监控站的主要任务是接收信号，监测卫星的工作状态，并向主控站提供观测数据。监控站设有 GPS 用户接收机、原子钟、收集当地气象数据的传感器和进行数据初步处理的计算机，对每颗卫星进行连续不断的跟踪和观测，每 6s 进行一次伪距和积分多普勒的观测、气象要素、卫星时钟和工作状态等数据的采集。

数据注入站的作用是将主控站计算出的卫星年历、卫星轨道和卫星钟修正数等注入卫星中，注入站还能自动地向主控站发射信号，每分钟报告一次自己的工作状态。数据注入对每颗 GPS 卫星每天一次，并在卫星离开注入站作用范围之前进行最后的注入。如果某地面站发生故障，那么在卫星中预存的导航信息还可用一段时间，但导航精度会逐渐降低。

主控站将编辑的卫星电文传送到位于三大洋的 3 个注入站，而注入站通过 S 波段微波链路定时地将有关信息注入各个卫星，然后由 GPS 卫星发送给广大用户，这就是所用的广播星历。

3. GPS 信号接收机

GPS 信号接收机主要由接收机硬件和处理软件组成，用于接收 GPS 卫星发射信号，经信号处理而获得用户位置、速度等信息，再通过数据处理完成导航和定位。GPS 接收机硬件一般由主机、天线和电源组成，接收机软件主要是机内监控程序和导航与定位数据的后处理软件包。

GPS 信号接收机的任务是捕获按一定卫星高度截止角所选择的待测卫星的信号，并跟踪这些卫星的运行，对所接收到的 GPS 信号进行变换、放大和处理，以便测量出 GPS 信号从卫星到接收机天线的传播时间，解译出 GPS 卫星所发送的导航电文，实时地计算出监测站的三维位置、速度和时间。

GPS 信号接收机种类虽然很多，但结构基本一致，分为天线单元和接收单元两部分，如图 6-5 所示。天线单元由接收天线和前置放大器组成。常用的天线形式有定向天线、偶极子天线、微带天线、线螺旋天线、圆螺旋天线等。前置放大器直接影响接收信号的信噪比，要求噪声系数小、增益高和动态范围大。现在一般都采用 FET 放大器。接收单元包括信号通道、存储、计算与显示控制及电源等部件。信号通道的主要功能是接收来自天线的信号，经过变频、放大、滤波等一系列处理，实现对 GPS 信号的跟踪、锁定、解调、检出导航有关信息。根据需要，可设计成 1～12 个通道，以接收多个卫星信号。其他几个部件的作用主要是根据收到的卫星星历和伪距观测数据，计算出三维坐标和速度，进行人机对话、输入各种指令、控制屏幕显示等。

静态定位中，GPS 接收机在捕获和跟踪 GPS 卫星的过程中固定不变，接收机高精度地测量 GPS 信号的传播时间，利用 GPS 卫星在轨的已知位置，解算出接收机天线所在位置的三维坐标。而动态定位则是用 GPS 接收机测定一个运动物体的运行轨迹。GPS 信号接收机所位于的运动物体叫做载体（如航行中的船舰、空中的飞机、行走的车辆等）。载体上的 GPS 接收机天线在跟踪 GPS 卫星的过程中相对地球而运动，接收机用 GPS 信号实时地测得运动载体的状态参数（瞬间三维位置和三维速度）。

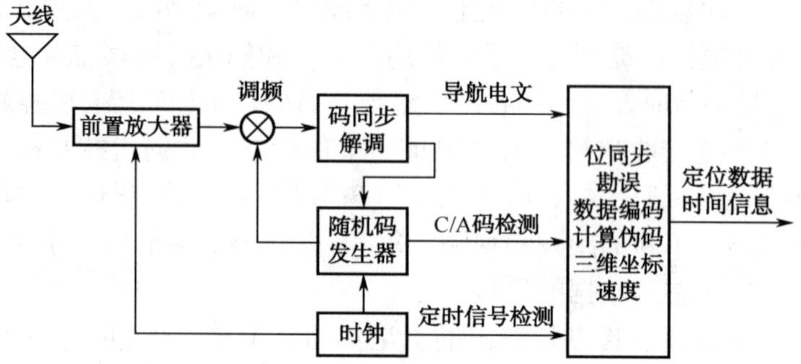

图 6-5　GPS 信号接收机结构图

GPS 接收机一般用蓄电池做电源，同时采用机内机外两种直流电源。设置机内电池的目的在于确保更换外电池时不中断连续观测。在用机外电池的过程中，机内电池自动充电。关机后，机内电池为 RAM 存储器供电，以防止丢失数据。近几年，国内引进了多种类型的 GPS 测地型接收机。各种类型的 GPS 测地型接收机用于精密相对定位时，其双频接收机精度可达 5mm+1PPM.D，单频接收机在一定距离内精度可达 10mm+2PPM.D。用差分定位其精度可达亚米级甚至厘米级。目前，各种类型的 GPS 接收机体积越来越小，重量越来越轻，便于野外观测。

任务二　掌握 GPS 的工作原理

一、GPS 卫星的定位原理

GPS 导航系统的基本原理是测量出已知位置的卫星到用户接收机之间的距离，然后综合多颗卫星的数据就可知道接收机的具体位置。要达到这一目的，卫星的位置可以根据星载时钟所记录的时间在卫星星历中查出。而用户到卫星的距离则通过记录卫星信号传播到用户所经历的时间，再将其乘以光速得到（由于大气层电离层的干扰，这一距离并不是用户与卫星之间的真实距离，而是伪距，即 PR）。当 GPS 卫星正常工作时，会不断地用 1 和 0 二进制码元组成的伪随机码（简称伪码）发射导航电文。

GPS 使用的伪码一共有两种，分别是民用的 C/A 码和军用的 P（Y）码。C/A 码频率 1.023MHz，重复周期 1ms，码间距 1μs，相当于 300m；P 码频率 10.23MHz，重复周期 266.4 天，码间距 0.1μs，相当于 30m。而 Y 码是在 P 码的基础上形成的，保密性能更佳。

由卫星的位置精确可知，在 GPS 观测中，可得到卫星到接收机的距离，根据三维坐标中的距离公式，利用 3 颗卫星，就可以组成 3 个方程式，解出观测点的位置（*X, Y, Z*）。考虑到卫星的时钟与接收机时钟之间的误差，实际上有 4 个未知数，即 *X*、*Y*、*Z* 和钟差，因而需要引入第 4 颗卫星，形成 4 个方程式进行求解，从而得到观测点的经纬度和高程。如图 6-6 所示，GPS 接收机可以接收 4 颗卫星发送的空间信息（自身的星历参数和时间信息），经过计算可以求出接收机的三维位置、三维方向、运动速度和时间信息。

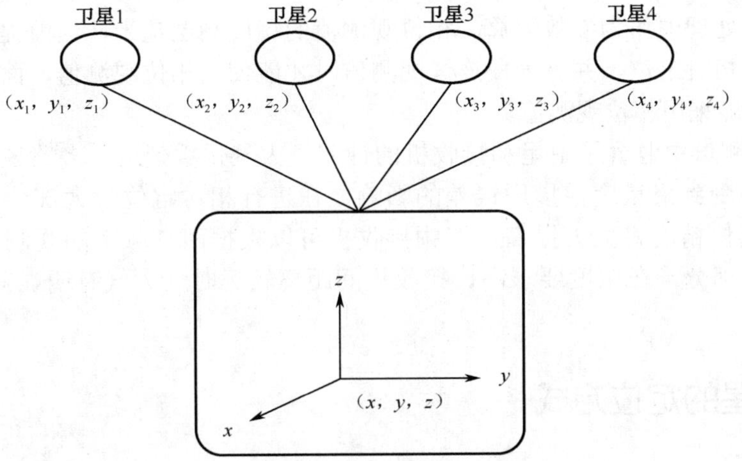

图 6-6 GPS 定位原理

计算公式为

$$[(x_i - x)^2 + (y_i - y)^2 + (z_i - z)^2]^{1/2} + c(v_{t_i} - v_{t_0}) = d_i = c\Delta t_i, (i = 1,2,3,4)$$

上式中，待测点坐标 x、y、z 和接收机的钟差 v_{t_0} 为未知数，其他都是已知参数。其中，x_i、y_i、z_i 表示卫星 i 在 t 时刻的空间直角坐标，可由卫星导航电文求得；v_{t_i} 表示卫星钟的钟差，由卫星星历提供；d_i 表示卫星 i 到接收机之间的距离；c 表示 GPS 信号的传播速度，即光速；Δt_i 表示卫星 i 的信号到达接收机所经历的时间。

事实上，接收机往往可以锁定 4 颗以上的卫星。这时，接收机可按卫星的星座分布分成若干组，每组 4 颗，然后通过算法挑选出误差最小的一组用于定位，从而提高精度。由于卫星运行轨道、卫星时钟存在误差，大气对流层、电离层对信号的影响，以及人为的 SA 保护政策，使得民用 GPS 的定位精度只有 100m。为提高定位精度，普遍采用差分 GPS（DGPS）技术，建立基准站（差分台）进行 GPS 观测，利用已知的基准站精确坐标，与观测值进行比较，从而得出一修正数，并对外发布。接收机收到该修正数后，与自身的观测值进行比较，消去大部分误差，得到一个比较准确的位置。实验表明，利用差分 GPS，定位精度可提高到 5m。

GPS 接收机可接收到用于授时的精确至纳秒级的时间信息；用于预报未来几个月内卫星所处概略位置的预报星历；计算定位时所需卫星坐标的广播星历，精度为几米至几十米（各个卫星不同，随时变化）；以及 GPS 系统信息，如卫星状况等。

GPS 接收机对码的量测就可得到卫星到接收机的距离，由于含有接收机卫星时钟的误差及大气传播误差，故称为伪距。对 C/A 码测得的伪距称为 C/A 码伪距，精度为 20m 左右；对 P 码测得的伪距称为 P 码伪距，精度为 2m 左右。

GPS 接收机对收到的卫星信号，进行解码或采用其他技术，将调制在载波上的信息去掉后，就可以恢复载波。严格地说，载波相位应被称为载波拍频相位，它是收到的受多普勒频移影响的卫星信号载波相位与接收机本机振荡产生的信号相位之差。一般在接收机时钟确定的历元时刻量测，保持对卫星信号的跟踪，就可记录下相位的变化值，但开始观测时的接收机和卫星振荡器的相位初值是不知道的，起始历元的相位整数也是不知道的，即整周模糊度，只能在数据处理中作为参数解算。相位观测值的精度高至毫米，但前提是解出整周模糊度，因此只有在相对定位、并有一段连续观测值时才能使用相位观测值，而要达到优于米级的定位精度也只能采用相位观测值。

在 GPS 观测量中包含了卫星和接收机的钟差、大气传播延迟、多路径效应等误差，在定位计算时还要受到卫星广播星历误差的影响，在进行相对定位时大部分公共误差被抵消或削弱，因此定位精度将大大提高，双频接收机可以根据两个频率的观测量抵消大气中电离层误差的主要部分，在精度要求高、接收机间距离较远时（大气有明显差别），应选用双频接收机。

二、GPS 卫星的定位方式

根据定位时接收机的运动卫星定位的方式分为静态定位和动态定位两种，根据接收机定位模式分为绝对定位方式和相对定位方式两种。

1. 根据定位时接收机的运动状态分类

① 静态定位：接收机在定位过程中位置固定不变，接收机高精度地测量 GPS 信号的传播时间，利用 GPS 卫星在轨道上的已知位置，计算出本机天线所在位置的三维坐标。

② 动态定位：接收机在定位过程中位置是变换的，接收机所位于的运动物体叫做载体（如航行中的船舶、空中的飞机、运行中的车辆等）。载体的 GPS 接收机天线在跟踪 GPS 卫星的过程中相对地球而运动，并实时地测得运动载体的状态参数（瞬间三维位置和三维速度）。

2. 根据定位模式分类

① 绝对定位（单点定位）：指直接确定观测点相对坐标系原点（地球质点）绝对坐标的一种定位方式。绝对定位的特点是作业方式简单，可以单机作业，一般用于导航和精确度要求不高的应用中。

② 相对定位（差分定位）：指在两个或若干个测量站上设置接收机，同步跟踪观测相同的 GPS 卫星，从而测算出它们之间的相对位置。相对定位，可以有效地消除或减弱卫星时钟的误差、卫星星历的误差、卫星信号在大气中的传播延迟误差等，从而获得很高的相对定位精度。相对定位广泛用于高精度大地控制网、精密工程测量、地球动力学、地震监测网和导弹外弹道等方向的测量。

三、GPS 接收机的类型

GPS 卫星接收机种类很多，根据型号分为测地型、全站型、定时型、手持型、集成型，根据用途分为车载型、船载型、机载型、星载型、弹载型。

1. 按接收机的用途分类

（1）导航型接收机

此类接收机主要用于运动载体的导航，它可以实时给出载体的位置和速度。这类接收机一般采用 C/A 码伪距测量，单点实时定位精度较低，一般为±10m，有 SA 影响时为±100m。这类接收机价格便宜，应用广泛。根据应用领域的不同，此类接收机还可以进一步分为以下类型。

① 车载型，用于车辆导航定位。

② 航海型，用于船舶导航定位。

③ 航空型，用于飞机导航定位。由于飞机运行速度快，因此，在航空上用的接收机要求能适应高速运动。

④ 星载型，用于卫星的导航定位。由于卫星的速度高达 7km/s 以上，因此对接收机的要求更高。

（2）测地型接收机

测地型接收机主要用于精密大地测量和精密工程测量。这类仪器主要采用载波相位观测值进行相对定位，定位精度高。但仪器结构复杂，价格较贵。

（3）授时型接收机

这类接收机主要利用 GPS 卫星提供的高精度时间标准进行授时，常用于天文台及无线电通信中的时间同步。

2. 按接收机的载波频率分类

（1）单频接收机

单频接收机只能接收 L1 载波信号，测定载波相位观测值进行定位。由于不能有效消除电离层延迟影响，单频接收机只适用于短基线（小于 15km）的精密定位。

（2）双频接收机

双频接收机可以同时接收 L1、L2 载波信号。利用双频对电离层延迟的不一样，可以消除电离层对电磁波信号的延迟的影响，因此双频接收机可用于长达几千千米的精密定位。

3. 按接收机通道数分类

GPS 接收机能同时接收多颗 GPS 卫星的信号，需要分离接收到的不同卫星的信号，以实现对卫星信号的跟踪、处理和量测，具有这样功能的器件称为天线信号通道。根据接收机所具有的通道种类可分为多通道接收机、序贯通道接收机和多路多用通道接收机。

4. 按接收机工作原理分类

（1）码相关型接收机

码相关型接收机利用码相关技术得到伪距观测值。

（2）平方型接收机

平方型接收机利用载波信号的平方技术去掉调制信号，以恢复完整的载波信号，通过相位计测定接收机内产生的载波信号与接收到的载波信号之间的相位差，测定伪距观测值。

（3）混合型接收机

这种仪器综合了上述两种接收机的优点，既可以得到码相位伪距，也可以得到载波相位观测值。

（4）干涉型接收机

这种接收机将 GPS 卫星作为射电源，采用干涉测量方法，测定两个测站间的距离。

经过 20 余年的实践证明，GPS 是一个高精度、全天候和全球性的无线电导航、定位和定时的多功能系统。GPS 技术已经发展成为多领域、多模式、多用途、多机型的国际性高新技术产业。

任务三　了解网络 GPS

一、网络 GPS 的概念

网络 GPS 把互联网与 GPS 技术相结合，在互联网界面上显示 GPS 动态跟踪信息，以实现实时监控动态调度的功能。它解决了 GPS 无法克服的障碍。首先，可降低投资费用。网络 GPS 免除了物流运输公司自身设置监控中心的大量费用，不仅包括各种硬件配置，还包括各种管理软件。其次，网络 GPS 一方面可利用互联网实现无地域限制的跟踪信息显示，另一方面又可通过设置不同权限做到信息的保密。网络 GPS 综合了 Internet 与 GPS 的优势与特色，取长补短，必将在很大程度上帮助物流运输企业提高车辆调度水准、提升物流服务质量。

案例链接

网络 GPS 在厦门各企业中的应用

厦门很多企业越来越深刻地意识到网络 GPS 在各个方面的重大作用，GPS 优越的性能引起了各行各业的兴趣。中国人民保险公司厦门分公司、厦门烟草公司、厦门特区运输公司（简称“厦门特运”）、厦门港务物流公司等企业都将 GPS 与企业内部的管理系统结合起来，构建了网络 GPS 系统，为企业带来了良好的经济效益和社会效益。

以厦门烟草公司为例，公司在厦门有 7000 多个销售网点，每天都需要向这些网点配送货物。为了更好地服务用户，进一步提高公司的管理水平，厦门烟草公司应用了网络 GPS 技术，不仅可以合理控制车辆的配送路线，还可以将信息实时地反馈到公司内部的信息系统中，从而大大降低了成本。

厦门特运也成功运用了网络 GPS 技术，在 50 辆长途货车、集装箱车头和长途大巴上安装了 GPS，并将该系统嵌入公司的后台管理系统中，汽车司机只要按一个按钮，货车和货物的所有信息就可以实时在总部显示出来。

厦门港务物流公司在集装箱运输车辆上安装了 GPS，使运输车辆可以实时显示运输路线。这样，一旦通关环节全部成熟到位，该公司的堆场和运输车辆即可迅速配合相关查验和监管部门，将厦门的口岸功能拓展到漳州、泉州、三明等地，在减轻监管查验部门工作量的同时，也为厦门港开辟更多的货源基地。

二、网络 GPS 的特点

① 功能多，精度高，覆盖面广，在任何地方都可以进行车辆的位置监控工作，充分保障网络 GPS 所有用户的要求都能得到满足。

② 定位速度快，使物流运输企业能够在业务运作上提高反应速度，降低车辆空驶率，降低运作成本，满足客户需要。

③ 信息传输采用 GSM“公用数字移动通信网”，具有保密性高、系统容量大、抗干扰能力强、漫游性能好、移动业务数据可靠等优点。

④ 构筑在国际互联网的网上公共平台，具有开放度高、资源共享程度高等优点。

三、网络 GPS 的系统构成

网络 GPS 系统主要由网上服务平台、用户端设备和车载设备三部分组成，如图 6-7 所示。

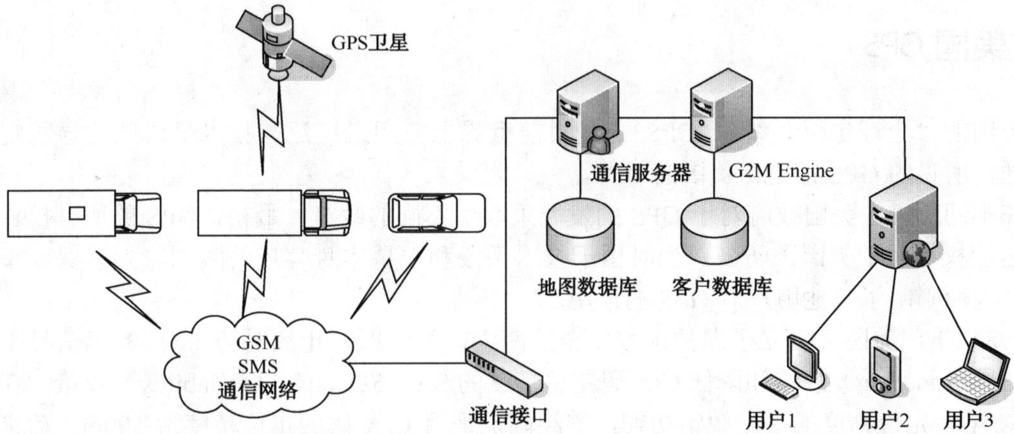

图 6-7 网络 GPS 系统组成结构

1. 网上服务平台

网上服务平台由提供定位服务的运营商负责运营管理。

2. 用户端设备

用户只要具备一台可以与互联网连接的普通计算机。当接受服务时，用户通过普通互联网浏览器使用授权的用户名和密码就可进入服务系统用户界面。用户可以通过服务系统用户界面对所希望监控的移动体编组监控和调度。

3. 车载设备

车载设备主要由 GPS 定位信号接收模块及 GSDI 通信模块（或其他通信模块）组成，用来实现监控中心对移动体的跟踪定位与通信。

四、网络 GPS 的工作流程

车载终端接收到 GPS 卫星定位数据后，自动计算出自身所处地理位置的坐标，后经 GSM 通信机发送到 GSM 公用数字移动通信网，并通过与物流信息系统连接的 DDN 专线将数据传送到物流信息系统监控平台上。中心处理器根据接收到的坐标数据和其他还原后的数据，与 GIS 系统的电子地图进行对比，并在电子地图上直观地显示车辆实时坐标的准确位置。各网络 GPS 用户可用自己的权限在网上进行车辆信息的收发、查询等管理工作，在电子地图上掌握车辆和货物的动态信息（位置、状态、行驶速度等），还可以在车辆出现意外时进行紧急救援。

任务四　了解各国 GPS 技术及发展

一、美国 GPS

美国的“全球定位系统”（GPS），是目前世界上应用最广泛、技术最成熟的导航定位系统。通常所说的 GPS 都是指美国的 GPS。

在不同阶段，美国政府对于 GPS 的发展采取了不同的政策。最初，GPS 的所有权、控制权、运营权均属于美国国防部。当时由于技术手段和卫星本身容量的限制，为了保证军方的使用，因而限制了其他用户对 GPS 的使用。

1984 年，美国又确立了保护国家安全的两大政策，即防止敌对势力对 P 码信号干扰的 AS（Anti-Spoofing）政策和降低 C/A 码定位精度的 SA（Selective Availability）政策。在考虑限制 C/A 码定位精度的 SA 政策初期，曾经确定采用 C/A 码的定位精度为 500m，后来考虑到民事用户的实际需求，最后确定定位精度为 100m，并从 1991 年 7 月 1 日开始对所有的在轨卫星全部实施 SA 技术。

1991 年年初，俄罗斯联邦政府宣称：GLONASS 系统可供国防和民间使用，不带任何限制，不引入选择可用性（SA）技术，也不拟对用户收费。在这种情况下，美国政府在广泛论证及研究的基础上，于 1996 年 3 月由总统克林顿正式发布了国家 GPS 政策（PDD）。在此政策中，明确表明美国追求的总目标是在保护美国国家安全和对外政策利益的同时，支持和增强经济竞争力，并推动 GPS 全球卫星导航定位的应用。同时美国政府承诺在 10 年内终止使用 SA 技术，并不断提高 GPS 的信号精度。

2000 年 5 月 1 日，美国宣布关闭 SA，这是美国体现其增强民用 GPS 信号精度的承诺，是美国 GPS 政策的延续，也是俄罗斯人在推着 GPS 向前走。由于 SA 码的取消，GPS 的民用进入爆发阶段。

2004 年 12 月 8 日，美国总统布什公布了新的总统令，即基于空间定位、导航和授时（PNT）政策文件。新的国家安全政策指令（NSPP）重申现在和将来 GPS 民用信号仍然为免费的公开使用，且对用户设备制造商所需要的技术规范不设进入门槛。同时制定了一个天基的 PNT 五年计划，详细规划 GPS 的运作、现代化、增强和独特的加速能力。NSPP 还要求建立一个包括外国专家在内的天基 PNT 咨询委员会。这个新的总统令促使大量的资源投入到卫星导航领域，从 2005 年开始，GPS 企业之间的收购兼并变得非常频繁，也促成了 GPS 企业高速发展。

目前，美国加紧部署研究 GPSIII计划。为了满足 2030 年的军用、民用要求，GPSIII将选择全新的优化设计方案，放弃现有的 24 颗中轨道卫星，采用全新的 33 颗高轨道加静止轨道卫星组网。与现有 GPS 相比，GPSIII的信号发射功率可提高 100 倍，定位精度提高到 0.2～0.5m，这样可以使 GPS 制导武器的精度达到 1m 以内。届时，GPS 的定位、导航和授时能力将进一步提高。

二、俄罗斯 GLONASS

GLONASS 是 Global Navigation Satellite System（全球导航卫星系统）的缩写，是前苏联从 20 世纪 80 年代初开始建设的与美国 GPS 类似的卫星定位系统，该系统也由卫星星座、地面监测控制站和用户设备三部分组成，现在由俄罗斯空间局管理。

GLONASS 的卫星星座由 24 颗卫星组成，均匀分布在 3 个近圆形的轨道平面上，每个轨道面 8 颗卫星，轨道高度 19100km，运行周期 11 小时 15 分，轨道倾角 64.8°。GLONASS 于 20 世纪 70 年代开始研制，1984 年发射首颗卫星入轨。但由于航天拨款不足，该系统部分卫星一度老化，最严重时曾只剩 6 颗卫星运行。2003 年 12 月，由俄罗斯应用力学科研生产联合公司研制的新一代卫星交付联邦航天局和国防部试用。

在技术方面，GLONASS 的抗干扰能力比 GPS 好，但其单点定位精确度不及 GPS。2004 年，印度和俄罗斯签署了《关于和平利用俄全球导航卫星系统的长期合作协议》，正式加入了 GLONASS，两国计划联合发射 18 颗导航卫星。

俄总统普京一直将发展独立的全球定位系统作为重振俄雄风的指标性大事。俄前国防部长伊万诺夫明确表示，GLONASS 对于国防和经济发展的意义极为重要，他要求联邦各级政府和相关军工企业将部署 GLONASS 作为未来数年最重要的工作来抓。

截至 2013 年 4 月，GLONASS 在轨卫星总数为 29 颗，其中有 23 颗在轨运行，有 3 颗备用卫星，2 颗正在维护，还有 1 颗正处于试飞阶段。部署完备的 GLONASS 将在国防建设、航空航天、交通运输、地质勘探、灾难救援等领域得到广泛应用。GLONASS 与美国的 GPS 之间的竞争将更加激烈。

三、欧盟伽利略定位系统

伽利略（Galileo）计划是由欧盟委员会和欧洲空间局共同发起并组织实施的欧洲民用卫星导航计划，旨在建立欧洲自主、独立的民用全球卫星导航定位系统，它与国际上现有的全球卫星导航定位系统相比，具有更佳的覆盖率和更高的精度、可靠性。该系统计划总共发射 30 颗卫星，其中 27 颗卫星作为工作卫星，3 颗为备用卫星，卫星高度为 24126km，总投资约 35 亿欧元。

伽利略系统（Galileo Positioning System）将为欧盟成员国和中国的公路、铁路、空中和海洋运输甚至徒步旅行者提供精度为 1m 的定位导航服务，从而打破美国独霸全球卫星导航系统的格局。

中国科学技术部和欧盟委员会 2004 年 10 月在北京正式签署伽利略计划技术合作协议，中国由此正式成为参加伽利略计划的第一个非欧盟成员国，并成为伽利略联合执行体中与欧盟成员国享有同等权利和义务的一员。中欧伽利略计划合作项目是中国目前最大的对外科技合作项目，为此投资 2 亿欧元，占 5%。

欧洲发展伽利略卫星定位系统可以减少欧洲对美国军事和技术的依赖。从商业角度讲，要利用美国的 GPS，就要购买美国的信号接收设备，欧洲的航天工业如空中客车公司必须完全依赖美国系统。有了欧洲自己的卫星定位系统后，欧洲航天业就可以发展自己的卫星定位用户，并出售设备。

由于资金及其他问题，伽利略计划一波三折。根据部署方案，伽利略计划分为两个阶段实施，即 2008—2013 年的建设阶段和 2013 年以后的运行阶段。但实际进程较为滞后。欧盟在建设阶段出资 34 亿欧元，用于完成伽利略计划的基础设施建设，其中包括 30 颗卫星的发射。

伽利略计划一旦实现，不仅能使人们的生活更加方便，还将为欧盟的工业和商业带来可观的经济效益。更重要的是欧盟将从此拥有自己的全球卫星定位系统，这不仅有助于打破美国 GPS 的垄断地位，在全球高科技竞争浪潮中获取有利位置，还可以为将来建设欧洲独立防务创造条件。

四、中国北斗卫星导航系统

1．北斗卫星导航系统概述

北斗卫星导航系统（BeiDou/COMPASS Navigation Satellite System）包括北斗一号和北斗二号两代系统，是中国正在实施的自主研发、独立运行的卫星导航系统。北斗一号是已投入使用的区域性卫星导航系统，这个系统具备在中国及其周边地区范围内的定位、授时、报文和 GPS 广域差分功能，并已在测绘、电信、水利、交通运输、渔业、勘探、森林防火和国家安全等诸多领域逐步发挥出重要作用。北斗二号是一个正在建设中的全球卫星导航系统，北斗二号已经从 2012 年 12 月 27 日起，开始向中国及其周边地区提供连续导航定位和授时服务。

北斗卫星导航系统由空间端、地面端和用户端三部分组成，如图 6-8 所示。空间端由 5 颗静止轨道卫星和 30 颗非静止轨道卫星组成。地面端由主控站、注入站和监测站等若干个地面站组成。用户端由北斗用户终端与 GPS、GLONASS、Galileo 等其他卫星导航系统兼容的终端组成。

2000 年以来，中国已成功发射了 4 颗北斗导航试验卫星和 16 颗北斗导航卫星（其中北斗-1A 已经结束任务），将在系统组网和试验基础上，逐渐扩展为全球的导航系统。该系统可在全球范围内全天候、全天时为各类用户提供高精度、高可靠性的定位、导航、授时服务，并兼有短报文通信能力。中国以后生产定位服务设备的生产商，都将会提供对 GPS 和北斗系统的支持，会提高定位的精确度。而北斗系统特有的短报文服务功能将收费，这个功能的实用性还有待观察。目前，北斗卫星导航系统已经实现对东南亚地区的覆盖，提供定位、导航和授时以及短报文通信服务。按计划，到 2020 年左右，建成覆盖全球的北斗卫星导航系统。

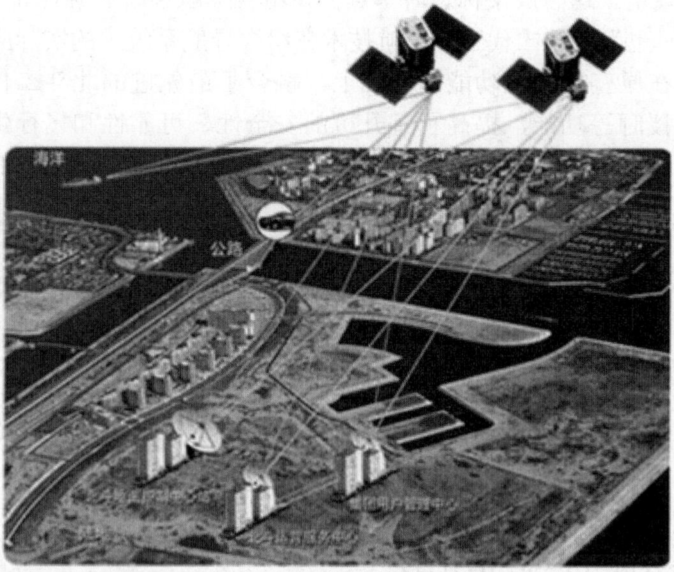

图 6-8 北斗卫星导航系统组成示意图

2. 北斗卫星导航系统的主要功能

① 短报文通信：北斗系统用户终端具有双向报文通信功能，用户可以一次传送 40～60 个汉字的短报文信息。可以实现一次传送 120 个汉字的信息。在远洋航行中有重要的应用价值。

② 精密授时：北斗系统具有精密授时功能，可向用户提供 20～100ns 时间同步精度。

③ 定位精度：水平精度 100m（1σ），设立标校站后为 20m（类似差分状态）。工作频率为 1491.75MHz。

④ 系统容纳的最大用户数量：540000 户/小时。

3. 北斗卫星导航系统的应用

（1）车辆定位

2013 年 1 月 14 日，交通运输部有消息传出，2013 年 3 月底前，江苏、安徽、河北、陕西、山东、湖南、宁夏、贵州、天津 9 个示范省市区 80%以上的大客车、旅游包车和危险品运输车辆，都要安装北斗卫星导航系统的车载终端。这是我国北斗卫星导航系统专项启动后首个民用示范工程。该项目作为全国北斗应用的“试验田”，计划用 2 年的时间，在 9 个示范省市区建设 7 个应用系统和一套支撑平台，安装 8 万台北斗终端。

（2）地质灾害监测

2013 年北斗导航对北京全市范围内的 1141 个地质灾害点，完成地质灾害监测预警全覆盖。北斗导航技术的地质灾害预警已经在密云设立了 32 个监测点，作为北京市完成“全覆盖”前的示范工程。随着预警系统的建成和完善，北斗导航将能实现对 5mm 以上地面变动的监测与预警，让有关部门和市民提前做好防灾准备。

（3）在航空导航中的应用

中航华燕研制的某型号挠性捷联惯性组合导航系统产品随载机顺利完成试飞，并通过了空军主持进行的技术鉴定。这一成果标志着华燕公司组合导航系统在融合北斗导航信息方面迈上了一个新台阶，同时也为北斗二代卫星导航技术在组合导航系统中的实际应用奠定了基础。

挠性惯导系统在原有接收机功能的基础上，融合了最先进的北斗二代导航信息，增加了密钥注入、毁钥、授时等功能，提高了直升机的安全性、可靠性和飞行生存能力，性能达到了国内领先水平。作为国内首先通过技术鉴定的融合北斗二代导航信息的组合导航系统，该产品的研制成功，实现了北斗二代卫星导航在直升机上的首次应用，提高了直升机的自主导航能力，摆脱了对国外全球卫星定位系统的依赖。

北斗卫星导航系统已经成为我国重要的空间和信息化基础设施，在交通、通信、电力、金融、气象、海洋、国防等领域发挥重要作用。

任务五　了解 GPS 在物流中的应用

一、GPS 在物流作业中的应用

GPS 技术已经发展成多领域（陆地、海洋、航空航天）、多模式（GPS、DGPS、LADGPS、WADGPS 等）、多用途（在途导航、精密定位、精确定时、卫星定轨、灾害监测、资源调查、工程建设、市政规划、海洋开发、交通管制等）、多机型（测地型、定时型、手持型、集成型、车载式、船载式、机载式、星载式、弹载式等）的高新技术国际性产业。目前在货物运输和配送等物流作业中主要运用了 GPS 的以下功能。

1. 车辆跟踪

利用 GPS 和电子地图可以实时显示出车辆的实际位置，并可任意放大、缩小、还原、换图；可以随目标移动，使目标始终保持在屏幕上；还可实现多窗口、多车辆、多屏幕同时跟踪。利用该功能可对重要车辆和货物进行跟踪，如图 6-9 所示。

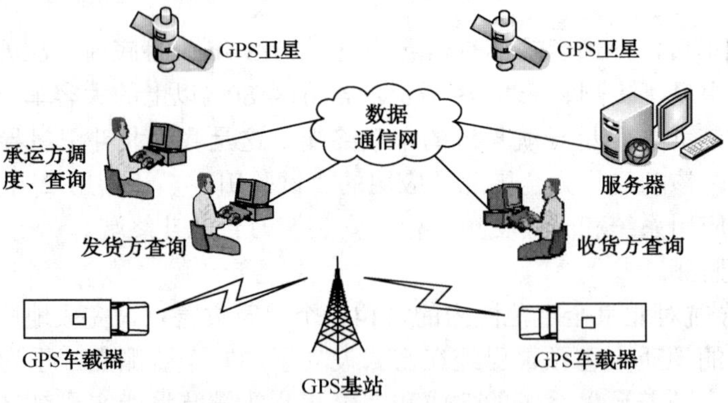

图 6-9　利用 GPS 对车辆和货物进行跟踪示意图

2. 提供出行路线规划和导航

提供出行路线规划是汽车导航系统的一项重要的辅助功能，它包括自动线路规划和人工线路设计。自动线路规划是由驾驶者确定起点和目的地，由计算机软件按要求自动设计最佳行驶路线，包括最快的路线、最简单的路线、通过高速公路路段次数最少的路线的计算。人工线路设计是由驾驶员根据自己的目的地设计起点、终点和途经点等，自动建立路线库。线路规划完毕后，显示器能够在电子地图上显示设计路线，并同时显示汽车运行路径和运行方法。

3. 信息查询

为用户提供主要物标如旅游景点、宾馆、医院等数据库，能够在电子地图上显示其位置。同时，监测中心可以利用监测控制台对区域内的任意目标所在位置进行查询，车辆信息将以数字形式在控制中心的电子地图上显示出来。

4. 话务指挥

指挥中心可以监测区域内车辆运行状况，对被监控车辆进行合理调度。指挥中心也可随时与被跟踪目标通话，实行管理。

5. 紧急援助

通过 GPS 定位和监控管理系统可以对遇到险情或发生事故的车辆进行紧急援助。监控台的电子地图显示求助信息和报警目标，规划最优援助方案，并以报警声光提醒值班人员进行应急处理。

二、GPS 在第三方物流中的应用

GPS 在物流中普及应用后，通过互联网实现信息共享，从而在第三方物流中广泛应用，即车辆使用方、运输公司、接货方对物流中的车货位置及运行情况等都能及时掌握，有利于第三方协调商务关系，从而得到最佳的物流流程方案，获得最大的经济效益。

1. 车辆使用方

运输公司将自己的车辆信息指定开放给合作客户，客户能够实时查看车与货的相关信息，能够直观地查看车辆分布和运行情况，以便于寻找适合自己使用的车辆，从而省去不必要的环节，提高车辆的使用频率，缩短运输配货的时间，减少工作量。在货物发出后，发货方可通过互联网或手机查询车辆在运输途中的运输情况和所到达的位置，实时掌握货物在途中的信息，确保运输效率。

2. 运输公司

运输公司通过互联网实现对车辆的动态监控式管理和货物的及时合理配载，以便加强对车辆的管理，减少资源浪费，降低费用开销。同时将有关车辆的信息开放给客户，既方便了客户的使用，又减少了不必要的环节，提高了公司的知名度与可信度，拓展了公司的业务，提高了公司的经济效益和社会效益。

3. 接货方

接货方只需要通过发货方所提供的相关资料与权限，就可在互联网上实时查看货物信息，掌握货物在途中的情况和大概的运输时间，以此来提前安排货物的接收、停放以及销售等环节，使货物的销售链提前完成。

三、网络 GPS 在物流中的应用

网络 GPS 是将 Internet 与 GPS 技术相结合，GPS 定位信息通过国际互联网传递，在互联网界面上显示 GPS 动态跟踪信息，以实现实时监控动态调度功能的一种新的应用方式。

网络 GPS 监控中心具有如下功能。

1. 网上发布

通过 Internet 发布运输车辆的位置信息和运行轨迹，货主可以访问监控中心站点，经过身份验证后，根据运单号、货号等查询车辆的位置信息，根据权限上网下载车辆运行轨迹和对车辆发送短消息，下载带有车辆位置的地图图片（用于给货主发 E-mail）。

2. 目标跟踪

可随时查找运输车辆的当前位置，可获得车辆的定位数据和状态信息，实施跟踪一个或多个指定的运输车辆，使它们落在电子地图的窗口内，可设定跟踪优先级和时间间隔对目标进行跟踪。

3. 轨迹回放

可对车辆跟踪形成直观的运行轨迹，监控中心将收到的定位信息存入数据库，操作员可随时调出数据库中选定的车辆，选定时间段内的定位信息进行回放。

4. 车辆数据库查询

查询车辆属性，如车辆内部编号、车牌号、车辆型号、司机姓名、车载电话号码、车辆所属部门、吨位、容积、报警情况等信息。

5. 控制功能

监控中心接收并显示车辆发回的消息，同时可对车辆发送控制消息，可设置车辆定位数据发送的时间间隔，设置车辆允许呼叫的电话号码，修改和增减车辆回发的短消息内容。

6. 图上信息查询

查找某一目标，即用户可以使用模糊查询功能查找地图上的任意目标。查询图上某一点周边的地图信息，如最近的加油站的位置等。

学习分享

学习目标：

完成本学习情境的任务后，你应当能
1. 熟练掌握 GPS 的基本概念和特点；
2. 掌握 GPS 的功能和系统组成；
3. 掌握 GPS 的工作原理和类型；
4. 了解网络 GPS 的概念和应用；
5. 了解各国 GPS 技术发展；
6. 了解 GPS 在物流中的应用。

学习方法：

建议采用启发式、案例教学、体验式教学方法（包括视频资料学习、操作 GPS 软件等）、小组讨论等方式方法。

学习环境要求：

1. 学习场地：① 多媒体教室；
　　　　　　② 联网的计算机实验室。
2. 学习资源：① GPS 软件；
　　　　　　② GPS 相关网站。

评价标准：

重点掌握 GPS 的概念、特点和系统组成，掌握 GPS 和网络 GPS 的工作原理、工作流程，熟悉 GPS 在物流中的应用。
1. 认识和理解 GPS 的概念和相关内容。（教师评价）
2. 掌握 GPS 的工作原理。（教师评价）
3. 了解 GPS 和网络 GPS 的具体应用。（教师评价）
4. 能根据实训的计划和要求，小组完成 GPS 软件操作的实训报告。（个人、小组和教师评价）
5. 在完成本情境任务过程中的学习态度。（个人、小组和教师评价）

操作实训

实训一　GPS 的选择

【实训目的】

1. 了解 GPS 的基本功能、特点、构成。
2. 通过收集常见 GPS 的型号、规格和使用场合，掌握 GPS 的选型方法，增强辨别产品的能力。

3．培养协作与交流的意识，进一步认识 GPS 的型号和应用场合。

【实训要求】

实训以小组为单位，5～6 人组成小组。

1．通过网络搜索，了解常见 GPS 的型号、规格和使用场合。

2．比较不同类型的 GPS，将相关情况填入表 6-1，以培养 GPS 选型能力。

表 6-1　不同 GPS 比较

	GPS 的型号	特　　性	价　　格	使 用 场 合	生 产 厂 家
测地型 GPS					
车载 GPS					
类似车载 GPS					

【实训考核】

完成并提交小组实训报告，报告内容包括实训的过程和步骤、表 6-1 的汇总。提交实训报告文档到教学文件系统。

实训二　GPS 软件的应用

【实训目的】

1．通过实际操作 GPS 软件，加深对 GPS 导航的认识。

2．培养协作与交流的意识，进一步思考 GPS 应用方案的实施。

【实训参考】

智能导航软件已经成为智能手机的必备软件，可以参考“GPS 之家”http://bbs.gpsuu.com，了解并下载相关的导航软件。选择一款软件，进行模拟导航操作。

【实训要求】

实训以小组为单位，5～6 人组成小组。

1．学习 GPS 导航软件的基本操作。

2．假设某车辆要从“厦门大学”驶往“厦门北站”，请设计 GPS 的模拟导航步骤。

3．小组制作 PPT，并派代表上台汇报和分享实训成果和心得。

【实训考核】

完成并提交小组实训报告，报告内容包括实训的过程和步骤、实训的收获和总结，思考 GPS 导航软件在物流领域的可能应用场景。最后提交实训报告文档到教学文件系统。

表 6-2　实训考核表

考核要素	评价标准	分值	分值比例			
			自评（10%）	小组（10%）	教师（80%）	小计（100%）
GPS 资料的收集	实训一报告完成情况	30				
导航软件操作	实训二报告完成情况	30				
PPT 小组汇报	具体汇报和讲解情况	40				
合　　计		100				
评语 （主要是建议）						

自我测评

✧ 复习思考题

1．GPS 的功能有哪些？
2．GPS 由哪些部分构成？
3．网络 GPS 的特点有哪些？
4．GPS 卫星定位方式有哪些？
5．北斗导航系统相比美国 GPS 有什么特点？
6．GPS 在物流作业中有哪些应用？

✧ 案例分析题

基于 GPS 的即时货况管理应用

精技电脑（股份）公司创立于 1979 年，为中国台湾地区主要的资讯科技产品通路商之一，企业营运项目主要分为自动辨识事业群与科技产品通路事业群。自动辨识事业群主要提供工业级 PDA、条码扫描器与 RFID 等系统设计与解决方案服务；科技产品通路事业群主要代理 HP、IBM、Sun Micro、Apple、ASUS 等产品。为了有效进行物流管理并控制成本，精技电脑（股份）公司于 2000 年在林口自建物流中心。同时自建配送物流车队，针对人员、流程、物品与资讯流通做更有效的管理。除了建置 ERP 系统，在物流中心也建置了完善的仓储管理系统，另外在物流配送环节中导入了卫星车队即时货况追踪的资讯系统，使物流管理向更精致化方向发展。

在导入此套应用系统后，每日由主管派遣调度车辆，并由系统下载该班次配送订单到手持终端机，司机领取货物并比对订单无误后出车。每台运输车上都安装了 GPS 车载系统，间隔一定时间传输坐标资讯，后台资讯系统接收到车辆坐标后，对应于电子地图中的相对位置，主管可随时了解在外所有车辆的即时位置，并可远端随时调度与掌握全局。当司机将货物送至客户处时，通过 PDA 扫描记录送达时间和送达状态。当客户想要了解货品相关信息时，主管或客服人员可以立即上网查询，第一时间即可给予客户满意的回应，同时结合客户关系管理（CRM）系统提供顾客个性化服务，更可以节省传统纸笔作业所花费的时间与人力成本，真正实现提升工作效率与客户满意度。

（网上资料整理来源: http: //adc-utt.unitech.com.tw）

问题：

1．GPS 技术在物流中的主要作用有哪些？
2．精技电脑公司所采用的车队货况管理系统的基本工作流程是什么?

学习情境七

掌握地理信息系统

学习情境描述

全球定位系统（GPS）和地理信息系统（GIS）的融合越来越紧密，骆嘉晖注意到目前智能手机中的高德地图、百度地图都是典型的 GIS 应用，很多 O2O 模式的 APP 也都用到了 GIS，它成为人们日常生活中使用越来越普遍的技术手段，在物流的很多环节都有广泛的应用。GIS 的思维导图如图 7-1 所示。

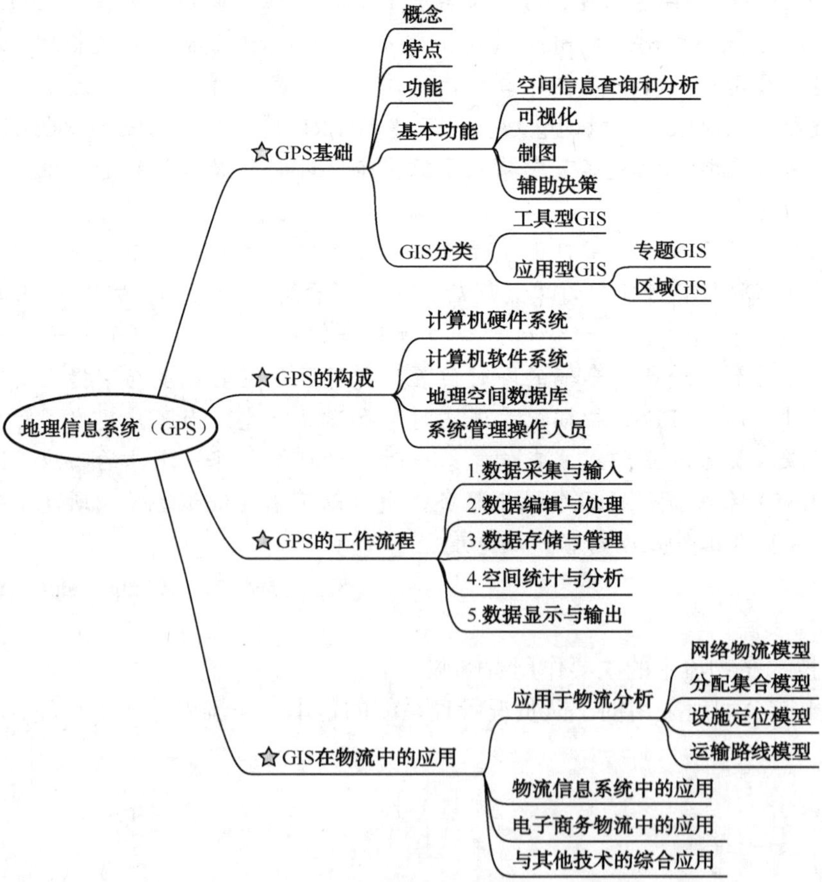

图 7-1　GIS 的思维导图

导入案例

京东商城的GIS物流系统

在如今电商的竞争中，用户体验逐渐成为人们关注的焦点，配送的速度是用户体验的关键点之一。

国内大型 B2C 电子商务网站京东商城上线了一个新的服务，名为“订单轨迹”。通过这项服务，顾客可以在购物之后追踪到购得物品的准确位置，什么时间发货、距离顾客有多远、什么时候可以抵达等信息都可以通过这一系统来进行追踪。

通过单击“订单详情”链接，在“订单轨迹”一栏就可以看到和平时看到的Google电子地图无异的地图界面，但是上面会多出一条轨迹，而这条轨迹就记录了顾客所购买的物品从库房一直到派送员手中的过程，有了定位数据，就不会再模糊地判断送货员现在到哪里了。原来物流也可以这么有趣。而这一切，都源自京东商城新开发的GIS。

这个 GIS 来自京东商城 CEO 刘强东的创意。他在一次阅读客服简报时发现，有 32%的用户咨询电话是货物配送以后打来的。用户打电话来，大多数询问订单配送了没有，目前到哪里了，什么时候能到等。刘强东认为，实际上，客服人员根本无法知道每一张订单到达的具体位置，也不可能准确地告诉用户到达时间。因此，用户这样的咨询往往是无效的，与其让用户打电话来问，还不如让他自己适时地看。这样就减少了用户的麻烦，提升了用户体验。在刘强东的提议下，京东商城开始开发GIS，现阶段已经开始上线使用。

通过 GIS，物流管理者在后台可以实时看到物流运作情况；同时，车辆位置信息、车辆的停留时间、包裹的分拨时间、配送员与客户的交接时间等都会形成原始的数据。这些数据经过分析之后，可以为管理者提供更多、更有价值的参考。

在仓库生产的子订单包装好后，就放在待发货区。在北京、上海、广州，由京东商城自己的配送队伍配送；在其他城市，京东商城给每个快递公司的货都分区域摆放好。每个区都有联网的计算机，快递公司把货拿走的同时，会进行计算机扫描，此时，用户在页面上看到的订单消息会变为“已经配送”。原先，用户在自己的页面上可以观察到这个订单每个时间点分别到达什么位置，如什么时间到达配送站点，什么时间分配给配送员等。目前，很多电子商务企业甚至是淘宝网的大卖家基本都能提供上述物流信息查询的服务。

京东商城在电子商务企业中第一个使用 GIS，这使用户感到很新奇。京东商城副总裁张立民介绍，这个 GIS 是物联网的典型应用，是一种可视化物流的实现。在传统的线下店，用户可以看到和摸到商品，眼见为实的体验是电子商务无法代替的。而这种可视化物流可以消除用户线上线下的心理差距。用户可以适时感知到自己的订单，是一种提升了的用户体验。

“GIS 在技术上不是特别难。”张立民介绍，京东商城和一家提供地图服务的公司合作，将后台系统与地图公司的 GPS 进行关联，在包裹出库时，买个包裹都有一个条形码，运货的车辆也有相应的条形码，出库时每个包裹都会被扫描，同一辆车上包裹的条形码与这辆车的条形码关联起来。当这辆车在路上运行时，车载 GPS 与地图就形成了实时的位置信息传递，与车载 GPS 是一个道理。

当车辆到了分拨站点分配给配送员时，每个配送员在配送时都有一台手持 PDA，而这台手持 PDA 也是一个 GPS，通过扫描每个包裹的条形码，这个包裹又与地图系统关联，而这个实时位置信息与京东商城的后台系统打通之后开放给前台用户，用户就能实时地在线上页面上看到自己的订单从出库到送货的运行轨迹。

电子商务企业供应链的完善是一个系统工程。前台网站搭建起来非常迅速，但是要与后台的库存管理、物流配送关联起来，这就是一个巨大的工程。因此，用户往往会发现，在北京、上海、广州这样有自建库房和自己的物流队伍的地区，用户从下单到收单的过程就更快，体验会更好。

（资料来源：王蓉.京东商城：看得见的包裹[N].中国经营报，2011（7）.）

问题：

1．GIS 技术为京东商城的物流带来了哪些变化？

2．GIS 技术给电子商务行业的发展带来了哪些影响？

任务一　认识 GIS

一、GIS 的概念和特点

1．GIS 的概念

地理信息系统（Geographic Information System，GIS）是以地理数据库为基础，在计算机的硬、软件系统支持下，对整个或部分地球表层（包括大气层）空间中的有关地理分布数据进行采集、存储、管理、运算、分析、显示和描述，并采用地理模型分析方法，实时提供多种空间和动态的地理数据，为地理研究和地理决策服务而建立起来的计算机技术系统。

随着信息技术的发展和 GIS 理论、集成技术的进步，GIS 应用已渗透到人类生活的许多方面。只要研究对象或多或少与三维空间有关，就可以利用地理信息系统去解决相关问题，如位置分析、查询分析、趋势研究、模式研究、模拟分析等。

GIS 按研究的范围大小可分为全球性的、区域性的和局部性的；按研究内容的不同可分为综合性的与专题性的。同级的各种专业应用系统集中起来，可以构成相应地域同级的区域综合系统。在规划、建立应用系统时应统一规划这两种系统的发展，以减少重复浪费，提高数据共享程度和实用性。

2．地理数据

地理数据是 GIS 的基础与核心，它是用来描述地球表面所有要素或物质（地理实体）的数量、质量、分布特征、联系和规律等信息的数字、文字、图像、图形和声音等符号的总称。完整的地理数据通常包括 3 类数据：空间数据、属性数据和时间数据。

（1）空间数据

空间数据（又称位置数据）主要表明地理事物和地理现象。在紧急救援活动中，救护人员需要知道被救援对象的准确位置，才能有效地进行施救。通常空间数据都是采用地理坐标进行标识的。地理坐标采用经纬度来表示地面点位置的球面坐标。

因此，空间数据具有定位的性质，可以用地物间的相对位置关系，例如空间的距离、邻接、重叠、包含等来描述；也可以根据大地参照系定义，例如大地经纬度坐标来描述。

（2）属性数据

属性数据（又称非空间数据）用来描述地表事物和现象的特征。一个地物可以采用多个属性数据来描述它具有的不同特征。例如，厦门市的市区面积、居住人口、绿化率等信息都由属性数据特征来帮助区分。GPS 导航过程中指示路标、道路名称、道路长度、河流与山脉等信息数据都是由属性数据提供的。

因此，属性数据具有定性或定量的性质，常用自然现象、物体的质量和特征的数据来描述。

（3）时间数据

时间数据用来反映要素的时态特征，它对环境模拟分析非常重要，越来越受到人们的重视。

3. GIS 的特点

地理信息系统与一般的管理信息系统相比，具有以下特点。

（1）数据的空间定位特征

GIS 具有表示、管理和操作空间数据的能力。地理数据的三要素中，除属性和时间外，空间位置特征是地理空间数据有别于其他数据的本质特征。一般信息系统仅包括属性和时间特征，而只有空间位置特征是地理数据所特有的，没有位置数据不能称为地理数据。

（2）空间关系处理的复杂性

地理信息的属性数据是除空间位置之外的所有描述地理对象或人文属性的定性或定量的数据信息，这相当于一般信息系统所处理的数据。由此可看出，地理信息系统除要完成一般信息系统的工作外，还要处理与之对应的空间位置和空间关系，以及与属性数据的一一对应处理。因此，GIS 中空间数据处理的复杂性是一般信息系统中前所未有的技术难题。另一技术难题是数据的管理。一般事务性数据都是定长数据，而空间数据是不定长的，例如一个多边形，少则几个顶点，多则成百上千个顶点。而且新的空间数据及其关系在空间分析过程中能不断地产生。存储和管理这些空间数据是 GIS 数据库设计必须面对的问题，其复杂性也是一般信息系统所不具备的。

（3）海量数据管理能力

地理信息系统海量数据特征来自两个方面，一是地理数据，地理数据是地理信息系统的管理对象，其本身就是海量数据；二是来自空间分析，GIS 在执行空间分析的过程中，不断地产生新的空间数据，这些数据也具备海量特征。地理信息系统的海量数据，带来的是系统运转、数据组织、网络传输等一系列的技术难题，这也是地理信息系统比其他信息系统复杂的又一个因素。

二、GIS 的基本功能

GIS 的基本功能是将表格类数据（无论它来自数据库、电子表格或直接在程序中输入）转换为地理图形显示出来，然后对显示的结果进行浏览、操作和分析。其显示范围可以从洲际地图到非常详细的街区地图，显示对象包括人口、销售情况、运输路线以及其他内容。地理信息系统的基本功能如下所述。

1. 空间信息查询和分析功能

空间信息的查询和分析是 GIS 的基本功能。例如，GIS 可以在各种咨询服务中为房地产开发商找到适合开发的土地；房地产经纪人可以用 GIS 在一定的区域内寻找满足如小高层、三室两厅等条件的所有房屋，并可列出这些房屋的所有特点；农业人员利用 GIS 寻找粮食、土壤和天气之间的相关关系等。GIS 不仅能提供静态的查询和检索，还可以进行动态的分析，如空间信息量测与分析、地形分析、网络分析、叠置分析等。

2. 可视化功能

地理信息系统通过对跨地域的资源数据进行处理、分析，揭示其中隐含的模式，发现其内在的规律和发展趋势，而这些在统计资料和图表里并不是很直观地表示出来。GIS 把空间和信息结合起来，实现了数据的可视化。对于许多类型的地理信息操作，最好的结果是以地图或图形显示出来。GIS 把数据显示集成在三维动画、图像或多媒体形式中输出，使用户能在短时间内对资料数据有一个直观的、全面的了解。

3. 制图功能

制图功能是 GIS 最重要的一项功能，对多数用户来说，也是用得最多的一项功能。GIS 的综合制图功能包括专题地图制作，在地图上显示出地理要素，并赋予数值范围，同时可以放大和缩小以表明不同的细节层次。GIS 不仅可以为用户输出全要素图，而且可以根据用户需求分层输出各种专题地图，以显示不同要素和活动的位置，或有关属性内容。例如，矿产分布图、城市交通图、旅游图等。通常这种含有属性信息的专题地图主要有多边形图、线状图、点状图这 3 种基本形式，也可由这几种基本图形组成各种形式和内容的专题图。

4. 辅助决策功能

GIS 技术已经被用于辅助完成一些任务，例如，为计划调查提供信息，为解决领土争端提供信息服务，以最小化视觉干扰为原则设置路标等。GIS 可以用来帮助人们在低风险、低犯罪率的地区，离人口聚集地近的地区进行新房选址。所有的这些数据都可以用地图的形式简洁而清晰地显示出来，或者出现在相关的报告中，使决策的制定者不必将精力浪费在分析和理解数据上。GIS 快速的结果获取，使多种方案和设想可以得到高效的评估。

在 GIS 系统中解决以下 5 类问题。

① 位置：即“在某个位置有什么”的问题，可以是地名、邮政编码或地理坐标等类似问题。

② 条件：即“符合某些条件的实体在哪里”的问题。此问题与上述问题相反。例如，在某地区寻找面积不小于 200m^2、未被植被覆盖（无林地）、距离公路 100m 以内、地质条件适合建大型建筑物的区域；又如，满足某给定条件的客户分布等。

③ 趋势：即“某段时间发生了哪些变化”的问题，可以观察某地区随时间的变化过程。

④ 模式：即在某个地方的空间实体分布模式。模式分析揭示了地理实体之间的空间关系。比如要确定核电站附近的居民，其死亡是否由癌症所致。

⑤ 模拟：即“如果某个地方具备某种条件会发生什么”的问题。例如，如果一条新道路加入网络，或一种有毒物质渗漏至当地水源供应的地方，会发生什么事情。回答这些问题需要有关地理学以及其他方面的信息。

三、GIS 的分类

GIS 按内容、功能和作用分为工具型 GIS 和应用型 GIS 两大类。

1. 工具型 GIS

工具型地理信息系统也称地理信息系统开发平台或外壳，它是具有 GIS 的基本功能，供其他系统调用或用户进行二次开发的操作平台。GIS 是一个复杂庞大的软件系统，而用 GIS 解决实际问题尚须用户进行一定程度的二次开发，如用户重复开发将会造成人力、物力、时间的浪费。

工具型 GIS 为 GIS 用户提供一种技术支持，使用户能借助 GIS 并加上专题应用模型完成相应的任务。目前比较流行的工具型 GIS 软件有 ArcGIS、MapInfo、GeoStar、MapGIS 等。工具型 GIS 具有图形图像数字化、数据管理、查询检索、分析运算和制图输出等 GIS 的基本功能，通常能适应不同的硬件条件。

2. 应用型 GIS

应用型 GIS 是根据用户的需求和应用目的而设计的一类或多类专门型 GIS，它一般在工具型 GIS 的平台上，通过二次开发完成。应用型 GIS 除具备 GIS 的基本功能外，还具有解决与专业相关的模型构建和求解功能。

应用型 GIS 按研究对象性质和能力又分为专题 GIS 和区域 GIS 两种类型。

（1）专题 GIS

专题 GIS 是为特定专业服务的、具有很强专业特点的 GIS，如交通 GIS、水资源 GIS、城市管网 GIS、土地利用 GIS 等。

（2）区域 GIS

区域 GIS 主要以区域综合研究和全面信息服务为目标，按区域大小可以有国家级、地区级、省级、市级不同行政区域的 GIS，如福建省 GIS；也可以按照自然情况分区，如以流域为单位的 GIS。实际中的 GIS 可以既是专题 GIS 也是区域 GIS，如福建省森林管理信息系统。

任务二　掌握 GIS 的构成与工作流程

一、GIS 的构成

完整的 GIS 主要由 4 个部分构成，即计算机硬件系统、计算机软件系统、地理空间数据库和系统管理操作人员。计算机软硬件系统是 GIS 的核心，地理空间数据库反映了 GIS 的地理内容，而管理人员和用户则决定了 GIS 的工作方式和信息表示方式。地理信息系统的组成如图 7-2 所示。

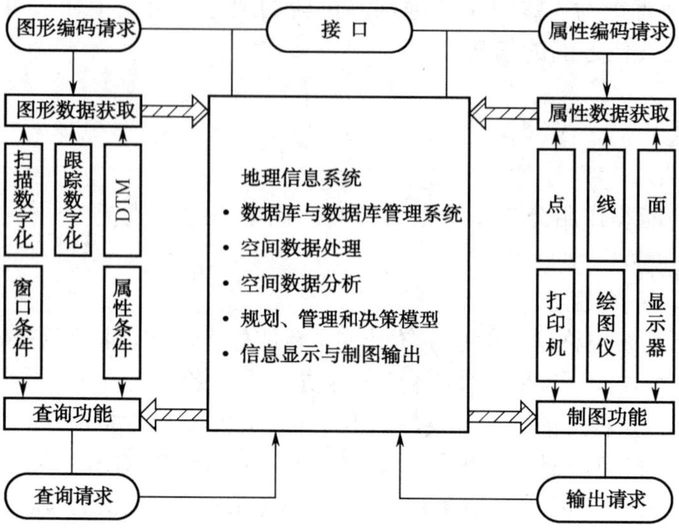

图 7-2　GIS 的组成

1. 计算机硬件系统

计算机硬件是 GIS 的物理外壳。GIS 的规模、精度、速度、功能、形式、使用方法甚至软件都与硬件有极大的关系，受硬件指标的支持或制约。GIS 由于其任务的复杂性和特殊性，必须由计算机设备支持。GIS 硬件配置一般包括 4 个部分。

① 计算机主机：包括机箱内部的各种硬件。

② 数据输入设备：包括数字化仪、图像扫描仪、手写笔、光笔、键盘、通信端口等。

③ 数据存储设备：包括光盘刻录机、磁带机、光盘塔、磁盘阵列、移动硬盘等。

④ 数据输出设备：包括笔式绘图仪、喷墨绘图仪（打印机）、激光打印机等。

随着分布式计算技术、面向对象的组件技术、网络技术的迅速发展，以及 Internet 在社会生活中的日益普及，出现了与 WWW 相结合的 Web GIS，并迅速成为目前 GIS 发展的重要方向。GIS 硬件配置除了原有的计算机、输入与输出设备、存储设备外，还包括计算机网络通信设备。

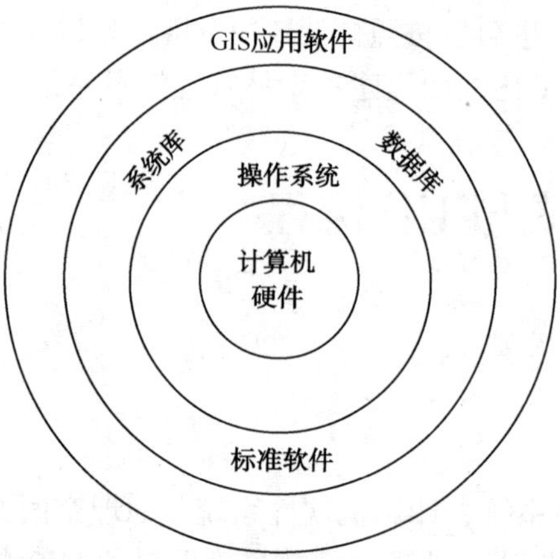

图 7-3　GIS 应用软件层次结构

2. 计算机软件系统

该系统是指 GIS 运行所必需的各种程序，如图 7-3 所示。

（1）计算机系统软件

这是由计算机厂家提供的、为用户开发和使用计算机提供方便的程序系统，通常包括操作系统、汇编程序、编译程序、诊断程序、库程序以及各种维护使用手册、程序说明等，是 GIS 日常工作所必需的。

（2）GIS 软件和其他支撑软件

可以是通用的 GIS 软件，也可包括数据库管理软件、计算机图形软件包、CAD、图像处理软件等。GIS 软件的功能可分为以下五类。

① 数据输入。

数据输入是将系统外部的原始数据（多种来源、多种形式的信息）传输给系统内部，并将这些数据从外部格式转换为便于系统处理的内部格式的过程。比如，将各种已经存在的地图、遥感图像数字化，或者通过通信或读磁盘的方式录入遥感数据和其他系统已存在的数据，还包括以适当的方式录入各种统计数据、野外调查数据和仪器记录的数据。

数据输入方式与使用的设备密切相关，通常有三种形式。一是手扶跟踪数字化仪的矢量跟踪数字化。它是通过人工选点或跟踪线段进行数字化，主要输入有关图形点、线、面的位置坐标。二是扫描数字化仪的光栅扫描数字化，主要输入有关图像的网格数据。三是键盘输入。主要输入有关图像、图形的属性数据（即代码、符号），在属性数据输入之前，需要对其进行编码。

② 数据存储与管理。

数据存储和数据库管理涉及地理元素（表示地表物体的点、线、面）的位置、连接关系及属性数据如何构造和组织等。空间数据库的操作包括数据格式的选择和转换、数据的连接、查询、提取等。

③ 数据分析与处理。

数据分析与处理指对单幅或多幅图件及其属性数据进行分析运算和指标量测，在这种操作中，以一幅或多幅图作为输入，而分析计算结果则以一幅或多幅新生成的图件表示，在空间定位上仍与输入的图件一致，故可称为函数转换。空间函数转换可分为基于点或象元的空间函数，如基于象元的算术运算、逻辑运算等；基于区域、图斑或图例单位的空间函数，如叠加分类、区域形状量测等；基于邻域的空间函数，如象元连通性、扩散、最短路径搜索等。量测包括对面积、长度、体积、空间方位、空间变化等指标的计算。函数转换还包括错误改正、格式变性和预处理。

④ 数据输出与表示模块。

输出与表示是指将 GIS 内的原始数据或经过系统分析、转换、重新组织的数据以某种用户可以理解的方式提交给用户，如以地图、表格、数字或曲线的形式表示于某种介质上，或采用显示器、胶片拷贝、点阵打印机、笔式绘图仪等输出，也可以将结果数据记录于存储介质设备或通过通信线路传输到用户的其他计算机系统。

⑤ 用户接口模块。

该模块用于接收用户的指令、程序或数据，是用户和系统交互的工具，主要包括用户界面、程序接口与数据接口。系统通过菜单方式或解释命令方式接收用户的输入。由于 GIS 功能复杂，且用户又往往为非计算机专业人员，用户界面是 GIS 应用的重要组成部分，它通过菜单技术、用户询问语言的设置，以及人工智能的自然语言处理技术与图形界面等技术，提供多窗口和鼠标选择菜单等控制功能，为用户发出操作指令提供方便。该模块还随时向用户提供系统运行信息和系统操作帮助信息，这就使 GIS 成为人机交互的开放式系统。

（3）应用分析程序

应用分析程序是系统开发人员或用户根据地理专题或区域分析模型编制的用于某种特定应用任务的程序，是系统功能的扩充与延伸。在优秀的 GIS 工具支持下，应用程序的开发应是透明的和动态的，与系统的物理存储结构无关，随着系统应用水平的提高而不断优化和扩充。

应用程序作用于地理专题数据或区域数据，构成 GIS 的具体内容，这是用户最为关心的真正用于地理分析的部分，也是从空间数据中提取地理信息的关键。用户进行系统开发的大部分工作是开发应用程序，而应用程序的水平在很大程度上决定系统的实用性、优劣和成败。

3. 地理空间数据库

地理空间数据是指以地球表面空间位置为参照的自然、社会和人文景观数据，可以是图形、图像、文字、表格和数字等，由系统的建立者通过数字化仪、扫描仪、键盘或其他通信系统输入 GIS，是系统程序作用的对象，是 GIS 所表达的现实世界经过模型抽象的实质性内容。不同用途的 GIS，其地理空间数据的种类、精度都是不同的，但基本上都包括 3 种互相联系的数据类型。

（1）某个已知坐标系中的位置

即几何坐标，标识地理实体在某个已知坐标系（如大地坐标系、直角坐标系、极坐标系、自定义坐标系）中的空间位置，可以是经纬度、平面直角坐标、极坐标，也可以是矩阵的行、列数等。

（2）实体间的空间相关性

即拓扑关系，表示点、线、面实体之间的空间联系，如网络节点与网络线之间的枢纽关系，边界线与面实体间的构成关系，面实体与点或内部点的包含关系等。空间拓扑关系对于地理空间数据的编码、录入、格式转换、存储管理、查询检索和模型分析都有重要意义，是 GIS 的特色之一。

（3）与几何位置无关的属性

即常说的非几何属性或属性（Attribute），是与地理实体相联系的地理变量或地理意义。属性分为定性的和定量的两种，前者包括名称、类型、特性等，后者包括数量和等级。定性的属性如岩石类型、土壤种类、土地利用类型、行政区域等，定量的属性如面积、长度、土地等级、人口数量、降雨量、河流长度、水土流失量等。非几何属性一般是经过抽象的概念，通过分类、命名、量算、统计得到。任何地理实体至少有一个属性，而 GIS 的分析、检索和表示主要是通过属性的操作运算实现的，因此，属性的分类、量算指标对系统的功能有较大的影响。

GIS 特殊的空间数据模型决定了 GIS 特殊的空间数据结构和特殊的数据编码，也决定了 GIS 具有特色的空间数据管理方法和系统空间数据分析功能，成为地理学研究和资源管理的重要工具。

4. 系统管理操作人员

人员也是 GIS 中的重要构成因素。GIS 从其设计、建立、运行到维护的整个生命周期，处处都离不开人的作用。仅有系统软硬件和数据还构不成完整的 GIS，需要人进行系统组织、管理、维护和数据更新、系统扩充完善、应用程序开发，并灵活采用地理分析模型提取多种信息，为研究和决策服务。

二、GIS 的工作流程

一般而言，GIS 的工作流程需要经过数据采集与输入、数据编辑与处理、数据存储与管理、空间统计与分析、数据显示与输出五个过程，如图 7-4 所示。

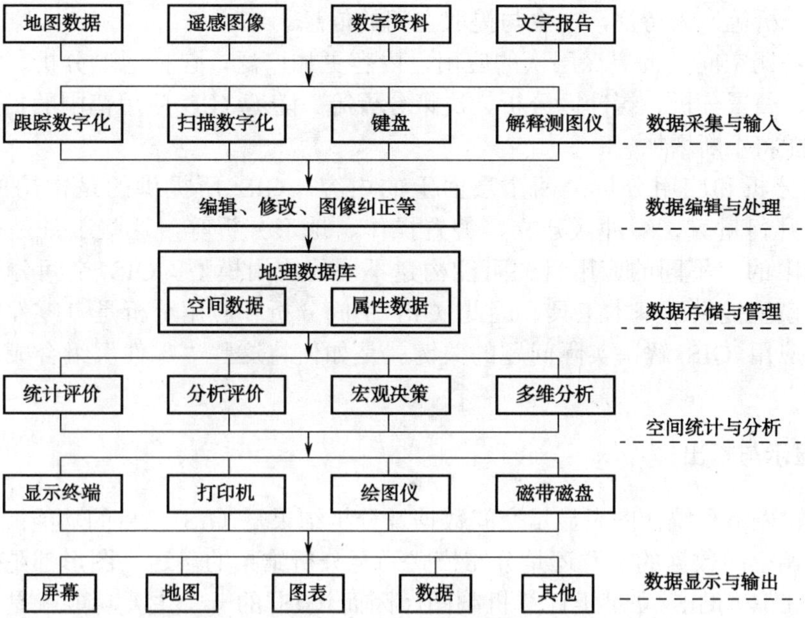

图 7-4　GIS 的工作流程

1. 数据采集与输入

数据采集与输入是指根据需要，将系统外部的原始数据（多种来源、多种形式的信息）传输给系统内部，并将这些数据从外部格式转换为便于系统处理的内部格式的过程。例如，将各种已经存在的地图、遥感图像数字化，或者通过通信或读磁盘、磁带的方式录入遥感数据和其他已存在的数据，还包括以适当的方式录入各种统计数据、野外调查数据和仪器记录的数据。

2. 数据编辑与处理

通过数据采集获取的数据称为原始数据，原始数据不可避免地含有误差。为保证数据在内容、逻辑、数值上的一致性和完整性，需要对数据进行编辑、格式转换、拼接等一系列的处理工作。因此，GIS 应该提供强大的、交互式的编辑功能，包括图形编辑、数据变换、数据重构、拓扑建立、数据压缩、图形数据与属性数据的关联等内容。

3. 数据存储与管理

计算机的数据必须按照一定的结构进行组织和管理，才能高效地再现真实环境和进行各种分析。由于空间数据本身的特点，一般信息系统中的数据结构和数据库管理系统并不适合管理空间数据，GIS 必须发展自己特有的数据存储、组织和管理的功能。目前常用的 GIS 数据结构主要有矢量数据结构和栅格数据结构两种，而数据的组织和管理则有文件——关系数据库混合管理模拟模式、全关系型数据管理模式、面向对象数据管理模式等。

4. 空间统计与分析

空间统计与分析是 GIS 的核心，是 GIS 最重要的功能。其以地理事物的空间和形态特征为基础，以空间数据与属性数据的综合运算（如数据格式转换、几何量算、缓冲区建立、叠置操作、地形分析等）为特征，产生与提取空间的信息。

空间分析是比空间查询更深层次的应用，内容更加广泛，包括地形分析、土地适应性分析、网络分析、叠置分析、缓冲区分析、决策分析等。随着 GIS 应用范围的扩大，GIS 软件的空间分析功能将不断增加。

注意空间分析和应用分析是两个层面上的内容。GIS 所提供的是常用的空间分析工具，如查询、几何量算、缓冲区建立、叠置操作、地形分析等，这些工具是有限的，而应用分析却是无限的，不同的应用目的可能构建不同的应用模型。GIS 空间分析为建立和解决复杂的应用模型提供了基本工具，因此 GIS 空间分析和应用分析是“零件”和“机器”的关系，用户应用 GIS 解决实际问题的关键就是如何将这些“零件”组合成能够用来解决问题的“机器”。

5. 数据显示与输出

通过图形、表格和统计图表显示空间数据及分析结果是 GIS 项目的功能。作为可视化工具，不论是强调空间数据的位置还是分布模式乃至分析结果的表达，图形都是传递空间数据信息最有效的工具。GIS 立足于计算机制图，因而 GIS 的一个主要功能就是计算机地图制图，包括地图符号的设计、配置与符号化、地图注记、图幅整饰、统计图表制作、图例与布局等多项内容。此外对属性数据也要设计报表输出，并且这些输出结果需要在显示器、打印机、绘图仪或数据文件中输出，GIS 软件亦应具有驱动这些设备的能力。

任务三　掌握 GIS 技术在物流中的应用

一、GIS 应用于物流分析

GIS 应用于物流分析就是利用 GIS 强大的地理数据功能来完善物流分析技术。完整的 GIS 物流分析软件集成了网络物流模型、分配集合模型、设施定位模型和运输路线模型等。

1. 网络物流模型

网络物流模型用于解决寻求最有效的分配货物路径问题，也就是物流网点布局问题。例如，将货物从 N 个仓库运往 M 个商店，每个商店都有固定的需求量，因此需要确定由哪个仓库提货送给哪个商店，所耗的运输费用最低。此时，就要用到网络物流模型。

2. 分配集合模型

分配集合模型可以根据各要素的相似点把同一层上的所有或部分要素分为几个组，用以解决确定服务范围的销售市场范围等问题。例如，某公司要设立 X 个分销点，要求这些分销点覆盖某一区域，而且要使每个分销点的顾客数目大致相等，这时就可以用到分配集合模型。

3. 设施定位模型

该模型用于确定一个或多个设施位置。在物流系统中，仓库和运输路线共同组成了物流网络，仓库位于网络的节点上，节点决定着路线，如何根据供求的实际需要并结合经济效益等原则，在既定区域内设立多少个仓库，每个仓库的位置、规模以及仓库之间的物流关系等，运用此模型能得到有效解决。

4. 运输路线模型

该模型用于解决一个起始点、多个终点的货物运输中如何降低物流作业成本并保证服务质量的问题，包括决定使用什么运输工具，每部运输工具的行驶路线等。物流分析中，在一对多收发货点之间存在多种可供选择的运输路线的情况下，应该以物资运输的安全性、及时性和低费用为目标，综合考虑，权衡利弊，选择合理的运输方式并确定费用最低的运输线路。例如，一个公司只有一个仓库，而零售店有 30 个，并分布在不同的位置上，每天用卡车把货物从仓库运到零售商店，每辆卡车的载重量或者货物尺寸是固定的，同时每个商店所需的货物重量或体积也是固定的，因此，需要多少车辆以及所有车辆所经过的路线就是一个最简单的运输路线模型。实际应用中，运输路线问题还应该考虑很多影响因素，非常复杂。

案例链接

海尔集团利用 GIS 进行售后服务

海尔集团引入了 GIS 的空间分析功能后，在售后服务系统中增加了地理信息处理能力。GIS 包含了全国所有的县级道路网和 200 个城市的详细道路信息，还记录了全国 100 多万条地理信息。在如此海量的地理信息基础上，售后服务系统可以在很短时间内计算出距离用户最近的网点，以及网点到用户家的详细路径描述和距离，并及时将这些信息传送到最合理的服务网点。

应用 GIS 之后，海尔集团的售后服务流程变为：用户打电话报修，之后接线员登记用户信息，关键是位置信息。接线员记录后，系统自动匹配用户地址，计算出距离用户最近的网点，之后自动将维修信息发送到网点，网点维修工程师再上门服务。整个地址匹配和服务商挑选工作由系统自动完成，无须手工操作，堵住了服务漏洞。而同时，系统的快速也远不是手动能比的，以前需要花几十秒甚至几分钟翻信息，现在系统自动匹配，每次处理时间缩短到 0.1s 以内，大大提高了客服部门的效率。在 GIS 的支持下，海尔集团客服部门现在每天可以处理 10 万次左右的服务请求，得以满足全国用户的需求。

二、GIS 在物流信息系统中的应用

1. GIS 在配送中心信息系统中的应用

通过客户邮编和详细地址，自动确定客户的地理位置（经纬度）以及客户所在的区站、分站和投递段。通过基于 GIS 的查询和辅助决策，实现对投递路线的合理调度和客户投递的

合理排序。

2. GIS 在客户服务瑞的应用

客户通过物流信息系统调用数据库信息，查询结果能够可视化，例如地图或图表显示；还可实现分析功能，例如计算两地间的距离。

3. GIS 在查询货物动态情况中的应用

物流企业或客户利用 GPS 或射频标签通过对物流业务系统的调用，随时查询在途货物的动态情况。

三、GIS 在电子商务物流中的应用

针对客户地理信息方面的需求，以业务数据图形化管理和业务机构、业务对象图形化编辑为核心，从客户、产品、业务结构 3 个管理层面上实现业务的全面图形化管理。通过客户邮编和详细地址，自动确定客户的地理位置（经纬度）以及客户所在的区站、分站和投递段。通过基于 GIS 的查询和辅助决策，实现对投递路线的合理编辑（如创建、删除、修改）和客户投递排序。用特定的地图符号在地图上表示客户的地理位置，不同类型的客户（如普通客户和会员客户、单位客户和个人客户等）采用不同的代号表示。通过 GIS 的查询功能或在地图上点击地图客户符号，显示此客户符号的属性信息，并可以编辑属性。通过业务系统调用地理信息系统，以图形的方式显示业务系统的各种相关操作结果的数值信息。

四、GIS 与其他技术的综合应用

近年来，计算机技术特别是软件技术的飞速发展，促使 GIS 技术发生了很大的变化。国际 GIS 技术的发展趋势主要体现在两个方面：一是技术的综合，二是软件技术的分化。其中 GIS 技术的综合在物流领域得到了广泛的应用，主要体现在 GIS 的一体化。GIS 与其他技术的综合应用也越来越受到重视，主要表现在以下几个方面。

1. GIS 与 CAD 的综合应用

CAD 软件一直以来都是业界流行的图形设计、编辑与数据采集工具，大量的 GIS 数据也源自 CAD 系统。将地理信息集成到 CAD 软件中，就可以为 CAD 与 GIS 平台的无缝集成提供一个有效的解决手段。在 CAD 的应用环境中，用户可以很方便地获取企业 GIS 数据和图像。因此，将 GIS 与 CAD 结合起来应用，不仅可以有效使用 CAD 数据，还可以提高 GIS 的利用效率。

2. GIS 与遥感技术的综合应用

GIS 与遥感是两个相互独立发展起来的技术领域，但它们存在着密切的关系。一方面，遥感信息是 GIS 系统中重要的信息源；另一方面，遥感调查中需要利用 GIS 中的辅助数据

（包括各种地图、地面实测数据、统计资料等）来提高遥感数据的分类精度和制图精度。因此，越来越多的企业将 GIS 与遥感结合起来应用，以提高数据提取和分析能力。

3. GIS 与 GPS 的综合应用

GIS 与 GPS 导航信号接收机连接使用，可以随时查询货物的实时动态，从而对货物进行实时跟踪。现代物流 GIS/GPS 信息平台的架构如图 7-5 所示。

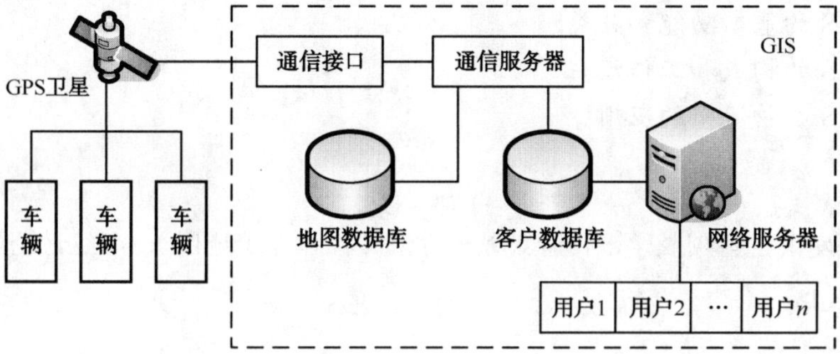

图 7-5　现代物流 GIS/GPS 信息平台的架构

4. GIS 与 Internet 的综合应用

近年来，基于 Internet 技术的 GIS（即 Web GIS）已经日益成为 GIS 技术发展的重要方向。Internet 用户可以浏览 Web GIS 站点中的空间数据，并进行各种空间检索和空间分析，从而使 GIS 进入千家万户。随着移动互联网的发展，人们也不再需要端坐在计算机前去查询、检索，可以随时随地通过手机、平板电脑非常方便地使用 GIS。

5. GIS 与虚拟现实技术的综合应用

虚拟现实技术又称灵境技术，是以沉浸性、交互性和构想性为基本特征的计算机高级人机界面。GIS 与虚拟现实技术相结合，提高了 GIS 图形显示的真实感，因而可操作性更强。

知识链接

3S 技术

3S 技术是对全球定位系统（GPS）、地理信息系统（GIS）和遥感（RS）技术的统称。在 3S 技术中，GPS 主要用于实时、快速地提供目标的空间位置；GIS 主要对各种来源的时空数据进行综合处理、动态存储、集成管理、分析加工，并为智能化数据采集提供地理学知识；RS 则主要用于实时更新 GIS 的空间数据。

3S 技术是推动物流产业走向信息化、自动化、网络化、智能化的重要工具，在物流运输链中发挥着举足轻重的作用。

学习分享

学习目标：

完成本学习情境的任务后，你应当能

1. 熟练掌握 GIS 的基本概念和特点；
2. 掌握 GIS 的基本功能和分类；
3. 掌握 GIS 的构成和工作流程；
4. 了解 GIS 在物流中的应用。

学习方法：

建议采用启发式、案例教学、体验式教学方法（操作电子地图）、小组讨论等方式方法。

学习环境要求：

1. 学习场地：① 多媒体教室；
   ② 联网的计算机实验室。
2. 学习资源：① Baidu 地图、高德地图；
   ② Google Earth。

评价标准：

重点掌握 GIS 的概念、特点、基本功能和分类，掌握 GIS 的构成和工作流程，熟悉 GIS 在物流中的应用。

1. 认识和理解 GIS 的概念和相关内容。（教师评价）
2. 掌握 GIS 的系统构成和工作流程。（教师评价）
3. 了解 GIS 的具体应用。（教师评价）
4. 能根据实训的计划和要求，完成电子地图操作的实训报告。（个人、小组和教师评价）
5. 在完成本情境任务过程中的学习态度。（个人、小组和教师评价）

操作实训

实训一　三种 GIS 软件特性对比分析

【实训目的】

1. 了解 GIS 的基本功能、特点和构成。
2. 通过收集资料，了解几种主要的 GIS 软件的特点，包括简单分类、工作原理等。
3. 培养协作与交流的能力，进一步认识 GIS 的具体应用软件。

【实训要求】

实训以小组为单位，5～6 人组成小组。

1．通过网络搜索，了解 GIS 软件的特点。

2．比较 ArcGIS、MapInfo 和 SuperMap 三个 GIS 软件的信息，将相关情况填入表 7-1。

【实训考核】

完成并提交小组实训报告，报告内容包括实训的步骤和结果、表 7-1 的汇总。提交报告文档到教学文件系统。

表 7-1 三大 GIS 软件的分析比较

GIS 种类	开发公司	主要特点	主要技术	评分
ArcGIS				
MapInfo				
SuperMap				

实训二 电子地图的使用

【实训目的】

1．通过实际使用电子地图，加深对 GIS 基本概念和基本功能的理解。

2．进一步思考 GIS 在物流领域可能的应用。

【实训参考】

百度地图（http://map.baidu.com/）是百度提供的一项网络地图搜索服务，覆盖了国内近 400 个城市、数千个区县。在百度地图里，用户可以查询街道、商场、楼盘的地理位置，也可以找到离自己最近的所有餐馆、学校、银行、公园等。从 2010 年 8 月开始，除普通的电子地图功能之外，新增加了三维地图按钮。

谷歌地图（http://maps.google.com/）是 Google 公司提供的电子地图服务，包括局部详细的卫星照片。能提供三种视图：一是矢量地图（传统地图），可提供政区和交通以及商业信息；二是不同分辨率的卫星照片（俯视图，跟 Google Earth 上的卫星照片基本一样）；三是地形视图，可以用以显示地形和等高线。它的姊妹产品是 Google Earth。

高德地图（http://www.amap.com/）是国内一流的免费地图导航产品，也是基于位置的生活服务功能最全面、信息最丰富的手机地图，由国内最大的电子地图、导航和 LBS 服务解决方案提供商高德软件（纳斯达克 Amap）提供。高德地图采用领先的技术为用户打造了最好用的“活地图”，不管在哪、去哪、找哪、怎么去、想干什么，一图在手，统统搞定，省电省流量更省钱，堪称最完美的生活出行软件。2014 年 2 月，阿里巴巴斥资 11 亿美元完成对高德地图的全资收购。

【实训要求】

1．了解百度地图（或者谷歌地图、高德地图、Google Earth）的基本功能有哪些。

2．熟练使用地图的浏览、放大、缩小、漫游等功能。

3．地图搜索，要求找出厦门岛内思明区离中山路较近的 3 家电影院、肯德基、麦当劳和必胜客。

4．地图搜索，要求找出厦门大学附近 4 处建设银行的 ATM 点。

5．以高崎机场为中心，找出附近 1000m 内的三星级和四星级酒店。

6．测距，测量厦门站和厦门北站之间的直线距离。

7．行车路线的查询。查询从厦大西村站到 SM 广场的自驾路线怎么走，公交换乘线路有哪些。

8．标识自己家庭住址的位置。

9．了解路线优化方面的功能有哪些。

【实训考核】

撰写实训报告，要求说明实训步骤和结果，以及遇到的问题；并提交报告文档到教学文件系统，命名方式为“学号-姓名.doc”。

表 7-2　实训考核表

考核要素	评价标准	分值	分值比例			
			自评（10%）	小组（10%）	教师（80%）	小计（100%）
GIS 软件的比较	实训一完成情况	30				
电子地图的使用	实训二完成情况	70				
合　计		100				
评语（主要是建议）						

自我测评

✧ 复习思考题

1．GIS 的基本功能有哪些？
2．简述 GIS 的工作流程。
3．地理信息数据结构的类型有哪些？
4．简述 GIS 在物流信息系统中的应用情况。
5．简述 GIS 在物流分析中的应用。

✧ 案例分析题

智慧物流给 GIS 带来“新机遇”

近年来，随着“智慧物流”概念的炒热，以“物联化”、“互连化”和“智能化”为核心的智慧物流信息技术和应用体系开始出现。空间信息管理作为一直以来物流构建中必不可少的内容，更是被智慧物流所重视。GIS 自然就成为推动和实现物流信息化的关键技术，它是智慧物流物联网体系的重要枢纽、互连化的必要信息平台、智能化的分析要件。

1．智慧物流中 GIS 的“新角色”

物流是在空间、时间变化中的商品等物质资料的动态状态。因此，很大程度上物流管理是对商品、资料的空间信息和属性信息的管理。在以物联网为基础的智能物流技术流程中，智能终端利用射频识别（RFID）技术、红外感应、激光扫描等传感技术获取商品的各种属性信息，再通过通信手段传递到智能数据中心对数据进行集中统计、分析、管理、共享、利用，从而为物流管理甚至整体商业经营提供决策支持。

GIS 对空间和属性数据采集、输入、编辑、存储、管理、分析、查询、输出和显示的功能，不仅能够实现对物流货物运输路径的选择、仓库地址的选择，有效降低成本，更能够在订单管理、运输、仓储、装卸、送递、报关、退货处理、信息服务及增值业务等物流程序中，提供预测、监测、规划管理和决策的科学依据。

在智能物流体系中，GIS 能通过车辆、货物跟踪、运输路线规划、导航、信息查询、模拟与决策等功能，实现对物流过程的全面控制和管理，创造高效率、高质量的物流配送服务。而在智慧物流体系中，基于物联网的物流感知体系，扩大了 GIS 对物质资料的属性管理的范畴，也拓宽了 GIS 在物流应用中的内容。

另外，由于智慧物流强调的是企业内部生产过程，同企业与企业、企业与个人之间的全部物流活动一体化，智慧物流也不仅仅局限于一个企业、地区、国家，它更重视一个社会化物流体系的建设。因此，在智慧物流的应用需求下，GIS 本身不再被看做一个可孤立的物流管理平台，而将融入企业商业决策的应用或大众公共服务提供中，最大化地实现 GIS 物流配送分析与区域地理分析、商圈地理分析、竞争状况分析等功能的整合。

2. GIS 的物流分析不再“单薄”

在智慧物流中，集成 RFID 技术、GPS 通信技术和传感技术的信息采集终端，不仅能识别物体的身份信息，还可以识别物体的不同状态。温度、密度、压力、颜色、体积等更为丰富的信息被添加到 GIS 中，使货物的空间属性变得更为具体和完善，扩大了 GIS 的分析源，强化了 GIS 的分析功能和分析效果。

首先，数据源方面。在物联网环境下，货物单一 ID 标签，被集成位置、状态信息的标签所替代，可视化地纳入 GIS 基础平台。GIS 在智慧物流中，不再局限于对商品、物质资料不可变属性——身份的表达，传感网下如温度、湿度、密度、重量、体积等各种物质变量属性，被整合到 GIS 信息平台中，GIS 本身也不仅仅停留于货物运输的动态空间变化，而是关注诸如天气、气候、环境等地理因素对货物的影响。

其次，分析功能方面。如在冷链物流中，GIS 不仅关注整车货物位置移动分析，还需要将冷冻货物的传感温度、保质期等信息与货车本身行车里程、保养状况、载重变化、油耗标准等各种动态属性，以及道路交通状况、气候状况、加油、维修站分布等差异化的地理环境因素，甚至是中转站的吞吐能力、库房湿度、温度等环境信息相结合进行分析，及时了解货物及车辆的动态变化，了解各地库房的使用情况，对车辆配置、路径选择、中转调度等物流活动进行分析，并提供支持。

3. GIS 的物流管理更加“精细”

在智慧物流的物联网环境下，GIS 对货物不仅可以进行成批次空间分析与查询，而且可以具体到某一货物，实现物流管理的精细化。

以沃尔玛物流配送为例，在商品装车发往分店的途中，借助 GPS 或者沿途设置的 RFID 监测点，GIS 可以准确地表达单件商品的位置与完备性，并预知准确的运抵时间；商品运抵门店后，一旦进入 RFID 阅读器覆盖的场所，GIS 还可以表现具体商品的位置，有效地防止商品失窃现象，并可以通过覆盖分店的 RFID 阅读器找到由顾客随意放置的商品位置由店员归位。

另外，GIS 可以有效解决目前物流配送中配送员的单笔配送效率与多笔配送效率的优化问题，这是传统 GIS 在智能物流中无法体现的。无论是当前众多电子商务公司如京东、凡客，还是专门的物流配送企业如顺丰、圆通等，广大的配送员在分区配送的模式下基于人工的配送路线选择，受配送分区大小、复杂情况、配送员对区域的熟悉度等影响，面对少则十来单，多则上百单的商品配送时，往往不能规划出最优的配送秩序和配送线路，更不能有效掌控单笔商品在配送员手中的流转情况，造成大量的客户投诉和客户流失。智慧物流下的单件识别和移动通信的突破，使得 GIS 可以完全克服这些问题，通过给物流员配备移动设备，借助 GIS 的分析功能，可以迅速地将不同配送区域下的配送任务分发到不同的配送员手中，并同时为配送员提供当批配送商品的最优配送方案，更重要的是还可以通电子围栏等技术实时掌控配送员和商品的动态，并传递给数据中心提供给管理者和客户。

4. GIS 物流应用趋向更加“开放”

在智慧物流的环境下，GIS 可以最大程度地发挥其地理分析功能，辅助商业决策，并朝着开放的数据中心和公共信息平台的方向发展。

在智慧物流中，GIS 不再仅仅局限于企业物流管理系统本身的应用。借助于物联网的识别功能，GIS 可以很好地表现出不同种类商品在不同仓库、不同区域、不同门店的流转情况，从而可以将这些信息结合到相关区域的人口构成、收入能力、消费水平、社区状况等商业地理功能中，帮助做出人、车、库房、路径、辐射区域等最适合的物流计划，甚至通过对顾客覆盖率、连锁网络的优化、竞争状况和市场饱和程度等的分析，为选址、经营分区等商业决策提供更好的支持。GIS 将更进一步加强与企业内部 ERP、CRM 等系统的结合，物流信息也将通过 GIS 的分析为企业提供整体决策。

总之，智慧物流对 GIS 提出了更高要求，同时也为 GIS 功能的施展提供了更为广阔的天地。

（网上资料整理来源：物联网在线，http://www.iot-online.com）

问题：

1. 智慧物流为 GIS 带来了哪些新的机遇？
2. GIS 在未来的发展方向有哪些?

学习情境八

了解物联网应用技术

学习情境描述

张晓玲和骆嘉晖实习后回到学校，获知学校开设的物联网新专业也要开始招生了，于是探讨起对物联网的了解。骆嘉晖的叔叔在深圳一家物联网公司工作，他提供的一份报告表明：2012 年中国物联网产业市场规模达到 3650 亿元，比上年增长 38.6%；2013 年，中国物联网产业市场规模达 4896 亿元，同比增长 34.13%。到 2015 年中国物联网整体市场规模将达到 7500 亿元，年增长率在 30%以上。物联网技术也影响到物流管理的方方面面，是物流人必须深入了解的技术。物联网的思维导图如图 8-1 所示。

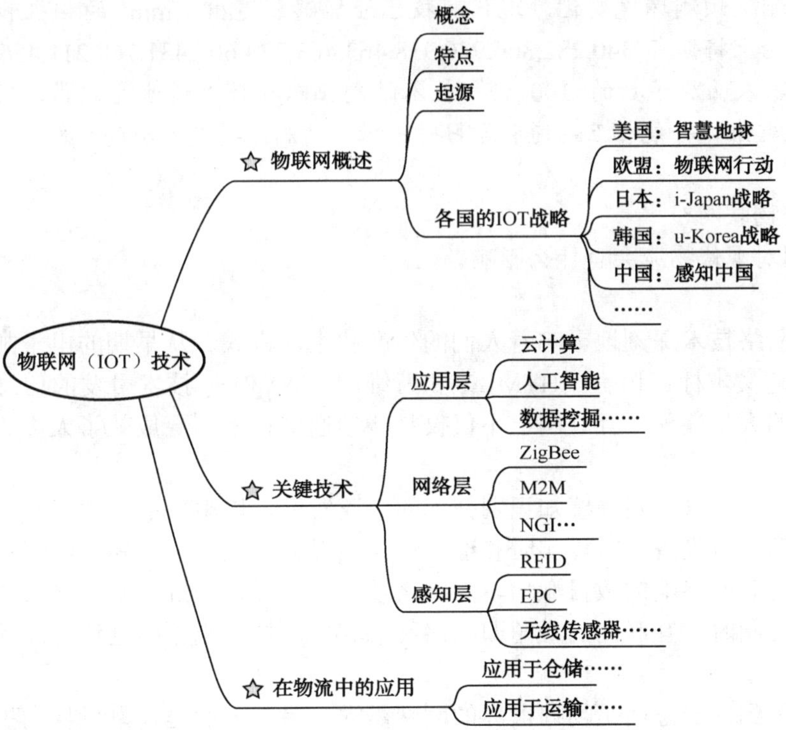

图 8-1　物联网的思维导图

导入案例

认知物联网

2008 年，地球上与互联网相连的“东西”超过了地球人口数，到 2020 年，这一数字将达到500亿。这些“东西”不仅仅是智能手机和平板电脑，而是所有的“东西”。

荷兰一家新兴公司 Sparked，正将无线感应器应用在牛群身上。当有一头牛生病或者怀孕时，感应器就会自动向农场主发送信息。每一头牛每年会传送约 200MB 的数据。我们也可以用同样的方式监测我们自己。Corventis 公司研制了一种无线心脏监测装置，供医师监控健康风险。而这仅仅是开始。

这些“东西”开始互连沟通，发展各自的智能。想象一下这样的场景：一天，你的会议推迟了 45 分钟。你的车知道去火车站需要加油。加油通常需要 5 分钟。你的行车路线上发生了一起事故，会耽误 15 分钟。你乘坐的火车晚点 20 分钟。这些信息会传递到你的闹钟上，这样你就可以多睡 5 分钟。然后你的闹钟会发指令给你的汽车 5 分钟后启动，以便消除夜间的积雪。同时发指令给你的咖啡机推迟 5 分钟开启。类似这方面的应用进展非常快速。到 2011 年底，20 个典型家庭所产生的网络流量，超过了 2008 年整个网络的总流量。

思科公司的“行星皮肤”计划将运用数十亿个位于陆地、海洋、空中及太空的相互连接的感应器来探测及预测环境变化。现代科技已经能够制造出 $1mm^3$ 的相机和电脑。而根据 IPv6 协议，理论上将拥有 340,282,366,920,938,463,463,374,607,431,768,211,456 个网络地址，这个数字是地球表面原子数的 100 倍。技术限制正以指数级的速度减弱，当数以十亿计的“东西”被连接起来，并能相互沟通和学习时，唯一的局限将是人类的想象力。

问题：

1．什么是物联网？

2．物联网对现代物流会有什么影响？

当今世界网络技术深刻地影响着人们的生产和生活方式。从早期的电子邮件沟通地球两端的用户，到超文本标记语言（HTML）和万维网（WWW）技术引发的信息爆炸，再到如今多媒体数据的大量涌现，互联网已不仅仅是一项通信技术，更成就了人类历史上最庞大的信息世界。

进入 21 世纪以来，随着感知识别技术的快速发展，以廉价的传感器和智能识别终端为代表的信息自动生成设备，可以实时和准确地完成对物理世界的感知、测量和监控。低成本的芯片制造使得联网终端的数目激增，而网络技术的发展使得综合利用来自物理世界的信息成为可能。与此同时，互联网的触角即网络终端和接入技术也不断延伸，深入到社会的各个方面。

我们可以看到，一方面是物理世界的联网需求，另一方面是信息世界的扩展需求，来自这两方面的应用催生了新型网络——物联网。纵观网络技术的发展史，应用需求始终是全球网络技术进步的动力与源泉。

任务一　认识物联网

一、物联网的概念和特点

1. 物联网的概念

目前业界对物联网（Internet of Things，IOT）的理解可以从技术和应用两个角度来看。从技术角度来看，物联网是指物体通过智能感应装置，经过传输网络，到达指定的信息处理中心，最终实现物与物、人与物之间的自动化信息交互和处理的智能网络；从应用角度来看，物联网是指将物理世界的物体连接到一个网络中，然后又与互联网结合，实现人类社会与物理系统的整合，从而更加精细和动态地管理生产和生活。

本书对物联网概念描述如下：物联网是利用条码、射频识别（RFID）、传感器、全球定位系统、激光扫描器等信息传感设备，按约定的协议，实现人与人、人与物、物与物在任何时间、任何地点的连接（anything，anytime，anywhere），从而进行信息交换和通信，以实现智能化识别、定位、跟踪、监控和管理的庞大网络系统。简而言之，物联网就是将多种信息传感识别设备与互联网结合起来而形成的一个网络系统，是物物之间信息通连关系的总和。如图 8-2 所示为物联网的基本模型。

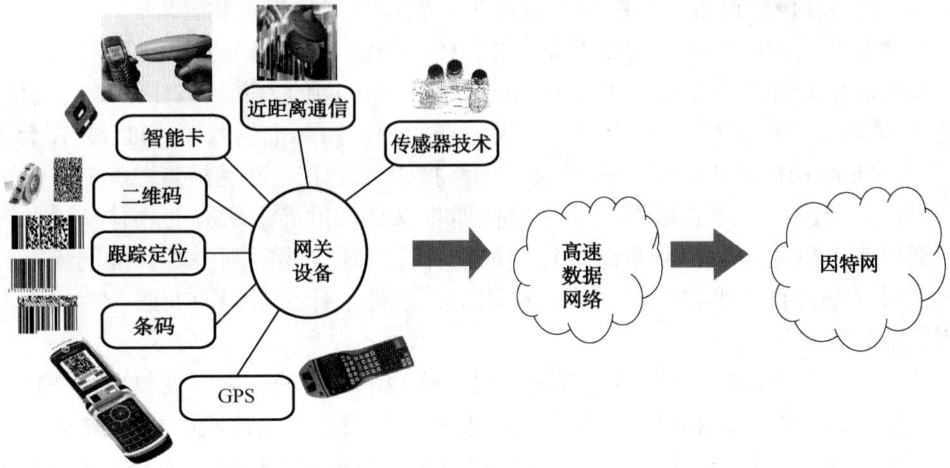

图 8-2　物联网的基本模型

中国通信标准化协会泛在网工作组对物联网的解释认为，物联网作为一种互连的网络形式，通过部署具有一定感知、计算、执行和通信能力的多种设备，来获得物理世界的信息，并利用网络实现信息的传输、协同和处理，从而实现人与物、物与物之间的信息交换。

2. 物联网的特点

物联网应该具备三大基本特征，即全面感知、可靠传送和智能处理。

（1）全面感知

全面感知也就是利用 RFID、二维码、传感器等感知、捕获、测量技术随时随地对物体进行各类信息采集和获取。

（2）可靠传送

通过将物体接入信息网络，依托各种通信网络，随时随地进行可靠的信息交互和共享。可靠传送主要是指在安全机制和权限管理下实现大量信息的实时传送，以满足信息的共享和远程操作。

（3）智能处理

利用云计算、模糊识别等各种智能计算技术，对海量的数据和信息进行分析和处理，实现智能化的决策和控制。

物联网的技术特征重点体现在两个方面：物联和感知。首先，物联是实现物物互连，其中互连的方式很多，除了需要各类通信网络之外，终端的物联方式包括接触式和非接触式，如压力传感器属于典型的接触式，RFID 技术属于典型的非接触式。另外，物联网的精髓在于“感知”，在物联的基础上利用各类智能处理手段实现对人、对物、对物理世界和虚拟世界的感知和控制。

二、物联网的起源

早在 1995 年，比尔·盖茨在《未来之路》一书中首次提出“物—物”相连的概念。“物联网”概念的真正提出是在 1999 年，由 EPCglobal 的 Auto-ID 中心提出，被定义为把所有物品通过 RFID 等信息传感设备与互联网连接起来，实现智能化识别和管理。

早期的物联网以物流系统为应用背景，以 RFID 技术作为条码识别的替代品，实现对物流系统进行智能化的管理。随着技术和应用的发展，物联网的内涵已发生了较大变化。

2005 年信息社会世界峰会（WSIS）在突尼斯举行，国际电信联盟（ITU）在会上正式称“物联网”为“Internet of things”，并发表了年终报告《ITU 互联网报告 2005——物联网》。该报告指出，无所不在的“物联网”通信时代即将来临，世界上所有的物体从轮胎到牙刷、从房屋到纸巾都可以通过因特网主动进行交换；并描绘出“物联网”时代的图景：当司机出现操作失误时汽车会自动报警，公文包会提醒主人忘带了什么东西，衣服会“告诉”洗衣机对颜色和水温的要求等。

2009 年 8 月，温家宝总理视察无锡时提出“感知中国”的理念，使物联网在国内得到重视，成为继计算机、互联网和移动通信之后引发新一轮信息产业浪潮的核心领域。2010 年 3 月，温家宝在《政府工作报告》中将“加快物联网的研发应用”明确纳入重点产业振兴计划。国务院、发改委、工信部、科技部和教育部等部门都制定了促进物联网产业发展和教育的扶持政策，推动了中国物联网建设从概念推广、政策制定、配套建设到技术研发的快速发展。

物联网的提出源于以下背景。

1. 全球经济危机的原因

根据经济发展的理论，每一次的经济低谷必定会催生出某些新技术，而这些技术一定可以为大多数工业产业提供一种全新的使用价值，从而带动新一轮的消费增长和产业投资，形成新的经济周期。在过去的十多年间，互联网技术取得了巨大成功。当前的经济危机使人们又不得不面临紧迫的选择，物联网技术成为推动下一轮经济增长的重要手段。

2. 传感识别技术的成熟

随着微电子技术的发展，涉及人类生活、生产和管理等方方面面的各种传感器已经比较成熟。例如，常见的无线传感器、RFID 和电子标签等设备，它们的技术越来越先进，而生产成本越来越低，正大量进入各种领域。

3. 网络接入和信息处理能力大幅提高

目前随着网络接入多样化、IP 宽带化和计算机软件技术的飞跃发展，基于海量信息收集和分类处理的能力大大增强，从而提升了物联网的应用水平。

根据技术演进的情况，物联网的发展可以分为四个阶段：第一阶段主要是实现大型计算机的联网；第二阶段主要是实现台式计算机、笔记本电脑与互联网相连接；第三阶段实现一些移动设备如手机、PDA 等的互连；第四阶段属于嵌入式互联网的兴起阶段。越来越多与人们日常生活紧密相关的应用设备，包括洗衣机、冰箱、电视和微波炉等都将加入互连互通的行列。

从科技发展历史来看，物联网概念不是凭空杜撰出来的，也不是某一项新技术突破引申出来的。物联网的发展有坚实基础，是现代信息技术发展到一定阶段的必然产物，是多项现代信息技术的殊途同归与聚合应用，是信息技术系统性的创新与革命。物联网将各种感知技术、现代网络技术和人工智能与自动化技术聚合与集成应用，使人与物智慧对话，创造一个智慧的世界。

可以预计，物联网一方面可以提高经济效益，节约成本；另一方面可以为全球经济的复苏提供技术动力。目前美国、欧盟等都在投入巨资深入研究和探索物联网。我国也高度关注和重视物联网的建设，工信部会同有关部门在新一代信息技术方面正在开展研究，以形成支持新一代信息技术发展的政策措施。

三、国内外物联网的发展现状

1. 国外发展现状

（1）美国——智慧地球

2008 年，IBM 公司提出“智慧地球”的概念，建议美国政府投资新一代的智慧型基础设施，这已经上升为美国的国家战略。该战略认为 IT 产业下一个阶段的任务是把新一代 IT 技术充分运用到各行各业之中，具体地说，就是把感应器嵌入和装备到电网、铁路、桥梁、隧道、公路、建筑、供水系统、大坝、油气管道等各种物体中，并且被普遍连接，形成“物联网”，然后将物联网与现有的互联网整合起来，实现人类社会与物理系统的融合。在这个理想的整合网络中，存在能力超级强大的中心计算机群，可对网络内的人员、机器、设备和基础设施实现管理和控制。在此基础上，人类可以以更加精细和动态的方式管理生产和生活，达到“智慧”状态，从而提高资源利用率和生产力水平，改善人与自然之间的关系。

美国特别重视物联网技术的研究，尤其在标准、体系架构、安全和管理等方面，希望借助于核心技术的突破占有物联网领域的主导权。另外，美国众多科技企业也积极加入物联网的产业链，希望通过技术和应用创新，促进物联网快速发展，为摆脱经济危机找到突破口。

（2）欧盟——物联网行动

“物联网”概念在欧洲受到了欧盟委员会的高度重视和大力支持，正式确立为欧洲信息通信技术的战略发展计划。2009 年 6 月，欧盟委员会向欧盟议会、理事会、欧洲经济和社会委员会及地区委员会递交了《欧盟物联网行动计划》（Internet of Things—An action plan for Europe），以确保欧洲在构建物联网的过程中起主导作用。行动计划共包括了 14 项内容，主要有管理、隐私及数据保护、“芯片沉默”的权利、潜在危险、关键资源、标准化、研究、公私合作、创新、管理机制、国际对话、环境问题、统计数据和进展监督等一系列工作。

作为全球首个物联网发展战略的规划，该计划具体而务实，强调 RFID 的广泛应用，注重信息安全。该计划也标志着欧盟已经从国家层面将“物联网”提上日程。欧洲各大运营商和企业在物联网领域也纷纷采取行动，加强物联网应用领域的部署。

（3）日本——i-Japan 战略

2009 年日本政府 IT 战略本部制定了日本新一代的信息化战略《i-Japan 战略 2015》，该计划希望到 2015 年使数字信息技术如同空气和水一样，融入生活的每个角落，并确定重点发展电子政务、医疗保健和教育人才三个领域。

早在 2004 年，日本信息通信产业的主管机关总务省（MIC）就提出了 2006—2010 年间 IT 发展任务——u-Japan 战略。该战略的理念是以人为本，实现所有人与人、物与物、人与物之间的连接，即所谓的 4U=ForYou（Ubiquitous，Universal，User-oriented，Unique），希望在 2010 年将日本建设成为一个“实现随时、随地、任何物体、任何人（anytime，anywhere，anything，anyone）均可连接的泛在网络社会”。而 i-Japan 战略在 u-Japan 战略的基础上，更加强调电子政务和社会信息服务应用。

（4）韩国——u-Korea 战略

韩国通信委员会在 2009 年出台了《物联网基础设施构建基本规划》，该规划是在韩国政府之前的一系列 RFID/USN（传感器网络）相关计划的基础上提出的，目标是在现有基础上构建世界上最先进的物联网基础设施，研发物联网技术和营造物联网推广环境。

继日本提出 u-Japan 战略后，韩国也确立了 u-Korea 战略。u-Korea 旨在建立无所不在的社会（ubiquitous society），也就是在民众的生活环境里，布局建设智能型网络（如 IPv6、USN）、最新的技术应用等先进的信息基础设施，让民众可以随时随地享有科技智慧服务。最终目的，除了用 IT 科技为民众创造衣食住行育乐各方面无所不在的便利生活外，也希望扶持 IT 产业发展新兴应用技术，强化产业优势与国家竞争力。

此外，新加坡公布了“智慧国 2015”蓝图计划，澳大利亚、法国和德国等国家都在纷纷加快物联网基础设施的建设步伐。

2. 国内发展现状

自从温家宝总理提出“感知中国”后，“物联网”迅速成为国内的热点，得到了广泛关注。2011 年，工业与信息化部出台《物联网“十二五”发展规划》的通知，指出物联网对加快转变经济发展方式具有重要作用，正式把物联网作为国家新兴产业发展战略的重要组成部分。政府高层一系列的重要讲话、报告和相关政策措施表明：大力发展物联网产业，将成为今后一项具有国家战略意义的重要决策，加快物联网技术研发、促进物联网产业的快速发展已成为国家战略需求。

我国政府为物联网的发展营造了良好的政策环境，国家重点基础研究发展计划（973 计划）在信息领域设立了“物联网体系、理论建模与软件设计方法”重大项目。国家自然科学基金委员会、中国工程院“中国工程科技中长期发展战略研究”联合基金项目都将物联网相关技术列为重点研究和支持对象。

物联网的发展受到了国家各大部委和地方政府的大力支持。各部委从不同的角度进行分工协作，推动我国物联网产业的发展。例如，国家科技部主要支持物联网的共性基础技术研发和理论研究，工信部主要支持物联网产业在工业领域和工信融合领域的应用，发改委主要负责我国物联网产业发展规划和重大工程示范项目。

我国各地地方政府的行动非常积极，如无锡市组建物联网技术研究院，积极打造物联网产业基地；北京市将物联网技术纳入北京市发展规划，大力推进“感知北京”示范工程的建设；广东省启动了南方物联网的框架性设计，加快试点工程建设。

国内企业界和普通民众也对物联网抱以很大兴趣，与 RFID、物联网相关联的上市企业被称为“物联网板块”，受到证券市场的关注，物联网概念在资本市场甚至受到追捧。物联网在上海世博会、深圳大运会等的成功应用，吸引了民众的眼球。物联网的应用遍及公共服务、物流零售、智能交通、安全、家居生活、环境监控、医疗护理和航空航天等多行业多领域，基本涵盖了我们身边的工业、环境和社会的各个领域。

任务二　了解物联网的关键技术

一、物联网的体系架构

物联网作为一种形式多样的聚合性复杂系统，涉及了信息技术自上而下的每一个层面，其体系架构一般可分为感知层、网络层、应用层 3 个层面，如图 8-3 所示。其中，公共技术不属于物联网技术的某个特定层面，而是与物联网技术架构的 3 层都有关系，它包括标识与解析、安全技术、网络管理和服务质量（QoS）管理等内容。

① 感知层：解决对物理世界的数据获取的问题，从而达到对数据全面感知的目的。由数据采集子层、短距离通信技术和协同信息处理子层组成。数据采集子层通过各种类型的传感器获取物理世界中发生的物理事件和数据信息，例如，各种物理量、标识、音视频多媒体数据。物联网的数据采集涉及传感器、RFID、多媒体信息采集、二维码和实时定位等技术。短距离通信技术和协同信息处理子层将采集到的数据在局部范围内进行协同处理，以提高信息的精准度，降低信息冗余度，并通过具有自组织能力的短距离传感网接入广域承载网络。感知层中间件技术旨在解决感知层数据与多种应用平台间的兼容性问题，包括代码管理、服

务管理、状态管理、设备管理、时间同步、定位等。在有些应用中还需要通过执行器或其他智能终端对感知结果做出反应，实现智能控制。该部分除 RFID、短距离通信、工业总线等技术较为成熟外，尚须研制大量的物联网特有的技术标准。

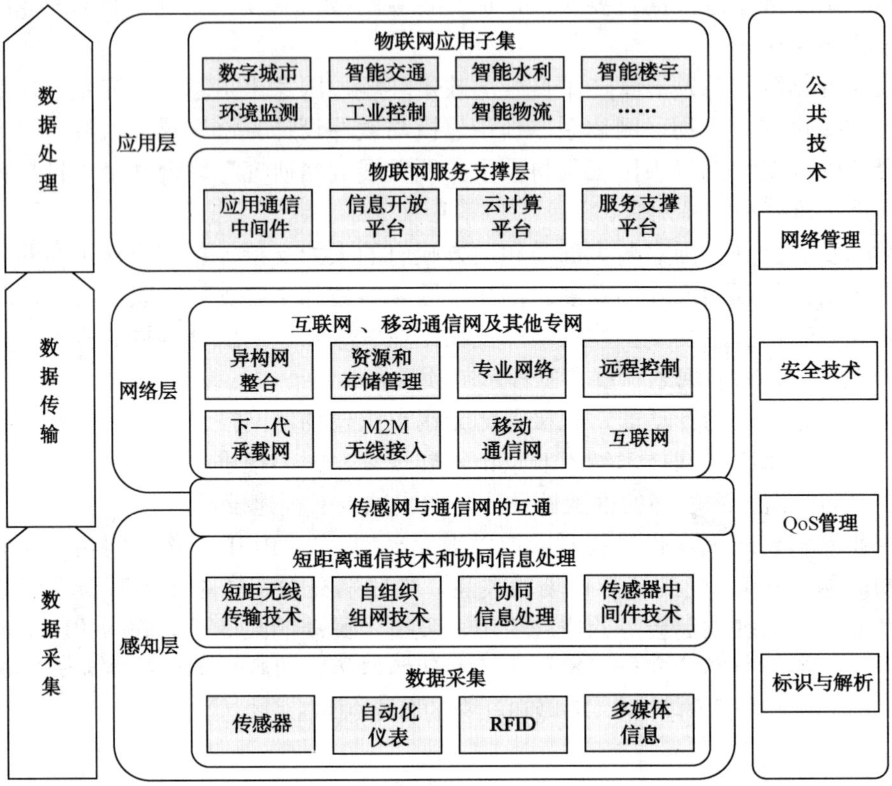

图 8-3　物联网的体系架构

② 网络层：主要通过网络对数据进行传输。网络层将来自感知层的各类信息通过基础承载网络传输到应用层，包括移动通信网、互联网、卫星网、广电网、行业专网及融合网络等。根据应用需求，可作为透传的网络层，也可升级以满足未来不同内容传输的要求。经过 10 余年的快速发展，移动通信、互联网等技术已比较成熟，在物联网的早期阶段基本能够满足物联网中数据传输的需要。网络层主要关注来自感知层的、经过初步处理的数据经由各类网络的传输问题。这涉及智能路由器、不同网络传输协议的互通、自组织通信等多种网络技术。其中，全局范围内的标识解析将在该层完成。该部分除全局标识解析外，其他技术较为成熟，以采用现有标准为主。

③ 应用层：利用云计算、模糊识别等智能计算技术，解决对海量数据的智能处理问题，达到信息最终为人所用的目的。应用层主要包括物联网服务支撑层和物联网应用子集。物联网的核心功能是对信息资源进行采集、开发和利用，因此这部分内容十分重要。服务支撑层的主要功能是根据底层采集的数据，形成与业务需求相适应、实时更新的动态数据资源库。该部分将采用元数据注册、发现元数据、信息资源目录、互操作元模型、分类编码、并行计算、数据挖掘、数据收割、智能搜索等各项技术，亟须重点研制物联网数据模型、元数据、本体、服务等标准，发展物联网数据体系结构、信息资源规划、信息资源库设计和维护

等技术；各个业务场景可以在此基础上，根据业务需求特点，开展相应的数据资源管理。业务体系结构层的主要功能是根据物联网业务需求，采用建模、企业体系结构、SOA 等设计方法，开展物联网业务体系结构、应用体系结构、IT 体系结构、数据体系结构、技术参考模型、业务操作视图设计。物联网涉及面广，包含多种业务需求、运营模式、应用系统、技术体制、信息需求、产品形态均不同的应用系统，因此必须统一系统的业务体系结构，才能够满足物联网全面实时感知、多目标业务、异构技术体制融合等需求。各业务应用领域可以对业务类型进行细分，包括绿色农业、工业监控、公共安全、城市管理、远程医疗、智能家居、智能交通和环境监控等各类不同的业务服务，根据业务需求不同，对业务、服务、数据资源、共性支撑、网络和感知层的各项技术进行裁剪，形成不同的解决方案，该部分可以承担一部分呈现和人机交互功能。应用层将为各类业务提供统一的信息资源支撑，通过建立、实时更新可重复使用的信息资源库和应用服务资源库，使得各类业务服务根据用户的需求组合，使物联网的应用系统对于业务的适应能力明显提高。该层能够提升对应用系统资源的重用度，为快速构建新的物联网应用奠定基础，满足在物联网环境中复杂多变的网络资源应用需求和服务。该部分内容涉及数据资源、体系结构、业务流程类领域，是物联网能否发挥作用的关键，可采用的通用信息技术标准不多，因此尚须研制大量的标准。

除此之外，物联网还需要信息安全、物联网管理、服务质量管理等公共技术支撑，以采用现有标准为主。在各层之间，信息不是单向传递的，存在交互、控制等，所传递的信息多种多样。其中最为关键的是围绕物品信息，完成海量数据采集、标识解析、传输、智能处理等各个环节，与各业务领域应用融合，完成各业务功能。因此，物联网的系统架构和标准体系是一个紧密关联的整体，引领了物联网研究的方向和领域。

二、物联网的关键技术

在物联网的概念没有提出之前，一些技术已经出现和使用，这些技术的不断进步、演变催生了物联网。所以物联网不是一门技术或一项发明，而是过去、现在和未来多项技术的高度集成和创新。前面描述的物联网架构分为 3 层，分别为感知层、网络层和应用层，下面就针对每一层使用的主要技术加以介绍。

1. RFID

在学习情境四中介绍的 RFID 技术，被认为是 21 世纪最有发展前途的信息技术之一。作为一种自动识别技术，RFID 通过无线射频方式进行非接触双向数据通信对目标加以识别，与传统的识别方式相比，RFID 技术不需要直接接触、不需要光学可视、不需要人工干预即可完成信息的输入和处理，且操作方便快捷。它能够广泛应用于生产、物流、交通、运输、防伪、跟踪、设备和资产管理等需要收集和处理数据的应用领域，并被认为是条形码标签的未来替代品。

2. EPC

同样在学习情境四中，介绍过 EPC，即电子商品代码。EPC 的载体是 RFID 电子标签，并借助互联网来实现信息的传递。EPC 旨在为每一件单品建立全球的、开放的标识标准，实现全球范围内对单件产品的跟踪与追溯，从而有效提高供应链管理水平，降低物流成本，是一个完整的、复杂的、综合的系统。

3. ZigBee

ZigBee 技术是一种近距离、低复杂度、低功耗、低速率、低成本的双向无线通信技术。它主要用于短距离、低功耗且传输速率不高的各种电子设备之间进行数据传输，以及典型的有周期性数据、间歇性数据和低反应时间数据传输的应用。与蓝牙技术类似，它是一种新兴的短距离无线技术，用于传感控制应用，是一种高可靠性的无线数据传输网络，类似于 CDMA 和 GSM 网络，并且数据传输模块类似于移动网络基站。其通信距离从标准的 75m 到几百米、几千米不等，并且支持无限扩展。

4. 无线传感器

无线传感器网络技术广泛应用于军事、国家安全、环境科学、交通管理、灾害预测、医疗卫生、制造业、城市信息化建设等领域，是典型的具有交叉学科性质的军民两用战略技术。它由众多功能相同或不同的无线传感器节点组成，每一个传感器节点由数据采集模块、数据处理和控制模块、通信模块和供电模块等组成。近年来微电子机械加工（MEMS）技术的发展为传感器的微型化提供了可能，微处理技术的发展促进了传感器的智能化，通过 MEMS 技术和射频（RF）通信技术的融合促进了无线传感器及其网络的发展。传统的传感器正逐步实现微型化、智能化、信息化、网络化。

5. M2M

M2M（Machine to Machine）是指通过在机器内部嵌入无线通信模块（M2M 模组），以无线通信等为主要接入手段，实现机器之间智能化、交互式的通信，为客户提供综合的信息化解决方案，以满足对监控、数据采集和测量、调度和控制等方面的信息化需求。M2M 系统在逻辑上可以分为 3 个不同的域，即终端域、网络域和应用域，其中终端域包括 M2M 终端、M2M 终端网络及 M2M 网关等，经有线、无线或蜂窝等不同形式的接入网络连接至核心网络，M2M 平台可为应用域用户提供终端及网关管理、消息传递、安全机制、事务管理、日志及数据回溯等服务。

6. 移动互联网

移动互联网就是将移动通信和互联网两者结合起来，成为一体；同时移动互联网又是一个全国性的，以宽带 IP 为技术核心的，可同时提供话音、传真、数据、图像、多媒体等高品质电信服务的新一代开放的电信基础网络，是国家信息化建设的重要组成部分。在最近几年里，移动通信和互联网成为当今世界发展最快、市场潜力最大、前景最诱人的两大业务，它们的增长速度都是任何预测家未曾预料到的。

7. NGI

NGI，即下一代互联网，目前还没有统一的严格定义，已经取得共识的 NGI 主要特征是：①更大、更快、更安全可信、更及时、更方便、更可管理以及更有效益等；②一般认为

IPv6 协议是 NGI 的特征之一，除此之外，还需要扩展一批协议；③NGI 将从现有 Internet 通过协议的扩展和容量的增加而演变得到。NGI 采用 IPv6 协议，IPv6 的最大特点之一就是地址数量足够多，这对无处不在的海量物联网终端来说是非常适合的，它完全能够满足为每个物联网终端分配一个全球唯一的地址。

8. 智能处理技术

智能处理技术作为物联网的基础，感知层和网络层分别实现对物体信息的“感知”（采集）和传输，此外还需要对数据、信息进行智能化分析与处理的平台应用层才能实现对物体的智能化管理，真正达到“物物相连”。物联网概念下“物物相连”会产生海量的数据信息，只有对其进行智能的处理、分析和应用，物联网的现实价值才能得以实现。这方面的技术主要有云计算技术、人工智能、数据挖掘技术等。

① 云计算的定义有多种版本，按照维基百科的定义，云计算是将动态、易扩展且被虚拟化的计算资源通过互联网提供出来的一种服务。虚拟化、弹性规模扩展、分布式存储、分布式计算和多租户是云计算的关键技术。云计算的基本原理是把计算分布在大量的分布式计算机上，而非本地计算机或远程服务器中，企业数据中心的运行将更类似于互联网。由此企业能够将资源切换到需要的应用上，按照需求访问计算机和存储系统。

② 人工智能（Artificial Intelligence，AI）研究计算和知识之间的关系。用机器去模拟人的智能，使机器具有类似于人的智能，其实质是研究如何构造智能机器或智能系统，以模拟、延伸、扩展人类的智能。人工智能是在计算机科学、控制论、信息论、神经心理学、哲学、语言学等多种学科研究的基础上发展起来的。在物联网中，人工智能技术主要负责对物品“说话”的内容进行分析，从而实现计算机自动处理。

③ 数据挖掘（Data Mining，DM）在学习情境二中有简单介绍，它是指从大量的数据或信息中挖掘或抽取出知识的过程。这里包含数据的挖掘和智能信息的抽取过程，前者要从大量纷繁复杂的现实世界数据中挖掘出未知的、有价值的模式或规律；后者是对知识进行比较、选择，总结出原理和法则，形成所谓的智能。数据挖掘体现了人工智能技术的进展。

在分析物联网的技术基础上，展望其未来变化发展方向，发现物联网是在信息与通信技术集成环境下产生的，通过实现物物之间互连互通，加速高科技技术在生活中落地，而高科技技术的发展又是推动国家信息化建设与经济发展的重要步骤。

任务三　了解物联网在物流中的应用

物联网的应用领域广泛，如图 8-4 所示。物联网产业链可以细分为四个环节：识别、感知、处理、信息传送，每个环节对应的硬件设备为 RFID、传感器、智能芯片、无线传输网络。

物联网在多个领域具有发展潜力，下面是一些典型的应用领域举例。

① 智能物流：现代物流系统希望利用信息采集生成设备，如 RFID 设备、感应器或 GPS 等装置与互联网结合起来，形成一个巨大网络，并能够在这种物流网络中实现智能化的物流管理。

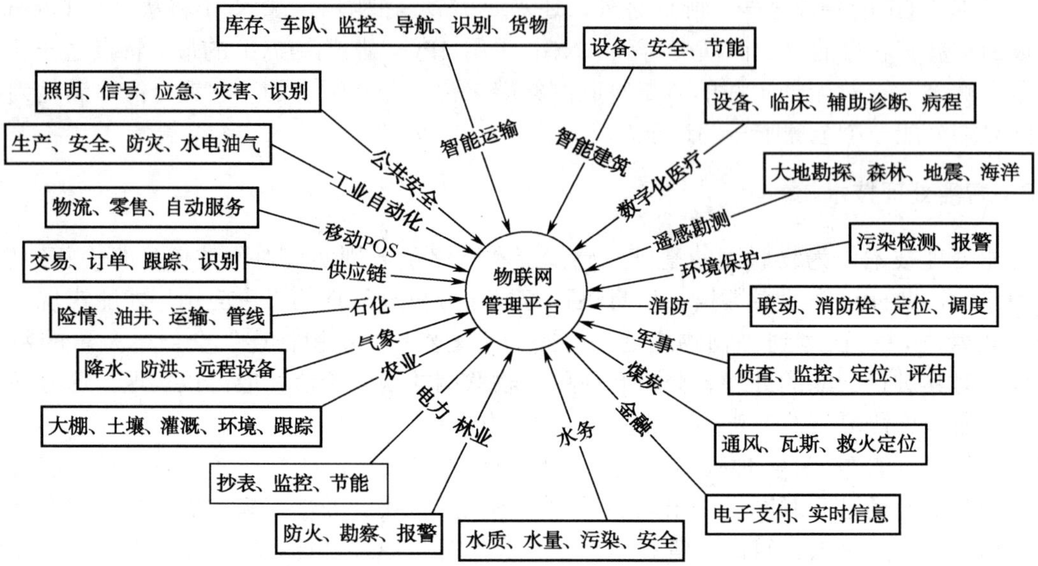

图 8-4　物联网的应用领域

② 智能交通：通过在基础设施和交通工具中广泛应用信息、通信技术来提高交通运输系统的安全性、可管理性、运输效能，同时降低能源消耗，减少对地球环境的负面影响。

③ 绿色建筑：物联网技术为绿色建筑带来了新的力量。通过建立以节能为目的的建筑设备监控网络，将各种设备和系统融合在一起，形成以智能处理为中心的物联网应用系统，有效地为建筑节能减排提供帮助。

④ 智能电网：以先进的通信技术、传感器技术和信息技术为基础，以电网设备间的信息交互为手段，以实现电网运行的可靠、安全、经济、高效、环境友好为目的的现代化电力系统。

⑤ 环境监测：通过对人类和环境有影响的各种物质的含量、排放量及各种环境状态参数的检测，跟踪环境质量的变化，确定环境质量水平，为环境管理、污染治理、防灾减灾等工作提供基础信息、方法指导和质量保证。

物联网的发展过程中最稀缺的资源还是物联网相关领域的各类人才，新一代的物流人更应该了解和关注物联网技术的发展，特别是在现代智能物流中的应用。下面简要说明物联网技术在仓储和运输环节的应用情况。

一、物联网技术在仓储中的应用

仓储与库存管理在物流过程中越来越重要。基于物联网环境的仓储系统架构设计包括系统编码体系、射频识别系统、服务及软件、系统网络结构和系统硬件五个部分。

1. 系统编码体系

仓储实体大致分为货物类、设备类、设施类、人员类和环境类。仓储管理需要在实体对象上粘贴一定编码的 RFID 标签进行标识，才能实现仓储智能管理。仓储信息编码可以参照

EPC 标准的编码方式进行，信息访问以内部服务器为主，并保留访问外网的数据端口。

2. 射频识别系统

RFID 可以实现仓储信息自动化采集，能够在货物移动或静止时对信息进行快速、准确的获取。RFID 系统在仓储管理中体现为对人员、货物、设施和设备的监管，信息采集用于数量统计、定位、权限和流程管理等多个方面。

3. 系统网络结构

物联网仓储系统的网络是混合型网络，包括现场总线网络、局域网、无线传感网等。物联网仓储系统涉及很多自动化、电子设施设备，如自动传输装置、智能机器、立体货架、电子显示屏、扩音器等，这些设备的信息交互是由系统网络来实现的。

4. 服务及软件

仓储系统服务是为仓储信息的采集、传输和处理设定控制和计算规则。通知这些规则为应用层提供必要的服务，满足仓储管理的需求。需求包括信息采集、数据集成、资源调度、流程优化和权限管理。这些服务以一定的输入、输出实现仓储系统的软件系统功能。软件系统处于仓储系统的最高层。仓储软件系统按功能分大致有业务应用、数据库和中间件三个部分。功能模块包括业务管理、安全管理、数据管理、协作管理、电子地图、设备管理、财务管理等。

5. 系统硬件

仓储系统所涉及的物联网相关硬件设备大致有计算机、手机、PDA、RFID 货物标签、RFID 托盘标签、RFID 工作人员标签、RFID 货位标签、叉车载读卡器、天线、电子显示屏、电子语音设备、温度传感标签、湿度传感标签、光传感标签、红外传感器和相应读卡器、门式固定读卡器、摄像头、电子显示屏、地标、扩音器、通风和供暖设备等。

二、物联网在运输中的应用

1. 物联网技术对运输的作用

（1）提高运输质量

物联网借助互联网、RFID、无线数据通信等技术，能够实现对单个商品的识别和跟踪。在物联网支持下，人们可以实时获取电子标签承载的信息，清楚地了解商品的具体位置，并可进行自动跟踪。对于制造商而言，原材料供应管理和产品销售管理是管理的核心，物联网的应用使得产品的动态跟踪运送和信息的获取更加方便，可及时召回不合格的产品，降低产品退货率，提高自己的服务水平，同时提高消费者对产品的信赖度。另外，制造商与消费者之间的信息交流可使厂商对市场需求做出更快的响应，在市场信息的捕捉方面夺得先机，从而有计划地组织生产，调配内部员工和生产资料，降低甚至避免因牛鞭效益带来的投资风险。

（2）保证运输安全

通过使用电子产品代码（EPC）可以实现自动获取数据，进行货物的分类，降低取货、送货成本。并且 EPC 电子标签中编码的唯一性和防伪性可以用来鉴别货物的真伪。由于其读取范围广，可实现自动通关和运输线路的追踪，从而保证了产品在运输途中的安全。即使在运输途中出现问题，也可以准确地定位，及时做出补救，使损失尽可能降到最低。这就大大提高了运输商送货的可靠性和效率，从而提高了服务质量。

（3）提升运输效率

运输商利用 EPC 可以提供信息增值服务，从而提高收益率，维护其资产安全。不仅如此，利用 RFID 技术对高速移动物体识别的特点，可以对运输工具进行快速有效的定位与统计，方便对车辆的管理和控制。具体应用方向包括公共交通票证、不停车收费、车辆管理及相关设施管理等。基于 RFID 技术，也可以为实现交通的信息化和智能化提供技术保障。

2. 物联网技术在不同运输方式中的应用

目前，物联网技术中的传感技术、RFID 技术、GPS 技术、视频智能监控技术等在运输行业中有着较广泛的应用。

（1）公路运输中的物联网技术

公路货物运输是经济社会发展的基础性和先导性产业，也是构成陆上运输的两个基本运输方式之一。在车辆运行安全管理系统中应用 RFID、GPS、传感器等物联网技术，可实现实时定位跟踪查询、车速监控、事故处理、油量控制、历史数据查询打印、数据统计、系统设置和联网等功能。在高速公路监测系统中，通过 GIS、传感器、视频监控等技术，对现场交通状态实时采集，针对高速公路范围内的各种交通状况、交通事件和气象状况，利用建立的数学模型进行相关计算，生成相应的控制策略和控制方案，通过控制人员的确认采用不同的控制方案，通过可视化信息等途径反馈给驾驶人员，疏导交通流量，达到安全、高效的目的。

（2）铁路运输中的物联网技术

我国铁路的信息化发展速度很快，高铁运行调度与管理信息系统、铁路集装箱运输系统等均用到了很多物联网技术。采用 RFID 技术实现集装箱的跟踪管理，包括验货、装箱、移箱、装车等操作，进行实时监控；铁路大型养路车在线监控系统设计融合了 GPS、GIS 等技术。未来“数字铁路”将全面采用物联网技术改造铁路系统，在运输系统、全球卫星定位系统、遥感及空间数据库信息化技术基础上，大力推进铁路的信息化进程。

（3）航空运输中的物联网技术

航空运输是使用飞机、直升机及其他航空器运送人员、货物、邮件的运输方式。RFID 技术在航空货运管理上的应用，可以提高服务质量，降低差错率，并可监控货物的实时位置。GPS 等技术在飞机空地指挥系统中也得了广泛的应用。

（4）水路运输中的物联网技术

在水路运输中物联网技术的应用开发较早，尤其在港口信息化领域，很多港口都采用了 RFID 技术和 GPS 技术建立智能港口。许多航运港口部门已经或正在利用 GIS 技术建立网络型基础信息管理系统，实现港口、航道、水域的信息共享。此外，将 GIS 与 GPS、GSM（移动通信网）技术有机地结合在一起，实现船舶动态监控，利用 GIS 技术的数据采集手段建立矢量电子地图和水下地形图，通过 GPS 接收的卫星信号，为船舶入港的正确行驶提供必要信息。

学习分享

学习目标：

完成本学习情境的任务后，你应当能
1. 了解物联网的基本概念和特点；
2. 了解物联网的发展情况；
3. 熟悉物联网的体系架构和关键技术；
4. 了解物联网在物流中的应用。

学习方法：

建议采用启发式、案例教学、小组讨论等方式方法。

学习环境要求：

学习场地：① 多媒体教室；
　　　　　② 物联网实验室。

评价标准：

重点了解物联网的概念和特点，熟悉物联网的关键技术及其在物流中的应用。
1. 认识和理解物联网的概念和相关内容。（教师评价）
2. 熟悉物联网的关键技术。（教师评价）
3. 了解物联网技术在物流中的具体应用。（教师评价）
4. 能根据实训的计划和要求，完成对物联网行业企业的信息搜集和分析。（个人、小组和教师评价）
5. 在完成本情境任务过程中的学习态度。（个人、小组和教师评价）

操作实训

物联网行业公司信息的收集

【实训目的】

1．通过收集资料，了解国内物联网公司的信息和物联网行业的发展情况。
2．培养协作与交流的能力，进一步认识物联网技术的应用。

【实训要求】

实训以小组为单位，5～6 人组成小组。
1．通过网络搜索，收集物联网行业企业的相关信息，包括产品和服务等信息。
2．比较收集到的不同企业的信息，进行基本的分类，总结物联网企业的发展现状。
3．提交报告，并分组进行 PPT 汇报分享。

【实训考核】

完成并提交小组实训报告，将相关信息填入表 8-1，并对收集的信息进行分析，总结物联网行业的发展现状和趋势，提交报告文档到教学文件系统。

表 8-1　物联网行业企业相关信息汇总

公司名称	注册地	年限	企业性质	主要服务和产品	市场规模

成绩评定依据实训报告完成情况和课堂 PPT 汇报情况。

表 8-2　实训考核表

考核要素	评价标准	分值	分值比例			
			自评（10%）	小组（10%）	教师（80%）	小计（100%）
实训报告	信息收集和分析总结情况	50				
小组 PPT 汇报	汇报和讲解的情况	50				
合计		100				
评语 （主要是建议）						

自我测评

✧ 复习思考题

1．物联网技术在物流中的应用主要有哪些？
2．物联网技术对物流活动起到了怎样的作用？

✧ 案例分析题

物联网比移动互联网再大 10 倍

2015 年是物联网之年。微信正在把自己打造成一个连接的中枢，实现人与物的相连，产生新的消费和应用场景。例如，一家叫艾拉物联的公司，会打通微信用户与一家拉斯维加斯的酒店，不仅能完成在微信上的酒店预订与支付，而且能用微信控制房间内的室温、照明、冰箱、窗帘、门锁等。

不久前，在深圳由 IDEAS 与科通芯城联合举办了一个物联网会议。IDEAS 是腾讯前 CTO 熊明华创办的一个组织，汇聚全球的技术专家与创业者，探讨下一代互联网，今后将在硅谷和中国每年轮流举办年会。熊明华认为："本来做硬件是一个非常辛苦的活，从 2014 年开始这个风向有了 180 度的转变。从智能硬件、物联网开始给了整个投资界和资本市场很强的信息，也就是说智能硬件在未来的几年不仅是硬件，更是下一代移动互联网的入口，所以智能硬件就是下一代移动互联网。"

物联网是一个比移动互联网更加复杂的生态系统。与目前手机是所有个人设备的中心不同，物联网的终端设备将会变得异常多样化，可能会达到数百万种；设备的数量也将远远超过智能手机。据《经济学人》的预测，到 2020 年，将会有 500 亿个智能设备，平均每人有 7 个智能设备，而到 2025 年，将达到 1 万亿个智能设备，城市地区每 $4m^2$ 就会有一个智能设备——城市几乎完全被智能设备覆盖。从联网的复杂程度和产生的数据量来看，物联网比移动互联网再大 10 倍，并不夸张。

尽管物联网听起来复杂，但其未来在于个人用户的体验。正如 ARM 创始人兼 CTO Mike Muller 所说："互联网提供了一种简洁之美：您可通过同一个网络浏览器找到并控制您的灯泡，而不必知道或在意正在使用的是 WiFi 还是 3G。网络浏览器不在意是需要一台还是数千台不同的服务器才能通过卫星、电缆或光纤连接到您。它也不关注旅程的终点是蓝牙还是 ZigBee。互联网之所以能够正常运作，就是因为协议和服务层掩盖了这些层下的复杂性。"

在 IDEAS 会议上可以看到这样一些初步实现"简洁之美"的杰作：有眼镜式的头戴移动剧场，其视觉体验远远超过了剧场大片，具备了更加强烈的现实感；而另外一家公司，则把芯片植入人体，实时获取具备临床价值的人体参数；一位中国设计师开始推出极度个性化的智能珠宝；中国大疆创新把无人机上获取的图片进行社交分享。在工业领域，有实现人手般轻柔灵巧抓取的机器人。

物联网已经存在于我们的生活之中，但如果要真正迎来物联网时代，还要克服几大挑战。正如 Muller 指出的，"物联网允许任意设备在任意位置加入并将所有设备连接在一起，但困难的是使这项工作对于用户而言能够尽可能简单、方便、流畅，就像当今网页与设备的交互那样。"目前，设备、应用与服务完美结合的产品尚少。

与言必称大数据不同，物联网必须建立坚实的小数据基础，才能有大数据的应用。优秀的产品会产生有价值的数据，但这些数据都是锁在"信息孤岛"中的小数据。如何让服务商之间的数据可以共享，保证数据的安全，保护个人隐私，在信任的基础上建立大数据的服务，仍然有一段很长的路要走。

许多人都在讲 IOT 领域会再造几个 BAT（指百度、阿里巴巴和腾讯），或者再造 100 家小米。但物联网时代的商业模式，可能与目前的互联网公司完全不一样。据科技咨询机构高德纳的观察，到 2018 年，物联网一半的解决方案将由成立不到 3 年的公司来提供。

高能效的传感器和控制器无处不在，物联网直接嵌入消费者最终的行为中，未来设备本身将成为服务的一部分，正如目前运营商补贴用户购买手机一样，会越来越普遍。如果把汽车看成物联网设备，Uber 的崛起，在很大程度上象征了年轻一代的用户更看重便捷的交通而不是拥有汽车。

物联网将会进一步推动"分享经济"的深化，对于用户来说，使用比拥有更重要。实时的数据对需求高度响应，拥有硬件（从房子到汽车）更多是为了使用服务，所以未来最基本的消费模式，要么是用户租用硬件获取服务，要么是服务商补贴硬件出售服务。

（网上资料整理来源：物联网在线，http://www.iot-online.com）

问题：

1．为什么说物联网发展潜力远远大于移动互联网？

2．物联网技术可以在哪些方面促进智能物流的发展？

学习情境九

应用物流管理信息系统

学习情境描述

骆嘉晖和张晓玲交流分享各自的实习经历，对于物流信息技术方面，有一点共同的认识：不论是条码技术、射频识别技术，还是 GPS、GIS 等技术，最终能否发挥最大效益还取决于这些信息技术和工具能否有效集成利用，满足当前以及未来的物流发展需求。物流管理信息系统作为物流信息的集成平台，是信息体现价值的关键所在。各个企业的 ERP（企业资源计划）系统是日常工作的基本信息平台，作为 ERP 系统下的子系统，物流管理信息系统成为每一个物流人所必须掌握的应用平台。物流管理信息系统的思维导图如图 9-1 所示。

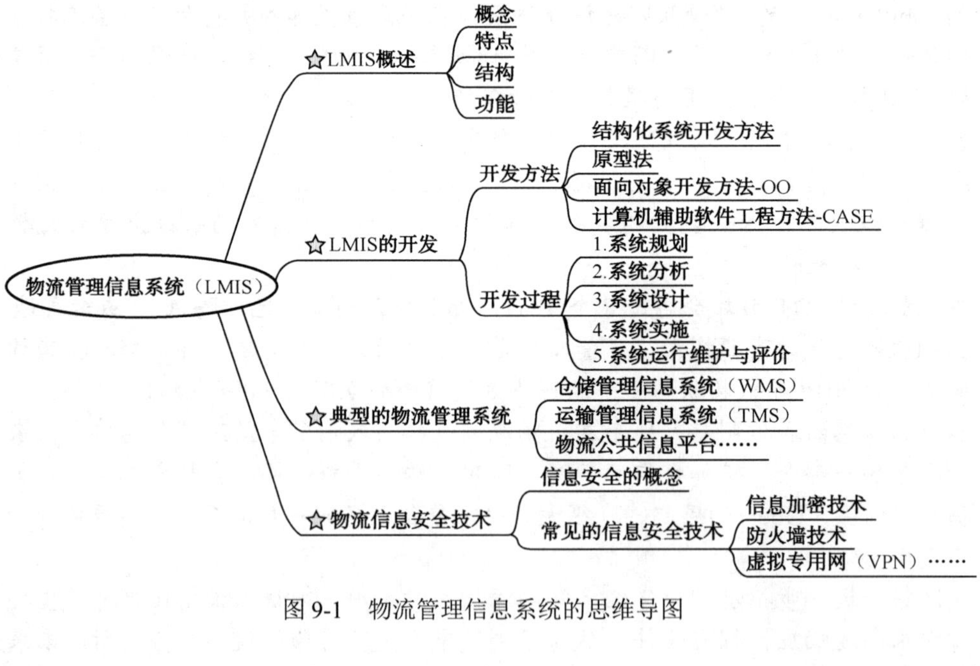

图 9-1　物流管理信息系统的思维导图

导入案例

海尔的物流管理信息系统

作为世界著名的家电企业，海尔的产品每天要通过全球 5.8 万个营销网点，销往世界

160 多个国家和地区，每月采购 26 万种物料、制造 1 万多种产品，每月接到 6 万个销售订单。对于海尔集团来说，高效率的现代物流系统就意味着企业内部运作的生命线，为此海尔开始了与 SAP 的合作。

1. 需求分析

海尔集团认为，现代企业运作的驱动力是订单。没有订单，现代企业就不可能运作。围绕订单而进行的采购、设计、制造、销售等一系列工作，最重要的一个流程就是物流。离开物流的支持，企业的采购、制造与销售等行为会是盲目的和不可预知的。

只有建立高效、迅速的现代物流系统，才能建立企业最核心的竞争力。海尔需要这样的信息系统，使其能够在物流方面一只手抓住用户的需求，另一只手抓住可以满足用户需求的全球供应链。

2. 解决方案

海尔采用 SAP 公司提供的 ERP 系统和 BBP 系统，组建自己的物流管理系统。

（1）ERP 系统

海尔物流的 ERP 系统共包括四大模块：MM（物料管理）、PP（制造与计划）、SD（销售与订单管理）和 FI/CO（财务管理与成本管理）。

实施 ERP 后，打破了原有的“信息孤岛”，使信息集成并且同步，提高了信息的及时性与准确性，加快了对供应链的响应速度。例如，原来订单由客户下达后传递到供应商需要 10 天以上的时间，准确率还很低；实施 ERP 后，订单不但在 1 天内完成“客户—商流—工厂计划—仓库—采购—供应商”的过程，而且准确率极高。

另外，对于每笔收货，扫描系统能够自动检验采购订单，防止暗箱收货，而财务在收货的同时自动生成入库凭证，使财务人员从繁重的记账工作中解放出来，发挥出真正的财务管理与财务监督职能，效率与准确性大大提高。

（2）BBP 系统

BBP 系统主要是建立与供应商之间基于因特网的业务和信息协同平台，该平台既可以通过因特网进行招标、投标，也可以通过因特网将所有与供应商相关的物流管理业务信息，如采购计划、采购订单、库存信息、供应商供货清单、配额、采购价格和计划交货时间等发布给供应商，使供应商可以非常便捷地了解与自己相关的信息，按要求完成备货、送货等。

3. 实施效果

由于海尔物流管理系统的成功实施和完善，构建和理顺了企业内部的供应链，为海尔集团带来了显著的经济效益：采购成本大幅降低，仓储面积减少一半，降低库存资金约 7 亿元，库存资金周转日期从 30 天降低到了 12 天以下。系统实现了四个目标：为订单而采购，消灭库存；通过整合内部资源、优化外部资源，使原来的 2336 家供应商优化到了 840 家，建立了更加强大的全球供应链网络，有力地保障了海尔产品的质量和交货期；实现了三个即时（JIT），即 JIT 采购、JIT 配送和 JIT 分拨物流的同步流程；实现了与用户的零距离。海尔 100%的采购订单由网上下达，使采购周期由原来的平均 10 天降低到 3 天。

（资料整理来源：海尔物流官网，http://www.ihaier.com/）

问题：

1. 海尔采用什么方式完成物流管理信息系统的建设？
2. 物流管理信息系统为海尔带来了哪些效益？

任务一　认识物流管理信息系统

一、物流管理信息系统的概念

物流管理信息系统（Logistics Management Information System，LMIS）是企业管理信息系统中一个重要的子系统，它通过对系统内外物流相关信息的收集、存储、加工处理，获得物流管理中有用的信息，来达到对物流、资金流的有效控制和管理，并为企业提供战略运作、信息分析和决策支持的人机系统。系统内部的衔接是通过信息进行沟通的，资源的调度也是通过信息共享来实现的，组织物流活动必须以信息为基础。

物流管理信息系统是企业按照现代管理的思想、理念，以信息技术为支撑所开发的信息系统。物流管理信息系统充分利用数据、信息、知识、计算机网络等资源，实施、控制和支持物流业务，实现物流信息的共享，以提高物流业务的效率，增强决策的科学性，其最终目的是提高企业的核心竞争力。

物流管理信息系统具有如下特征。

1. 服务性

物流管理信息系统的目的是辅助物流企业进行事务处理，为管理决策提供信息支持。为了满足管理需要，系统必须具备大量的基础数据（当前数据和历史数据、内部数据和外部数据等）和管理功能模型（如预测、计划、决策、控制模型等）。

2. 动态性

物流活动是一个动态的过程，随着时空的变化而变化。物流管理信息系统要能根据环境的变化及时进行调整，适应新变化的要求，保证对物流过程的有效跟踪和控制。

3. 易用性

物流管理信息系统要便于用户使用。要实现这一点，友好的用户界面是一个基本条件。易用性是物流管理信息系统推广的重要因素。

4. 网络化

物流活动的特点要求系统必须运行在网络环境下。因此，物流管理信息系统是网络化的系统，通过 Internet 实现上下游企业间的有效沟通。物流企业内部也可以通过 Intranet 与 Internet 进行物流活动的跟踪与管理，提高物流活动的运作效率。

5. 实时化

物流管理信息系统利用自动识别技术、GPS 技术、GIS 技术、网络通信技术等现代信息技术对物流活动进行准确实时的跟踪和信息采集，并通过网络完成实时的信息处理，帮助企业对物流活动进行管理，满足顾客的要求。

6. 智能化

智能化是物流管理信息系统的发展方向。例如，在物流企业决策支持系统（DSS）中的知识子系统，它就负责对决策过程中所需要的物流领域知识、专家的决策知识和经验进行收集、存储和智能化处理。

二、物流管理信息系统的结构

物流管理信息系统的结构，是指组成系统各部件的构成框架。对部件的不同理解，就产生了物流管理信息系统的各种结构。其中最重要的有概念结构、系统结构和功能结构。

1. 概念结构

从概念上来看，物流管理信息系统由四大部分组成：物流信息源、物流信息处理器、物流信息用户和物流信息管理者，概念结构如图 9-2 所示。物流信息源是信息的产生地；物流信息处理器担负信息的保存、处理任务；物流信息用户是信息的使用者，应用信息进行管理和决策工作；物流信息管理者负责信息系统的设计实现，并在实现以后负责信息系统的运行和协调。

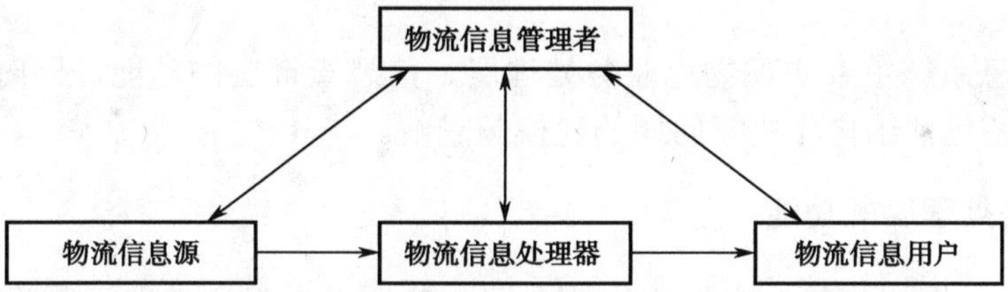

图 9-2 物流管理信息系统的概念结构

2. 系统结构

系统结构由硬件、软件和人员组成。硬件包括计算机及输入/输出设备、存储设备、网络通信设备等。这些设备是物流管理信息系统构建的基础，也是系统运行的平台。软件是物流管理信息系统应用的核心，与物流活动相对应，各个活动都有软件的支持。物流管理信息系统为管理服务，是人机交互的系统，从系统的规划、分析、设计到系统的实施、维护，都有大量的人员参与其中。建设物流管理信息系统，必须重视各类人员在其中的作用。

3. 功能结构

物流管理信息系统的功能结构可以分为日常业务管理系统、管理控制系统、辅助决策系统和战略管理系统，如图 9-3 所示。

① 日常业务管理系统记录物流活动最基本的交易内容，从订单开始到存货、装卸、运输、交货以及财务结算等各个环节，保证物流活动过程中信息收集的质量和及时准确性。

② 管理控制系统根据客户需求，制订合理的采购计划、库存计划和运输计划等，并对

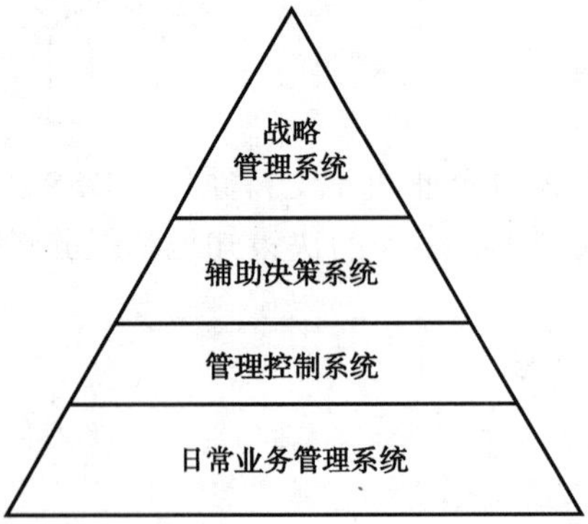

图 9-3 物流管理信息系统的功能结构

与这些计划相关联的流程进行控制，保证物流活动的正常进行。管理控制系统是与管理理论相对应的战术管理的部分，在物流企业的正常管理中起到主要的作用。特别是对于业务量很大的物流企业，功能强大的管理控制系统可以有效利用企业资源，提高业务处理的效率。

③ 辅助决策系统的主要作用是帮助管理人员完成决策的制订，既包括战术方面的支持，也包括战略方面的支持。在管理控制方面，辅助决策系统可以帮助管理人员进行车辆日常运用情况的分析、库存管理的分析等。在战略管理方面，辅助决策系统可以帮助高层管理者进行选址分析、客户分析、市场分析等。

④ 战略管理系统利用业务管理和控制管理系统所获得的信息，在辅助决策系统的支持下对关系企业发展的长远计划进行决策。这些信息相对抽象和广泛，不仅包括企业内部经过提炼的信息，还包括外部的大量信息。战略管理系统根据收集到的这些信息帮助企业高层管理人员完成企业战略方面的决策。

三、物流管理信息系统的功能

物流管理信息系统主要实现物流业务处理层、信息查询层的功能，同时也实现部分信息分析层的功能，还包括结构化决策问题的建模与求解。

1. 物流业务处理层的功能

① 完成原始数据的收集，提供相应的合同、票据、报表，实现订单管理及输入/输出的功能。

② 及时处理订单管理、配货管理、运输管理、仓储管理、采购管理、流通加工和财务管理等企业相关业务，反馈和控制企业基层的日常生产和经营工作的信息。

③ 将收集、加工后的物流信息存储在数据库中，满足信息查询与分析的需求。

2. 信息查询层的功能

① 检索数据库中的现存信息或简单加工后的信息，满足企业和客户对相关物流信息的查询需求。

② 提供对物流系统状况和货物、车辆的监视与跟踪功能。

③ 为顾客提供所需的网上查询和信息服务手段。

3. 信息分析层的功能

根据用户的要求，采取适当的计算方法和模型，对数据库、数据仓库中存储的数据进行加工分析，产生相关的分析报告，帮助企业经营管理者对企业的运行状况进行分析评估。

4. 决策支持层的功能

对物流业务进行评估和成本—收益分析，主要包括业务量分析、经营成本分析、利润增长点分析、库存优化、配载优化以及客户行为分析等功能，为企业高层领导及管理人员提供相应的辅助决策功能。

任务二　了解物流管理信息系统的开发

物流管理信息系统的开发是一个复杂的系统工程，它涉及系统理论、组织结构、管理理念、计算机处理技术以及工程化方法等方面的问题。下面介绍几种常用的系统开发方法和一个物流系统完整的开发过程。

一、物流管理信息系统的开发方法

目前常用的开发物流管理信息系统的具体方法有：结构化系统开发方法、原型法、面向对象开发方法和计算机辅助软件工程方法。

1. 结构化系统开发方法

结构化系统开发方法（Structured System Development Methodology）是自顶向下结构化方法、工程化的系统开发方法和生命周期方法的结合，是应用最普遍、最成熟的一种方法。

（1）结构化系统开发方法的基本思想

结构化系统开发方法将软件工程和系统工程的理论和方法引入信息系统的研制开发中，按用户至上的原则，结构化、模块化、自顶向下地对系统进行分析和设计。把信息系统的整个开发过程视为一个生命周期，分成系统规划、系统分析、系统设计、系统实施、系统运行维护与评价 5 个阶段，新系统开发完成后投入使用。经过若干时间，当系统不能再适应业务的发展或用户有了新的需求时，一个新的生命周期重新开始，这是一个循环的过程。其流程如图 9-4 所示。

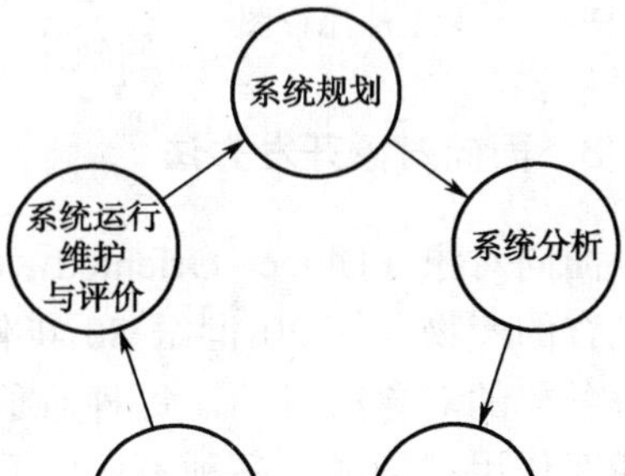

图 9-4　结构化系统开发方法流程图

（2）结构化系统开发方法的优缺点

优点：注重系统开发的整体性和全局性，强调在整体优化的前提下考虑具体的分析设计问题；严格区分开发阶段，每一阶段都有明确的任务，同时产生相应的文档资料。

缺点：系统开发周期太长，有时候系统开发尚未完成而内外环境已经发生了变化，用户对系统的需求也发生了变化；在系统实施之前，开发人员只能通过技术文档和用户沟通，交流比较困难。

2. 原型法

原型法（Prototyping Method）是 20 世纪 80 年代随着计算机软件技术的发展，特别是在关系数据库系统、第四代程序语言和各种系统开发生成环境产生的基础之上，提出的一种从设计思想到工具、手段都全新的系统开发方法。

（1）原型法的基本思想

“原型”是指该系统早期可运行的一个版本，反映系统的部分重要功能和特征，其主要内容包括系统的程序模块、数据文件、用户界面、主要输出信息及与其他系统的接口。原型系统不同于最终系统，它需要快速实现、投入运行。因此，必须注意功能和性能上的取舍，可以忽略一切暂时不必关心的部分，力求原型的快速实现。但要能充分地体现原型的作用，满足评价原型的需求。

原型法的基本思想是在系统开发的初期，在对用户需求初步调查的基础上，借助强大的开发工具，快速构造一个可以工作的系统雏形（原型），将这个原型提供给用户使用，用户在使用中不断提出改进方案，开发人员根据用户的需求不断补充、修改、完善，如此反复循环，直至形成一个相对稳定、较为理想的系统，流程图如图 9-5 所示。

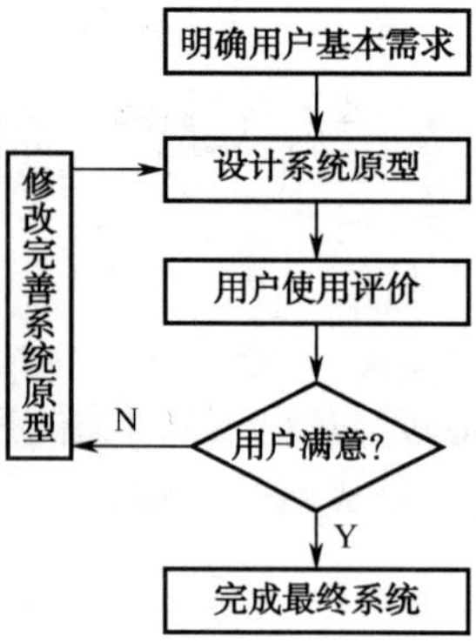

图 9-5　原型法流程图

（2）原型法的优缺点

优点：用户满意度高；开发周期短，成本低，风险小；开发人员与用户交流容易；用户参与程度高，这使得系统实施后可以减少用户培训时间，系统的运行维护较为容易。

缺点：原型法很难从整体上把握一个大型复杂系统的全局性能；用户从局部细节之处对原型提出修改意见，如果用户难以改变自己原有的工作习惯，就会使开发人员走上机械地模拟原手工系统的轨道。

3. 面向对象开发方法

面向对象（Object Oriented，OO）开发方法可以被认为是面向过程技术和面向数据技术相结合的产物，是 20 世纪 80 年代末逐步发展起来的一种新的系统开发方法。客观世界是由各种各样的对象组成的，每种对象有各自的内部状态和运动规律，不同对象之间的相互联系和相互作用就构成了各种不同的系统。面向对象开发方法把数据和过程包装成为对象，以对象为基础对系统进行分析与设计，是一种综合性的开发方法，开发过程如图 9-6 所示。

4. 计算机辅助软件工程方法

自从计算机在信息处理领域应用以来，系统开发过程，特别是系统分析、设计和实施过程，一直是制约信息系统发展的瓶颈。直到 20 世纪 80 年代中后期，计算机图形处理技术和程序生成技术的出现才有效地缓解了这种情况。解决这一问题的工具就是集图形处理技术、程序生成技术、关系数据库技术和各类开发工具于一身的计算机辅助软件工程（Computer Aided Software Engineering，CASE）方法。

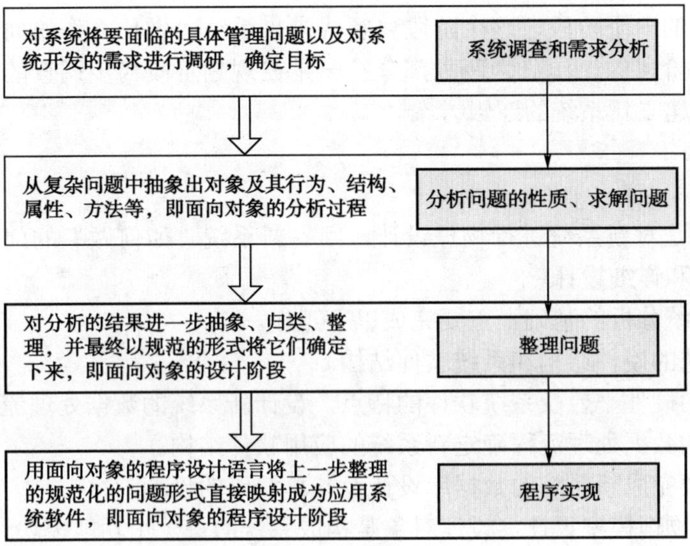

图 9-6　面向对象开发方法流程图

CASE 是计算机技术在系统开发活动和方法中的应用，是软件工具和开发方法的结合体。CASE 工具是指能够支持或使系统开发中的一个或多个阶段自动化的计算机程序（软件）。

CASE 方法解决问题的基本思路是：在前面所介绍的任何一种系统开发方法中，如果自对象系统调查后，系统开发过程中的每一步都可以在一定程度上形成对应关系，就完全可以借助于专门研制的软件工具实现上述一个个的系统开发过程。

由此可见，CASE 方法不是一种真正独立意义上的方法。利用 CASE 工具进行系统开发，必须结合一种具体的开发方法，如结构化系统开发方法、原型法或面向对象开发方法等，CASE 方法只是为具体的开发方法提供了支持每一过程的专门工具，把原先由手工完成的开发过程转变为以自动化工具支持的自动化开发过程。

二、物流管理信息系统的开发过程

以结构化系统开发方法为例，简要介绍一下物流管理信息系统的开发过程。采用结构化系统开发方法时，开发过程一般分为 5 个阶段，即系统规划、系统分析、系统设计、系统实施、系统运行维护与评价。

1. 系统规划

系统规划既是系统开发工作的初始阶段，又决定了所开发出的系统的功能和运行效率，它始于用户提出要求。在这个阶段，用户提出的要求往往是需要解决的问题的简单罗列，开发人员的任务就是对用户的要求进行初步调查和可行性研究，通过关键成功因素法、企业系统规划法等方法提出未来系统的总体功能结构。

2. 系统分析

在系统规划的工作完成后，进入系统开发的第二阶段即系统分析阶段。系统分析是系统开发工作中最重要的一个阶段，这个阶段要解决未来系统“做什么”的问题，是新系统的逻辑设计阶段。这个阶段的工作分为两大部分：一是在规划阶段初步调查的基础上对企业进一步详细调查，二是建立新系统的逻辑方案。

3. 系统设计

系统设计阶段是对新系统进行物理设计，回答新系统“如何做”的问题。主要工作分为两部分：总体设计和详细设计。

总体设计在系统分析的基础上主要完成以下工作。

① 设计新系统的硬件结构和系统软件结构。

② 根据选定的硬件平台及系统软件的特点，设计新系统的数据处理流程及数据类。

③ 由新系统的数据处理流程确定新系统的应用软件结构。

④ 根据数据类完成新系统的数据库设计及共享编码的设计。

详细设计又称物理模型设计，设计对象是构成系统的每一个功能模块。

4. 系统实施

系统实施是将系统设计的结果付诸实践，这一阶段包括如下工作：实施系统环境、编写和调试程序、组织系统调试和测试、对用户进行培训和切换支付系统。

5. 系统运行维护与评价

这个阶段的工作包括两部分：系统运行维护和系统评价。

① 系统运行维护：为保证系统的正常运行和系统资源的有效使用，需要继续进行系统维护。通过维护不断完善系统、扩充系统功能和提高系统效率。

② 系统评价：系统投入使用后，要看看新系统是否满足了最初系统规划阶段的设想，新系统运行的情况如何等，这称为系统评价。通常从 4 个方面来评价系统：系统目标的完成情况，看是否实现了设计阶段提出的所有功能；系统运行的情况，如系统运行的速度、稳定性和可靠性，用户是否满意等；系统的安全性和保密性；系统的直接经济效益和间接经济效益。

经过一段时间的维护以后，随着企业业务的变化、规模的扩大，系统需要升级，进一步提高效率、满足用户更高的要求，这时这个系统就要达到生命周期的终点了，需要开发人员重新进行系统规划、分析、设计、实施等，开始新一轮生命周期。

任务三 应用典型的物流管理信息系统

一、仓储管理信息系统

1. 仓储管理信息系统的概念

仓储管理信息系统（Warehouse Management System，WMS）是用来管理仓库内部的人员、库存、工作时间、订单和设备的应用软件。这里所称的“仓库”，包括生产和供应领域中各种类型的储存仓库。仓储作业的过程是指以仓库为中心，从仓库接收货物入库开始，到按需要把货物全部完好地发送出去的全部过程。

WMS 按照常规和用户自行确定的优先原则，优化仓库的空间利用和全部仓储作业。通过 EDI 等媒介，与企业的计算机主机联网，由主机下达收货和订单的原始数据；通过无线网络、手持终端、条码系统等信息技术与仓库的员工联系，传达指令，反馈信息，更新数据库并生成所需的条码标签和单据文件。

一个 WMS 的基本软件包支持仓储作业中的全部功能。WMS 支持的基本功能和处理过程见表 9-1。除支持的基本功能外，WMS 往往还能提供库存补充、循环盘存、班组工作实时监管等。先进的 WMS 还能连接 AGV、输送带、回转货架和高层货架的 AS/RS 等。

表 9-1　WMS 支持的基本功能和处理过程

支持功能	处理过程
收货	货到站台，收货员将到货数据由 RF 终端传到 WMS，WMS 随即生成相应的条码标签，粘贴（或喷印）在收货托盘（或货箱）上，经扫描，确认收货，按 WMS 指令进货储存
储存	WMS 按最佳的储存方式选择空货位，通过叉车上的 RF 终端通知叉车司机，并指引最佳途径。抵达空货位，扫描货位条码，以确保正确无误。货物就位后，扫描货物条码，WMS 即确认货物已存储在此货位，可供以后订单发货
订单处理	订单到达仓库，WMS 按照预定规则分组，区分先后，合理安排
拣选	WMS 确定最佳的拣选方案，安排订单拣选任务。拣选人由 RF 终端指引到货物，显示拣选数量。经扫描货物和货位的条码，WMS 确认拣选正确，货物的库存量也同时减除
发货	WMS 制作包装清单和发货单，交付发运。称重设备、其他发货系统与 WMS 联合工作
站台直调	货到收货站台，如已有订单需要这批货，WMS 会指令叉车司机直送发货站台，不再入库

2. 仓储管理信息系统的目标

（1）保证作业流程标准化

WMS 运用实时数据采集和数据库技术，为物流仓储环节提供了从订单开始到收货、分配仓位、盘点、货物出库和货物装运全过程的信息处理和管理功能，保证了作业流程的标准化和统一化。

（2）提高作业准确度

WMS 可以控制错发货、错配货、漏配送的事故，通过订货、发货业务的自动化，提高作业准确性和工作精确度，缩短从订货到发货的时间。

（3）提供信息咨询

WMS 要为客户提供信息咨询及有关资料的查询和统计，满足用户对信息的实时需求。

总之，通过使用 WMS 要提高对客户的服务水平，实现物流合理化，降低物流总成本。

3. 仓储管理信息系统的特点

WMS 是物流管理信息系统的一个子系统，它首先具备物流管理信息系统的特征，除此之外，它还具有自身的特点。

（1）支持供应商管理库存

通过 WMS 准确收集与传递库存信息，供应商可以按需补货，最大限度降低库存量，加快库存周转，从而实现供应商管理库存（VMI）。

（2）支持物流信息采集设备及自动化设备

WMS 与先进物流技术，如手持终端、RF、GPS/GIS 等均设有接口，能够与电子标签、自动化物流设备系统相连接。系统通过应用先进的图形技术，实现“可视化”管理。

（3）支持离散仓储作业管理。

系统采用先进的体系结构，利用最新的网络技术，支持处于离散状态的仓储/物流作业，同时确保系统的安全。

4. 仓储管理信息系统的功能模块

WMS 主要包含以下功能模块：基本信息管理、入库管理、库内管理、出库管理、查询管理。WMS 的总体功能如图 9-7 所示。

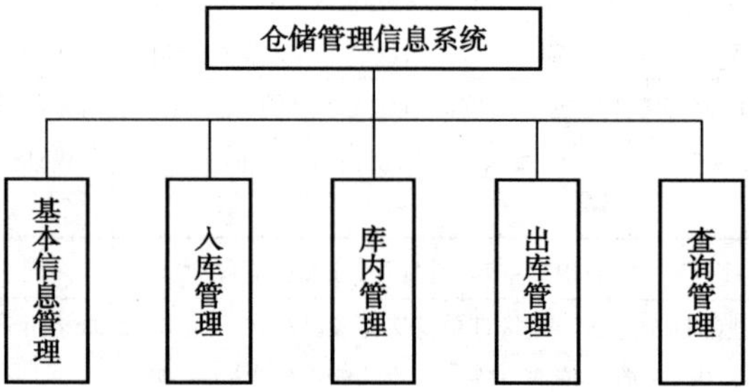

图 9-7　仓储管理信息系统的总体功能

WMS 对于入库、库内、出库等一系列作业提供了全面的条形码技术和 RF 技术支持，可以有效地收集有关货品、储位以及作业的状态，信息可以由无线传输方式送到系统的数据库中。同时系统可以将调度或自动分配给操作人员的任务传输给 RF 持有人。用户在友好的界面下任何时间、任何地点都可以操作和检查资料，实时收集和传输数据，从而极大地提高工作效率。

二、运输管理信息系统

1. 运输管理信息系统的概念

运输管理信息系统（Transportation Management System，TMS）是基于运输作业流程的管理系统，它利用计算机网络等现代信息技术，对运输计划、运输工具、运送人员及运输过程进行跟踪、调度、指挥。

TMS 提高了物流运输的服务水平，具体作用表现在以下 4 个方面。

（1）查询便利化

当顾客需要对货物的状态进行查询时，只要输入货物的发标号码，就可以立刻知道有关货物状态的信息。查询作业简便迅速，信息及时准确。

（2）服务及时化

通过货物信息可以确认货物是否将在规定的时间内送到顾客手中，及时发现没有在规定的时间内把货物交付给顾客的情况，以便马上查明原因并及时改正，从而提高运送货物的准确性和及时性，提高顾客服务水平。

（3）竞争优势化

运输管理信息系统可以帮助企业提高物流运输效率，提供差别化物流服务，从而使企业获得有利的竞争优势。

（4）信息共享化

TMS 提供货物运送状态的信息，丰富了供应链的信息分享源，有利于下游用户预先做好接货及后续工作的准备。

2. 运输管理信息系统的目标

① 运输作业流程实现标准化、统一化。

② 运输作业信息高度透明化、可视化。

③ 降低空驶率，提高运载效率。

④ 对货品进行全程跟踪。

3. 运输管理信息系统的特点

① TMS 是基于网络环境开发的支持多网点、多机构、多功能作业的立体网络运输软件。

② TMS 是在全面衡量、分析、规范运输作业流程的基础上，运用现代物流管理方法设计的先进、标准的运输软件。

③ TMS 采用先进的软件技术实现计算机优化辅助作业，特别是对于机构庞大的运输体系，此系统能够协助管理人员进行资源分配、作业分配、路线优化等操作。

④ TMS 与信息采集等物流技术无缝连接，在基于条码作业的系统内可以实现全自动接单、配载、装运、跟踪等。

4. 运输管理信息系统的功能模块

TMS 主要包含的功能模块有：客户管理、车辆管理、驾驶员管理、运输管理、财务管理、绩效管理、海关/铁路/航空系统对接管理、保险公司和银行对接管理。运输管理信息系统的总体功能如图 9-8 所示。

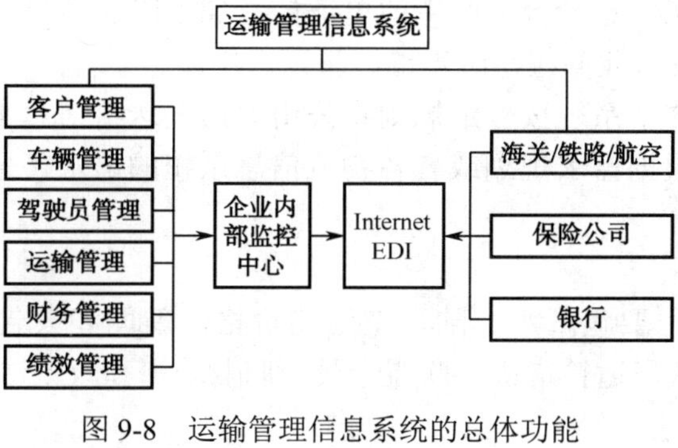

图 9-8　运输管理信息系统的总体功能

三、物流公共信息平台

1. 物流公共信息平台的概念

按照物流术语（GB/T 18354—2006）中的定义，物流公共信息平台（Logistics Information Platforms）是指基于计算机通信网络技术，提供物流信息、技术、设备等资源共享服务的信息平台。

通过物流公共信息平台，可以实现对物流信息资源、社会物流资源进行整合，以最优的资源配置、最佳路径和最佳方案的选择来满足一体化物流的需要，促进电子商务的发展，满足企业公共信息系统对各种公用信息的需求和使用，支撑政府部门间行业管理与市场规范化管理方面协同工作机制的建立。

物流公共信息平台有特定的层次结构，一般分为中央级物流信息平台，国家对地方平台的协调和地方性信息的处理平台，地方物流信息平台，物流园区、加工区及企业集团的物流信息平台，为货主主体服务的物流公共信息平台终端。

物流公共信息平台的用户主要是货主、货运代理、承运人及其代理、第三方公正、仓储企业、综合中转站、第三方咨询与技术提供商、政府部门和一般公众用户、短期流动性客户和一次性客户等。不同的用户对公共物流信息平台具有不同的功能需求。

物流公共信息平台的构建一般应服从区域物流整体规划，由政府推动，第三方实施，市场化运作，以物流信息标准化建设为基础，必须有相关的政策法规和配套措施的支持。通过采取第三方实施的原则，可以确保平台具有独立性，实现物流公共信息平台在公平、公正、公开的基础上，提供有序的环境，从而满足广大客户对物流信息平台服务功能的需求。

2. 物流公共信息平台的功能

（1）数据交换

数据交换的主体为物流信息平台的各级各类用户，数据交换担负着各类公用信息的中转功能。主要提供电子单证的翻译、转换和通信以及存证管理等功能。支持网上报关、报检、许可证申请、结算、缴（退）税以及客户与商家的业务往来，支持与信息平台连接的用户间的信息交换。

存证管理是将用户在信息平台上产生的单证信息加上附加信息，按一定的格式以文件形式保存下来，以备将来发生业务纠纷时查询、举证之用。

各个承担数据采集的子系统按一定规则将公用数据发送给信息平台，由信息平台进行规范化处理后加以存储，根据需求规划或者各物流信息系统的请求，采用规范格式将数据发送出去。

（2）信息发布服务

可发布的物流信息主要包括水、陆、空运输价格，新闻和公告，政务指南，货源和运力，航班船期，铁路车次，适箱货源，联盟会员，职业培训和政策法规等，该功能以 Web 站点的形式实现。

（3）会员服务

包括会员基本信息管理，会员单证管理，会员的询价，记舱，车、货物状态和位置跟踪，交易跟踪，交易统计，会员资信评估，提单查询，报表生成、打印等 24h 自动服务功能，智能化实时事务处理，安全认证支持，并可提供个性化服务。

（4）在线交易

为供方和需方提供一个虚拟交易市场，双方可发布和查询供需信息，对自己感兴趣的信息可与发布者进一步洽谈，交易系统可以为双方进行交易撮合，支持产品的供应、下单、运输、销售等跨国经贸活动的供应链整合。

（5）智能配送

利用各种数学模型、运输资源信息、商家的供货信息、消费者的购物信息和其他公共物流信息，管理人员根据实际情况选择最优配送方案，使配送成本最低，并在用户要求的时间内将货物送达。智能配送要解决的典型问题包括路线的选择、配送的发送顺序、配送的车辆类型、客户限制的发送时间等。

（6）运输设备与货物跟踪

采用 GPS/GIS/GSM/CDMA 等系统跟踪车及货物的状态和位置，并把相关状态和位置数据存放在数据库中，供各种系统集成和调用，用户可通过呼叫中心或 Web 站点获得跟踪信息。

（7）金融服务

在相关法律法规的建立和配套的信息安全技术支持下，为信息平台提供金融服务，例如保险、银行、外汇等。各类金融服务分别在相关单位部门内处理，由物流公共信息平台把各类处理结果及时传送给客户，为客户构建“一站式”服务平台。

（8）信用托管服务

为各类企业提供各类物流应用托管业务。支持企业以低成本外包物流信息系统，使得企业在降低作业成本的同时将注意力集中在其关键作业活动上，提高企业的核心竞争力。

3. 物流公共信息平台的管理

物流公共信息平台的发展，应该是由系统实现自动匹配、组合物流需求与供应信息，并随时以多种方式传送给用户，实现物流信息公用化、智能化。平台能够存储、处理和提供综合仓储、配送及多种方式运输的有效数据、知识和决策模型，辅助企业和政府在经营管理过程中的决策。

物流公共信息平台服务于参与物流活动的众多企事业单位，有广泛的公用性和社会效益，在其建设活动中，由于商业竞争与垄断、各地区发展不平衡等原因，各子系统之间存在着隔阂，行业自我协调与完善非常困难，就需要有关部门规范统一各地区与行业的物流信息系统的外部服务设计。同时，物流公共信息平台建设的关键在于各子系统对外服务全局数据的一致性，并允许各子系统内部差异性。因此，应由政府作为主要的管理控制者，协调各个方面，投入相应的主要设施与设备，建立统一的数据与通信标准。

任务四　了解物流信息安全技术

一、信息安全

1. 信息安全的威胁与攻击

随着信息技术的快速发展，信息系统的应用越来越广，信息系统的安全性也逐渐成为信息系统管理的重要课题。一方面因为社会对信息技术的依赖性越来越大，信息技术在社会各个领域中的作用日益突出；另一方面由于数据本身的易消失性、数据的物理特性和信息系统自身的弱点被暴露得越来越多。认真研究信息系统的安全问题，研究和建立信息系统的安全策略，广泛使用信息系统安全技术是信息系统管理人员的重要任务。

由于信息系统是一个开放的系统，可以根据用户的需要在任何时间和任何地点向合法用户提供信息服务，用户可以共享信息系统的信息资源。但信息系统的开放性和信息资源的共享性使其面临多种威胁与攻击。

（1）信息系统攻击的类型

① 对系统硬件的攻击：主要表现为对计算机的硬件系统、计算机的外网设备、信息网络的线路等的攻击。

② 对信息数据的攻击：主要表现在信息泄露和信息破坏上。信息泄露是指偶然地或故意地截取目标信息系统的信息数据。信息破坏是指由于偶然事故或人为破坏而使信息系统中的信息被修改、删除、添加、伪造或非法复制。信息破坏将导致信息系统的信息不真实、信息缺乏完整性及信息系统缺乏可用性。

③ 计算机犯罪：计算机犯罪是指针对和利用信息系统，通过非法操作或其他手段进行破坏、窃取，危害国家、社会和他人利益的不法行为。

④ 计算机病毒：计算机病毒是通过运行一段程序来干扰或破坏信息系统正常工作的。

（2）造成信息系统威胁的原因

信息系统的不安全性和信息网络的不安全性主要是由以下几个方面造成的。

① 黑客攻击：目前世界上大约有几十万个黑客网站，攻击的方法和手段有几千种。黑客分为政治性黑客、技术性黑客和牟利性黑客 3 种。无论哪一种黑客，其对信息系统的破坏都是不可忽视的。

② 管理上的欠缺：管理上的欠缺极易造成黑客的攻击。管理上的欠缺主要在于缺乏安全管理的观念，没有从管理制度、人员和技术上建立相应的安全防范措施。

③ 软硬件的“漏洞”和“后门”：计算机硬件设备或软件本身不完善，入侵者利用软硬件的“漏洞”和“后门”能够随意访问信息数据。

④ 信息战：未来的战争就是信息战。

2. 信息安全的概念

信息系统安全是指采取技术和非技术手段，通过信息系统建设中的安全设计和运行中的安全管理，使运行在计算机网络中的信息得到保护，即使组成信息系统的硬件、软件和数据资源受到妥善的保护，不因自然和人为因素遭到破坏、更改或者泄露，确保信息系统能连续正常运行。

1994 年国务院公布的《计算机信息系统安全保护条例》指出，计算机信息系统安全保护是指保障计算机以及配套设施（含网络）安全、运行环境安全、信息安全、计算机功能正常发挥，以维护计算机信息系统的安全运行。

3. 信息安全的目标

基于信息安全的威胁，信息安全应达到以下几个方面的目标。

① 保密性：防止系统内信息的非法泄露。

② 完整性：防止系统内软件（程序）与数据被非法删改和破坏。

③ 有效性：要求信息和系统资源可以持续有效，而且授权用户可以随时随地以自己的格式存取信息资源。

一个安全的计算机信息系统能够保护它的计算机资源不被未授权访问、篡改和拒绝服务攻击。

二、常见的信息安全技术

信息安全技术是一门综合的学科，它涉及信息论、计算机科学和密码学等多方面知识，它的主要任务是研究计算机系统和通信网络内信息的保护方法，以及实现系统内信息的安全、保密、真实和完整。信息安全技术及应用技术非常多，主要包括信息加密技术、认证技术、密钥管理与分配技术、访问控制与网络隔离技术、数据库的安全技术、信息系统安全检测技术、计算机病毒防范技术、防火墙技术和虚拟专用网络技术等。

1. 信息加密技术

信息安全的核心是密码技术。在计算机上实现的数据加密，其加密或解密变换是由密钥控制实现的。密钥由用户按照一种密码体制随机选取，它通常是一个随机字符串，是控制明文和密文变换的唯一参数。密码技术除了提供信息的加密与解密外，还提供对信息来源的鉴别、保证信息的完整和不可否认等功能，而这 3 种功能都是通过数字签名实现的。数字签名的原理是将要传送的明文通过一种函数运算（Hash）转换成报文摘要，报文摘要加密后与明文一起传送给接收方，接收方将接收的明文产生的新的报文摘要与发送方发来的报文摘要进行解密对比，比较结果一致表示明文未被改动，如果不一致表示明文已被篡改。

2. 防火墙技术

防火墙技术是建立在现代通信网络技术和信息安全技术基础上的应用型安全技术，越来越多地应用于专用网络与公用网络的互连环境之中，尤其以接入 Internet 中的应用最为常见。防火墙技术是计算机硬件和软件的组合，使互联网与内部网之间建立起一个安全网关（Security Gateway），从而保护内部网免受非法用户的侵入，它就是一个把互联网与内部网隔开的屏障。它是不同网络或网络安全域之间信息的唯一出入口，能根据企业的安全政策控制（如允许、拒绝、监测）出入网络的信息流，且本身具有较强的抗攻击能力。它是提供信息安全服务，实现网络和信息安全的基础设施。

3. 计算机病毒

计算机病毒是指编制或者在计算机程序中插入的破坏计算机功能或者毁坏数据，影响计算机使用，并能自我复制的一组计算机指令或者程序代码。计算机病毒一般具有传染性、寄生性、隐蔽性、触发性和破坏性。目前病毒防护技术主要有主机防病毒和网关防病毒两种形式。主机防病毒主要是通过主机防病毒代理引擎，实时监测电脑的文件访问和网络交换，把文件与预存病毒特征码进行对比，发现病毒就通过删除病毒特征串实现解毒，或把文件隔离成非执行文件的方式，保护计算机主机不受侵害。网关防病毒是采用防御病毒于网门之外的原则，在网关位置对可能导致病毒进入的途径进行截留查杀，可以避免没有安装杀毒软件客户端或没有升级最新杀毒软件版本的电脑发生中毒事故。但是网关防病毒主要是防范网关传播的病毒，对于网络内部通过 U 盘、软盘等移动存储介质、局域网文件共享等途径传播的病毒，网关防病毒是鞭长莫及的，必须通过主机防病毒才可以补充防范。

4. 物理隔离技术

物理隔离是一种确保组织信息网络系统内外网数据交换安全的有效方法。它主要基于的思想是：如果不存在与网络的物理连接，网络安全威胁便受到了真正的限制。因此，在组织构建网站时，必须实行网络的内外网划分，即实现内外网的物理隔离。在物流组织内，既要实现内外网物理隔离，又要完成内外网之间的数据交换。

5. 虚拟专用网络技术

虚拟专用网络（Virtual Private Network，VPN）技术是通过一个公用网络（通常是因特网）建立一个临时的、安全的连接，是一条穿过混乱的公用网络的安全、稳定的隧道。VPN 提供一种通过公用网络也能安全地对组织的信息网络系统内部的专用网络进行远程访问的连接方式。VPN 通过公众 IP 网络建立了私有数据传输通道，将远程的分支办公室、商业伙伴、移动办公人员等连接起来，减轻了企业的远程访问费用负担，节省了电话费用开支，并且提供了安全的端到端的数据通信。

学习分享

学习目标：

完成本学习情境的任务后，你应当能

1. 了解物流管理信息系统的基本概念和特点；
2. 了解物流管理信息系统的结构和功能；

3. 了解物流管理信息系统的开发方法和开发过程；
4. 熟悉仓储管理信息系统、运输管理信息系统和物流公共信息平台；
5. 了解物流信息安全技术的概念和常见的信息安全技术。

学习方法：

建议采用启发式、案例教学、小组讨论等方式方法。

学习环境要求：

学习场地：① 多媒体教室；
② 联网的计算机房。

评价标准：

重点了解物流管理信息系统的概念、结构和功能，熟悉典型的应用系统，了解信息安全技术。

1. 认识和理解物流管理信息系统的概念和相关内容。（教师评价）
2. 熟悉物流管理信息系统的开发方法和开发过程。（教师评价）
3. 了解仓储管理信息系统、运输管理信息系统和物流公共信息平台。（教师评价）
4. 能根据实训的计划和要求，完成物流信息系统的基本操作。（个人、小组和教师评价）
5. 在完成本情境任务过程中的学习态度。（个人、小组和教师评价）

操作实训

荆艺仓储配送系统的基本应用

【实训目的】

1. 通过使用荆艺仓储系统软件，增强对物流管理信息系统的感性认识。
2. 了解系统软件的基础档案数据录入、仓储操作、配送操作等功能。
3. 培养协作与交流的能力，进一步掌握物流管理信息系统的应用。

【实训参考】

打开荆艺仓储配送系统软件，进入操作窗口。

1. 基础档案操作

（1）客户信息

通过“业务档案”→“客户管理”→“客户信息”调出客户信息窗口，如图 9-9 所示。

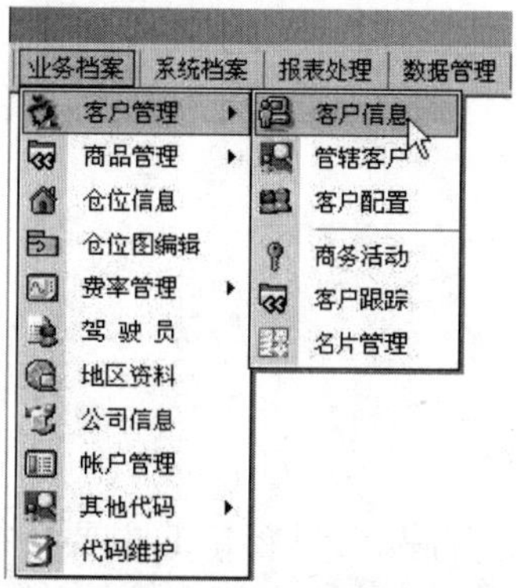

图 9-9 客户信息

客户信息窗口的主要功能是管理各种与本单位存在费用关系的客户信息。可以通过单击“新增”按钮，输入客户信息，其中带“*”的信息为必填项目；如果客户是托运单位，同时也是发货人或者收货人，则在客户增加完毕后，在概览页面定位到新增的客户，在鼠标右键快捷菜单中选择“复制为管辖客户”，如图 9-10 所示。进入管辖客户界面后，如果没有需要补充的信息，可以直接保存。如果需要修改客户信息，则单击“修改”按钮，对该客户的信息进行修改。

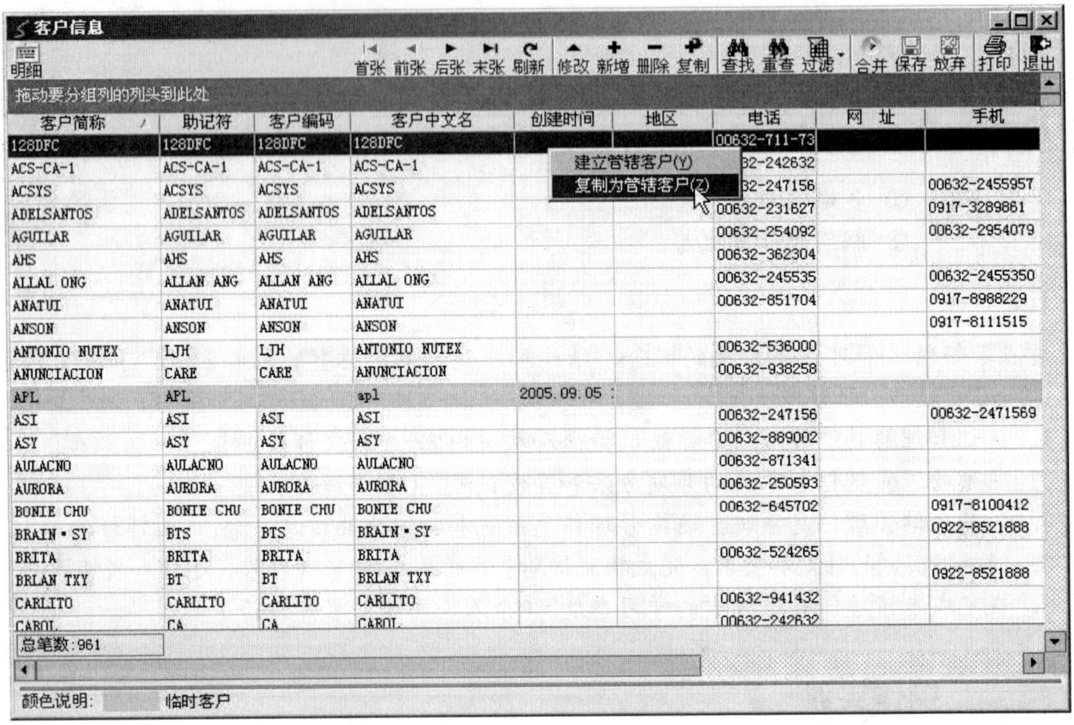

图 9-10　将新增客户复制为管辖客户

（2）商品信息

通过“业务档案”→“商品管理”→“商品信息”调出商品信息窗口，如图 9-11 所示。

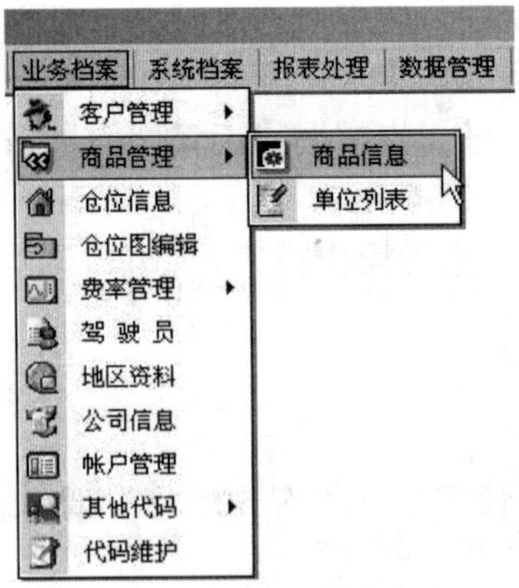

图 9-11　商品信息

商品信息窗口的主要功能是通过树状结构，分类管理商品信息。单击“新增”按钮，弹出菜单 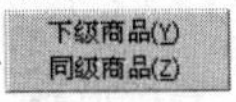

，因为系统商品采取树状结构的管理方式，以便商品分类，所以在新增商品前，注意鼠标所定位的“树”的节点，以便确定增加商品时，是增加当前节点的下级商品还是同级商品。单击新增弹出菜单的其中一个选项后，进入商品信息的编辑状态，录入与商品有关的信息，如图 9-12 所示。对于数量、件数、重量等有固定比例关系和单位的商品，可以在“缺省单位”部分填上内容。信息录入完整后，单击“保存”按钮。

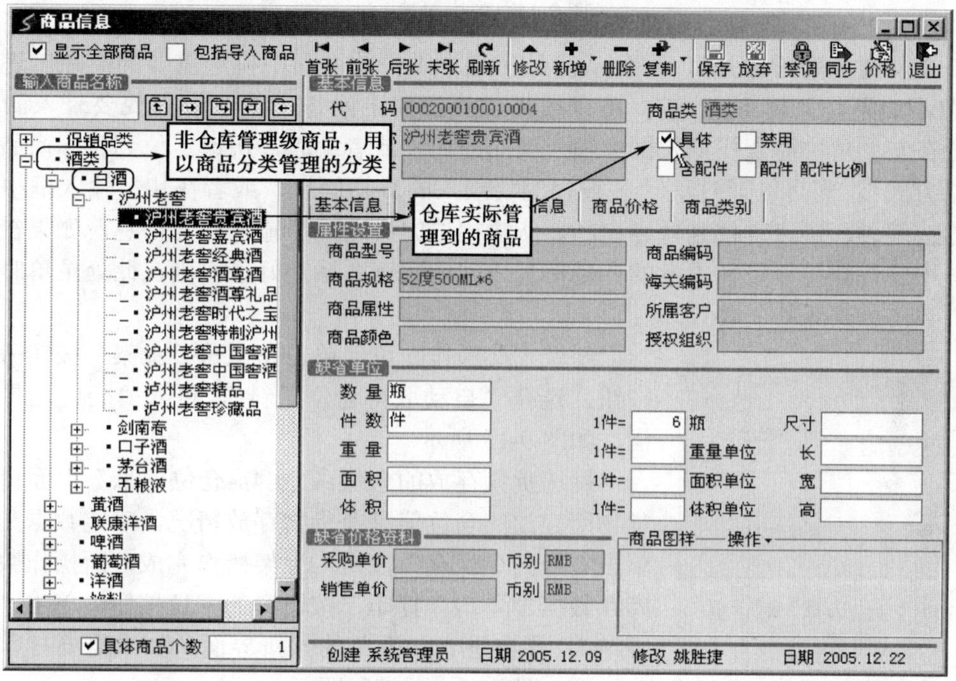

图 9-12　商品信息窗口

2. 仓储操作流程

(1) 进仓操作

选择“仓储中心”→“进仓管理”→“进仓任务”，如图 9-13 所示。

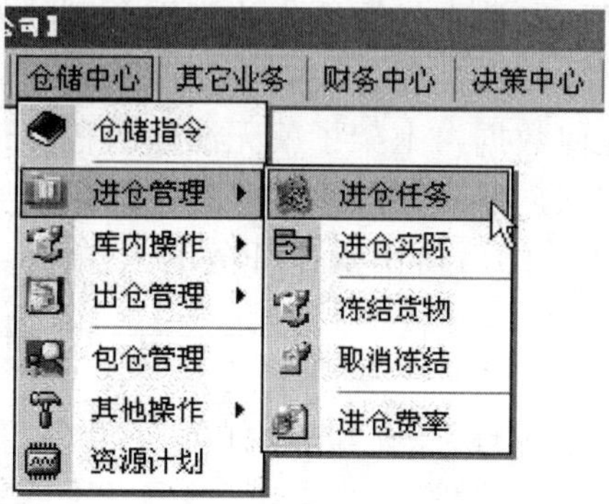

图 9-13　进仓任务

单击“新增”按钮，页面进入可编辑状态，挑选费用关系人（即仓租、装卸费用的关系人，一般与寄仓单位和货主为同一客户），录入货物进仓的基本信息（如客户单号等）；进入“商品信息”页，在空白行中双击“商品名称”栏，弹出如图 9-14 所示的菜单。

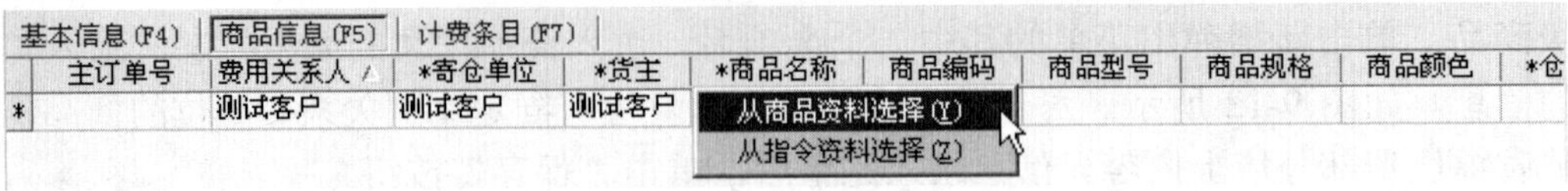

图 9-14　弹出菜单

单击“从商品资料选择”，准备从商品信息中维护的商品中挑选需要的商品。进入商品挑选界面，如果是“树形方式”，可以根据类打开树上的每一个节点查找要录入的货物信息，或者在左上角快捷查找输入框中输入商品的简称或者编码，快速定位到目标商品；如果是“网格方式”，则可以通过滚动条查找到要录入的货物信息，或者在快捷输入框中输入商品的简称或编码，快速定位到目标商品。货物挑选完成之后，输入件数信息，如果在商品档案的维护中将件数与数量、重量的计量信息之间的比例关系定好了，则在此处录单时，系统会根据件数信息改变各个数值。

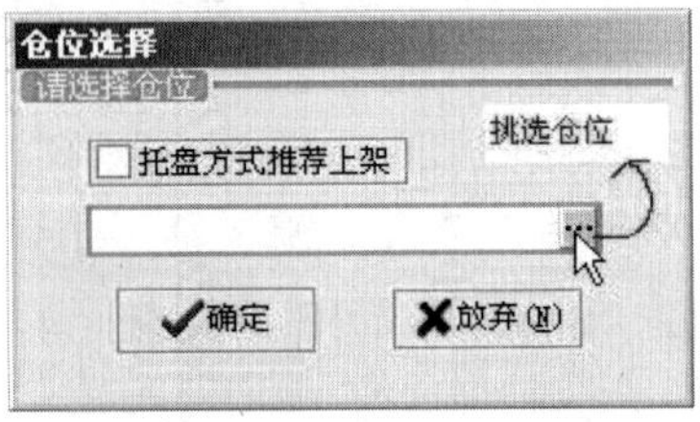

图 9-15　“仓位选择”对话框

要做上架操作，可以单击左上角“上架”按钮旁的下拉按钮，选择“自动取得仓位资料”，进入“仓位选择”对话框，如图 9-15 所示。

挑选货物存放的仓位，“实际-仓位信息”页面自动显示货物所存放的仓位信息及货物存放情况，确定数据无误后，单击右上角“保存”按钮，上架操作完成，所操作数据形成库存数据。单击“打印”按钮旁的下拉按钮，单击“入库联系单”，弹出进仓联系单的预排界面，如果需要打印调整，可直接在上面进行调整（操作同 Excel），调整完成后打印即可。

进仓数据审核，要在概览页，找到颜色信息是“未审核”的数据，检查其业务的准确性，然后单击鼠标右键（或者按 Shift 键或 Ctrl 键选择多笔后单击鼠标右键），在弹出的菜单中选择“审核（多笔）”，系统提示“操作成功！”即完成审核操作。

进仓数据删除操作的流程一般是：取消审核→取消上架→删除进仓任务。取消审核操作同审核操作类似，在概览页，找到已经审核并需要删除的记录，单击鼠标右键，在弹出的菜单中选择“取消审核（多笔）”。取消上架需要先找到需要删除的记录，单击“取消”按钮即可。此时可修改任务信息。删除任务需要先找到要删除的记录，单击“删除”按钮即可。一般而言，审核了就无法修改任何数据，上架了就无法修改任务信息。所以如果需要修改上架信息，则需要由审核人取消审核，然后修改上架信息；如果需要修改任务信息，则要由审核人取消审核，上架人取消上架，然后再由操作任务的人员修改任务信息。

（2）出仓操作

选择“仓储中心”→“出仓管理”→“出仓任务”，如图 9-16 所示。

进入出仓任务界面，单击“新增”按钮，输入出仓的客户单号等信息，然后进入“商品信息”界面，在空白行中双击“商品名称”栏，弹出的菜单如图 9-17 所示。

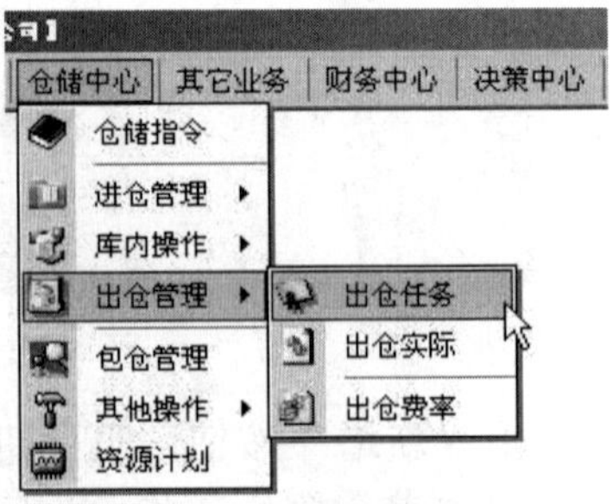

图 9-16　出仓任务

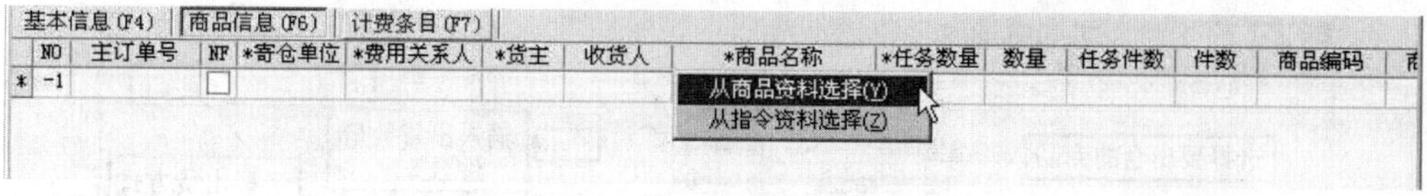

图 9-17　弹出菜单

选择“从商品资料选择”，准备从库存中挑选货物，此时进入“库存商品选择”对话框，单击“刷新”按钮，或者设置数据范围，然后单击“刷新”，页面下方的列表框中将列出符合条件的数据，选择合适的数据（单击“全部选定”可选择列表中的全部数据，按住 Ctrl 键或者 Shift 键可选择需要的数据），然后单击“确定”，如图 9-18 所示。

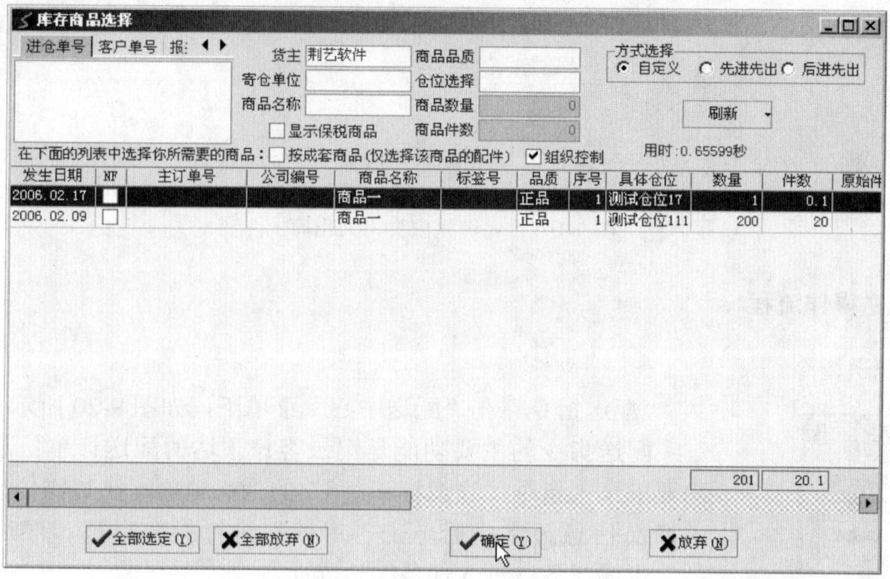

图 9-18　库存商品的选择

回到出仓任务的商品信息录入界面，如果所选货物信息的体积或重量信息符合一个柜子的实际情况，则进入下一步操作（货物出仓）。若需要减掉一些货物信息，则定位到需要删除的记录，然后在鼠标右键快捷菜单中选择“删除”；若需要再添加一些货物，则在鼠标右键快捷菜单中选择“增加”，进入实际出仓操作。

单击左上角“出仓”按钮旁的下拉按钮，选择“自动取得仓位资料”，系统自动从库存数据中找出在挑选库存货物操作中所挑数据的仓位信息，并写入“实际-仓位信息”页面的列表中，确定每条数据的仓位信息无误后，单击“保存”按钮。

注意：

① 先进先出操作：如果货物要按 FIFO 顺序出货，在挑选库存货物时要勾选“先进先出”，如图 9-19 所示。

② 出仓审核操作和出仓数据的删除修改流程同进仓流程，不同的是在不同的页面，操作的业务不同；出仓操作也是审核了就无法修改任何数据，货物出仓了就无法修改任何信息，所以如果需要修改出仓信息，则由审核人取消审核，然后修改出仓信息；如果需要修改任务信息，则要由审核人取消审核，由储藏人取消上架，然后再由操作任务的人员修改任务信息。

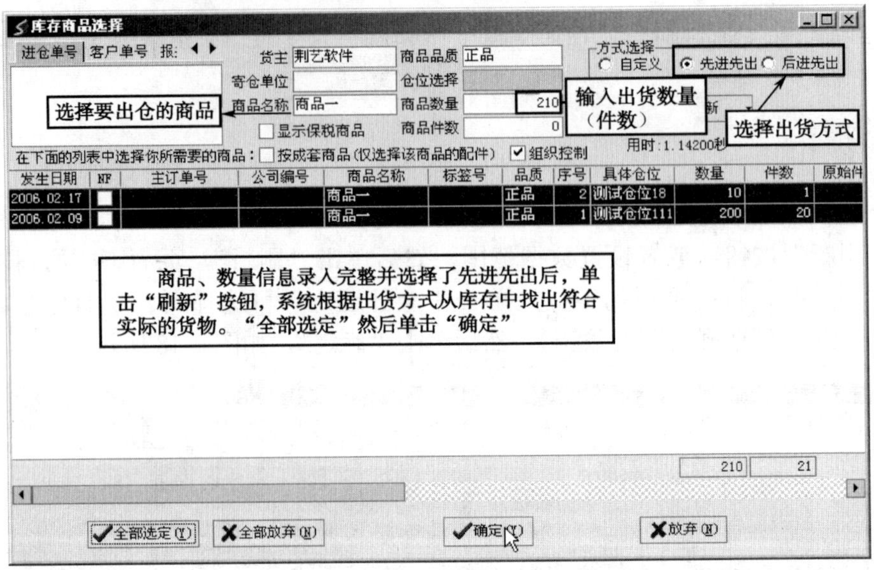

图 9-19 “先进先出”方式出库

3. 配送操作流程

（1）配送指令

图 9-20 配送指令

“配送指令”在“配送中心”菜单下，如图 9-20 所示。

配送指令的主要功能是记录客户下达的配送订单信息。根据客户要求录入指令，注意标识“*”的为必填项，在货物信息页面中输入商品信息。完成后单击“审核”进行指令审核，然后单击“任务”生成任务，进入任务编辑界面。

（2）配送任务

在“配送中心”菜单下选择“配送任务”，可以根据配送指令中的收货地、货量等情况，合理安排及组合货物。一般由指令生成任务进入任务编辑状态，检查基本信息及商品信息，填写接单组织及其他信息，保存，单击“审核”进行审核。如需要对货栈进行管理，则可以单击右上角“货栈”的进出货栈实现货物的进出货栈，同时可以对仓储下达进出仓指令。

如要执行任务拆单，则先找到需要拆单的配送任务信息，单击页面右上角的按钮，进入图 9-21 所示的窗口，选择“数量分拆”或者“路段分拆”；选择“数量分拆”时在“改后配送任务”栏的右边商品明细框中，直接对数量或者件数进行修改，确定修改数据后，单击“生成新配送任务”，然后单击“确定”即将一票任务根据数量拆成多个任务；选择“路段分拆”时在“改后配送任务”栏的左边单位及地址信息框中，修改终点地区，确定修改数据后，单击“生成新配送任务”，然后单击“确定”即将一票任务根据路段拆成多个任务。在配送任务界面显示多条配送单号一样，但是配送分单号不一样的配送任务记录。

（3）运输资源

主要是记录配送时经常使用的承运资源信息，如车辆、驾驶员信息。可以通过单击“新增”按钮进入编辑状态，在各个信息框中录入相应的信息。信息录入完成之后，单击“保存”按钮，运输资源保存后可供调度时使用。

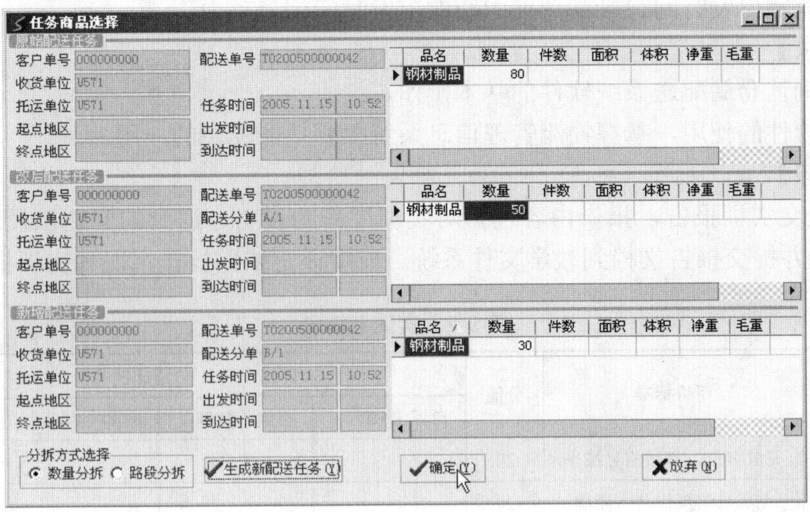

图 9-21　任务拆单

（4）调度中心

主要是安排运输资源，调度货物。单击“新增”按钮，输入承运单位（人）及预计发车等信息，在“调度基本信息”页面，录入执行组织、运输的起点与终点，从承运资源中挑选运输工具或者对于临时车辆选择直接录入，录入驾驶员名称。对“调度基本信息”页的其他信息，可选择性录入。完成录入后，单击“保存”。

单击“调度”按钮旁边的下拉按钮，弹出菜单，选择“调度商品”，进入调度商品界面，如图 9-22 所示。待配送的货物信息选择完成后，单击“确定”，系统提示“调度商品成功！”即完成商品调度操作。货物与车辆信息安排完毕。

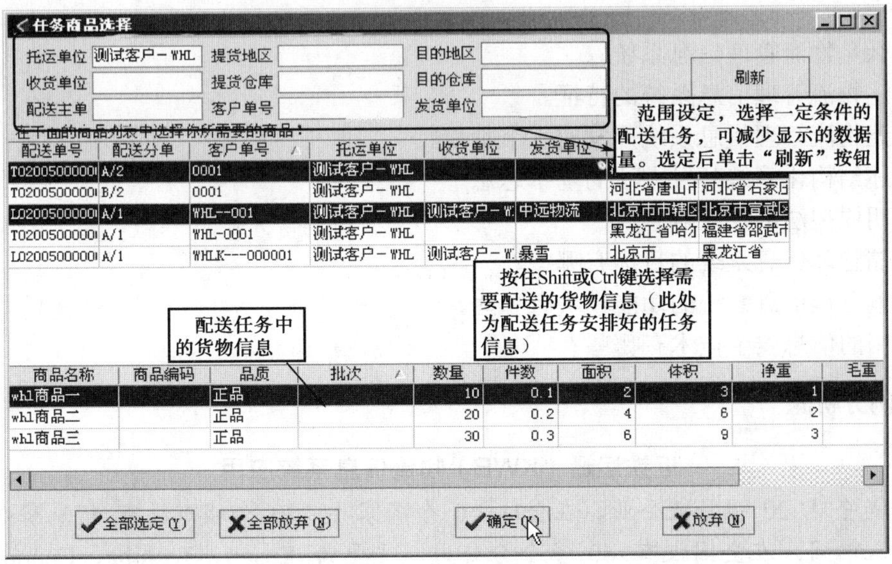

图 9-22　调度商品界面

配送跟踪在货物安排之后，在调度中心界面维护跟踪信息，如出发、到达、返回。单击“跟踪”旁的下拉按钮，弹出菜单，选择“出发”，弹出输入出发时间页面，时间输入好后单击“确定”，车辆出发时间记录到调度中心的出发时间信息项中。

【实训要求】

1．掌握荆艺仓储配送系统软件的基本操作。

2．通过软件的使用，掌握物流管理信息系统主要功能模块的应用。

【实训考核】

完成并提交实训报告，报告内容包括对实训过程的说明、遇到的问题以及解决办法，总结个人心得，并提交报告文档到教学文件系统。成绩评定依据操作情况和实训报告的情况。

表 9-2　实训考核表

考核要素	评价标准	分值	分值比例			
			自评（10%）	小组（10%）	教师（80%）	小计（100%）
基础档案操作	完成客户、商品信息操作	20				
仓储操作流程	完成仓储操作基本流程	20				
配送操作流程	完成配送操作基本流程	20				
实训报告	按要求完成实训报告情况	40				
合　计		100				
评语（主要是建议）						

自我测评

✧ 复习思考题

1．什么是物流管理信息系统？

2．简述物流管理信息系统的特征。

3．简述物流管理信息系统开发的 5 个阶段。

4．简述结构化系统开发方法的基本思想。

5．说明原型法的优缺点。

6．仓储管理信息系统的目标有哪些？

7．运输管理信息系统的功能模块有哪些？

8．常用的信息安全技术有哪些？

✧ 案例分析题

近铁运通（KWE）物流信息系统应用

KWE 是全球 20 强物流企业，在全球 50 个国家共 120 个城市设有 176 家办事机构。1996 年进入中国，在全国设有 40 多个分公司，主要为 Epson、Toshiba、Canon、Sharp、ISUZU、Intel、HP 等高科技企业提供全国范围的仓储和运输配送服务。为了加速国内物流的发展，为客户提供更好的服务，KWE 从 2004 年年初就启动了其全国各物流中心的 WMS/TMS 系统推广计划，并在企业总部建立了集成的物流管理平台、信息门户和 EDI 中心，FLUX 作为供应商全面负责整套物流信息系统的建设，总部管理平台、信息门户和 EDI 中心已经建设完成，WMS/TMS 已经在全国 17 个物流中心进行实施和推广。

1．KWE 在实施 FLUX 系统前的业务运作状况

① 需要建立统一、规范的业务操作流程，作业单据不统一。

② 客户花费大量的时间进行业务数据在 Excel 中的处理，操作效率低下，数据准确性难以保征。

③ 库存准确率难以保证，由于 SKU 数量超过了 1 万种，每次库存盘点都有较大偏差。

④ 上架作业和拣货作业只能依靠现场管理人员的经验，作业效率难以得到提升。

⑤ 仓库和总部管理人员无法实时地了解库存动态和运输动态。

⑥ 提供给客户的报表各式各样，由各客户承担手工编制。

⑦ 与客户在费用和核算上完全依靠手工编制的报表，给总部客服人员造成较大压力。

⑧ 每次与客户进行 EDI 接口都需要 IT 部门大量的开发工作。

2．FLUX 在实施过程中解决的关键问题

① 流程重组：系统的成功实施有赖于建立一套标准规范的作业流程。在实施过程中，实施团队通过对仓库各类产品作业特点的认真分析，结合系统制定统一的操作流程，并通过管理人员强有力的推进使流程得以贯彻实施。

② 队伍建设：系统不但要成功上线，更重要的是要保证长久稳定的运行，为此需要一个拥有专业技能的实施和支持团队。实施过程中分别针对系统管理员、QA、系统操作员和现场操作人员进行了严格和持续的培训。

③ 人员效率：实施系统的一个重要价值在于对于人员效率的提升。通过流程优化、数据自动处理、单据合理化设计、系统人性化设计等措施使管理人员从简单重复的劳动中解放出来，可以将更多精力放在加强管理和提升服务上。

3．FLUX 系统实施价值

成功实施 FLUX 系统为 KWE 创造了可观的价值。

① 由于错发订单而导致的客户投诉率低于 0.1%。

② 通过作业路径、作业方法的指导和优化，降低物流作业成本 40%。

③ 信息系统的有力支持降低了对作业人员的经验要求，劳动力成本可节约 20%。

④ 库存准确率在 99.5%以上。

⑤ 充分利用仓库内的有效空间，空间利用率提高了 20%（对立体货架仓）。

⑥ 实现了库存动态和订单交付情况在线查询，改善了企业形象和客户满意度，提高了客户的忠诚度。

（资料整理来源：中国物流与采购联合会，http: //www.chinawuliu.com.cn）

问题：

1．KWE 实施 WMS/TMS 系统带来了哪些实效？

2．系统供应商 FLUX 从系统设计到软件的实施运行要做哪些工作？

参考文献

[1] 李贞. 物流信息技术与应用[M]. 北京：航空工业出版社，2011.
[2] 谢金龙，李陶然，王俊凤. 物流信息技术与应用（第 2 版）[M]. 北京：北京大学出版社，2014.
[3] 王道平，张大川. 现代物流信息技术（第 2 版）[M]. 北京：北京大学出版社，2014.
[4] 朱长征. 物流信息技术[M]. 北京：清华大学出版社，2014.
[5] 张磊，吴忠. 物流信息技术概论[M]. 北京：北京大学出版社，2011.
[6] 卢少平，王林. 物流信息技术与应用[M]. 武汉：华中科技大学出版社，2009.
[7] 王爽，鲁艳萍. 物流信息技术实务[M]. 西安：西北工业大学出版社，2012.
[8] 谢明，刘全喜，廖佑莲. 物流信息技术与管理[M]. 武汉：华中科技大学出版社，2011.
[9] 卫振林，纪寿文，黄爱玲. 物流信息技术与装备[M]. 北京：中国物资出版社，2010.
[10] 羊英，景平. 物流信息技术与管理[M]. 上海：上海财经大学出版社，2009 .
[11] 王英伟. 物流信息技术应用[M]. 北京：北京邮电大学出版社，2008.
[12] 高春津，杨从亚. 物流信息技术[M]. 天津：天津大学出版社，2008.
[13] 李向文. 物流实用信息技术[M]. 北京：中国物资出版社，2010.
[14] 陈章跃，舒斯亮. 物流信息技术[M]. 武汉：武汉理工大学出版社，2008.
[15] 刘单忠，王昌盛，张玲新. 物流信息技术[M]. 上海：上海交通大学出版社，2007.
[16] 苏春玲. 现代物流信息技术[M]. 北京：机械工业出版社，2006.
[17] 鲍吉龙，江锦祥. 物流信息技术（第 2 版）[M]. 北京：机械工业出版社，2009.
[18] 李蔚田，神会存. 智能物流[M]. 北京：北京大学出版社，2013.
[19] 张翼英，张茜，西莎，朱丽晶. 智能物流[M]. 北京：中国水利水电出版社，2012.
[20] 冯云，汪贻生. 物联网概论[M]. 北京：首都经济贸易大学出版社，2013.
[21] 崔逊学，左从菊，高浩珉. 物联网技术案例教材[M]. 北京：北京大学出版社，2013.
[22] 夏火松. 物流管理信息系统[M]. 北京：科学出版社，2007.
[23] 王晓平. 物流信息技术[M]. 北京：清华大学出版社，2011.
[24] 章雪岩. 物流信息管理：规划、设计与建设[M]. 北京：中国人民大学出版社，2010.
[25] 冯耕中. 物流信息系统[M]. 北京：机械工业出版社，2009.
[26] 曾传华. 物流管理与信息系统[M]. 北京：清华大学出版社，2007.

[27] 郑贵洲，胡家赋，晁怡. 地理信息系统分析与实践教程[M]. 北京：电子工业出版社，2012.

[28] 周跃进，陈国华. 物流网络规划[M]. 北京：清华大学出版社，2008.

[29] 王道平，杨建华. 供应链物流信息系统[M]. 北京：电子工业出版社，2008.

[30] 王汝林. 物联网基础及应用[M]. 北京：清华大学出版社，2011.

[31] 秦天保. 现代物流信息系统：技术、应用与建设[M]. 上海：上海交通大学出版社，2010.

[32] 田景熙. 物联网概论[M]. 南京：东南大学出版社，2010.

读者意见反馈表

感谢您购买本书。为了能为您提供更多帮助，请将您的意见以下表的方式及时告知我们，以改进我们的服务。对收到反馈意见的读者，我们将免费赠送您需要的样书。

个人资料

姓名＿＿＿＿＿＿ 电话＿＿＿＿＿＿＿ E-mail＿＿＿＿＿＿＿＿＿＿ 微信号＿＿＿＿＿＿＿＿

学校通信地址＿＿＿＿＿＿＿＿＿＿＿＿＿＿＿＿＿＿＿＿＿＿＿＿＿＿ 专业＿＿＿＿＿＿

所讲授课程＿＿＿＿＿＿＿＿＿ 课时＿＿＿＿＿＿＿＿＿＿

您希望本书在哪些方面加以改进？（请详细填写，您的意见对我们十分重要）

＿＿

＿＿

＿＿

＿＿

＿＿

您还希望得到哪些专业方向图书的出版信息？

＿＿

您是否有教材或图书出版之类著作计划？如有可加微信号咨询：**nmyhl678**

扫一扫上面的二维码图案，加我微信

如果您是教师，您学校开设课程的情况

本校是否开设相关专业的课程　□否　　□是

本书可否作为你们的教材　□否　　□是，会用于＿＿＿＿＿＿＿＿＿＿＿＿＿＿＿＿＿＿课程教学

谢谢您的配合，请发 E-mail：yhl@phei.com.cn 索取电子版文件填写或者联系如上微信号，任何问题都会帮助您解答。